U0730448

释证严　讲述

佛门大孝

地藏经

天堂地狱一念间

释证严

地藏菩萨妙难伦,化现金容处处分;

三途六道闻妙法,四生十类蒙慈恩。

明珠照沏天堂路,金锡振开地狱门,

累劫亲姻蒙接引,九莲台畔礼慈尊。

——《地藏赞》

这是一首赞扬地藏菩萨功德的偈文,地藏菩萨"地狱不空,誓不成佛"的大愿,包太虚而周沙界,非常人所能及,而菩萨之不舍众生,则是发心学佛者不可或缺之精神。

吾人读诵《地藏经》,正为学习菩萨济世之心,讲演阐释《地藏经》则为发扬菩萨慈悲喜舍之胸怀,传承佛法种子,使贪吝者去贪能舍、瞋恚者息瞋转慈、愚痴者离痴得慧,现世人生身心安乐,未来世中集圣上因,终得不退菩提。

金乌似箭,二十载春秋转眼而过,回忆一九七〇至一九八〇十年间,证严生起建立医院的构想,而后于一九七九年五月中旬,立下"佛教慈济综合医院"兴建方案。

一九八一年,法缘与建院因缘双重促成下,一方面为信众讲解《地藏经》,当时慈济会员约两万人,较之今昔固然不可同日而语,却在明因识果的理念启发下汇聚爱心,作为会务推动的坚实后盾。另一方面则积极寻觅建院土地,期盼功德会济世的脚步,朝向医疗建设更跨出一步,给与贫病者全身心的照护。

孰料土地问题"一波十折",其中艰辛不足为外人道。所幸佛菩萨慈悯,龙天护佑,每于挫折中蒙获善知识鼎力提携,于困境挣扎间无异沛雨甘霖,使建院计划重燃生机;加诸慈济会众的成长与支持,花莲慈济综合医院终在万难中,于一九八六年落成启业。

医院的功能,在解救人身病痛;佛法之教育,则在启发众生迷愚。当年讲说《地藏经》,重在透过释文与实例,阐发经中两大意旨,务使听闻大众"知孝道、明因果",于生活修养与学佛修行上更入进境,自利利人,传播正法。

经中之婆罗门女及光目女,皆地藏菩萨前身,亦皆为孝女,为救生前造恶、死堕恶趣的母亲,不仅尽舍所爱为母布施造福,更为母亲发广大愿,誓度一切罪苦众生。这种圆满小爱、成就大爱的精神,更超越人间孝道"奉养、不辱、尊亲"的极致,进一层引领父母闻佛学法,增长慧命达致究竟解脱。

此外,《观众生业缘品》中明示:"若有众生不孝父母,或至杀害,当堕无间地狱,千万亿劫求出无期。"说明不孝父母

乃五逆大罪,死后要堕入无间地狱,受苦不尽永无出期;而在《阎浮众生业感品》则提到:"若遇悖逆父母者,说天地灾杀报",违逆父母之过天地不容,种因受果苦报无穷。

此类思想,经中处处可闻,更且释迦佛讲说此经因缘,即是上忉利天为母说法。因此"知孝道"为此经揭橥之第一义。

再者即是"明因果"。经中列举种种地狱名号,并罪报恶报等事,前提就在众生愚痴,多造恶业,造业受报而因果不爽,这是佛教教义的一大重点,也是许多宗教间共通的真理。

众生若能读诵此经,深解因果,于生活间时时警惕,就能减少造恶的机会。是以佛菩萨痛下针砭,历举地狱凄惨恐怖景象,孜孜不怠剖析业报因缘,但望众生种下善根,哪怕只是一毛一渧,亦能成就得度因缘,脱离轮回之苦。

当初证严讲解此经,即在宣扬"知孝道、明因果"之经教,因为人寿有尽而慧命无穷,对众生最大的感恩,就是使人人皆能遵从佛教,普获法益。当然讲经以报"佛恩、父母恩、师长恩、众生恩",亦是证严最初以至今的一贯心愿,即若当时祈求佛菩萨加被建院顺利,用意也在将佛法救世理念落实人间。

至于经中之地狱描述,耸人耳目、骇人听闻,闻者莫不惊怖,而地狱有无终成各方之辩。

佛教讲六道轮回,天、人、地狱、饿鬼、畜生、修罗,人和畜生我们看得到,修罗就是爱发脾气的众生,这也看得到,至于

天堂、地狱与饿鬼，究竟是真是假？在《增壹阿含经》中有这
一段记载——

　　　　闻如是。一时，佛在舍卫国祇树给孤独园。尔时，世
　　尊告诸比丘：我恒观见一人心中所念之事，此人如屈伸臂
　　顷堕泥黎中。所以然者，由恶心故，心之生病坠堕地狱。
　　　　尔时，世尊便说偈言：
　　　　犹如有一人，心怀瞋恚想；今告诸比丘，广演其义趣。
　　　　今正是其时，设有命终者；假令入地狱，由心秽行故。
　　　　是故，诸比丘！当降伏心，勿生秽行。如是，诸比
　　丘！当作是学。
　　　　尔时，诸比丘闻佛所说，欢喜奉行。

　　佛陀谓诸比丘，一念恶心起，只要手臂弯曲又伸直那样
短的时间，就会堕入地狱。而在另一段记载中则说——

　　　　闻如是。一时，佛在舍卫国祇树给孤独园。
　　　　尔时，世尊告诸比丘：我恒观见一人心中所念之事，
　　如屈伸臂顷而生天上。所以然者，由善心故，已生善心
　　便生天上。
　　　　尔时，世尊便说偈言：

设复有一人,而生善妙心;今告诸比丘,广演其义趣。

今正是其时,设有命终者;便得生天上,由心善行故。

是故,诸比丘! 当发净意,勿生秽行。如是,诸比丘! 当作是学。

尔时,诸比丘闻佛所说,欢喜奉行。

佛陀又谓诸比丘,一念善心起,同样是在手臂屈伸那样短的时间里,就能够上生天堂。

由此可见,天堂、地狱就在一念间,尤其一念恶心发作,邪思邪想邪行不断作用,就算在世间逃过法律制裁,死后的地狱之报则逃脱不得。更何况一旦造恶,内心谴责如影随形,这比看得见的刑罚还可怕,还折磨人!

心念的力量可以为善,也可以造恶,十分奇妙! 有一则著名的禅宗公案,可以为我们作清楚的提示,这是日本的白隐禅师和一位将军的对话。

有一天,将军拜见禅师,请教禅师究竟有没有天堂与地狱?

禅师一听破口大骂:"凭你的资质,也配问这种问题?"

将军受辱气愤难平,禅师却还一径骂个不停,将军忍无可忍,拔刀就要砍下禅师脑袋。禅师在寺院里东躲西藏,将军愈是气恼,愈是挥刀落空,心中的怨火也愈深。

此时,禅师忽然停下脚步,面带笑容对将军说:"你看,现

在的你已经在地狱里!"

血脉贲张的将军如梦初醒:原来禅师用激将法来点醒自己,自己却轻易启动杀机,可怕! 可怕! 立即放下刀,低首敛眉,向白隐禅师深深忏悔,感恩禅师慈悲教化。

禅师不以为意,依然微笑着说:"将军啊! 现在你已经在天堂了。"

看看同一个人,一起瞋、恨、怨,心念已是堕在地狱,如果进一步发为行动,后果不堪设想! 所以心即是地狱,由诸恶业生种种报;人心恶念不止,地狱之火永不熄灭,分分秒秒痛苦折磨。这不就是地狱?

同样的,心,亦是天堂! 像是故事中的将军顿然觉悟,立即转戾气为祥和,刹时就是天堂。因此,要上天堂并不困难,若能时时心平气和、与人为善,天堂就在人间,无时无处不是天堂。天堂享乐,福寿无尽,世人若得多行善事,懿德典范长存,岂不等同长寿;而心念轻安无恼无忧,所得福乐即如天堂。

因此经中地狱名号之讲说,与地狱景象之呈现,皆在使人明因果,知所警惕,诸恶莫做,众善奉行,则地狱之火可熄灭,而人间天堂一蹴可几,天堂、地狱就在一念间。

以此与诸仁者相共勉!

二〇〇三年六月于静思精舍

目 录

2　上人序言——天堂地狱一念间

10　缘起——地藏菩萨传说与《地藏经》之重要性

17　释经题——地藏菩萨本愿经

25　释"开经偈"

27　忉利天宫神通品第一

115　分身集会品第二

135　观众生业缘品第三

167　阎浮众生业感品第四

243　地狱名号品第五

如来赞叹品第六　　　　289

利益存亡品第七　　　　323

阎罗王众赞叹品第八　　345

称佛名号品第九　　　　379

校量布施功德缘品第十　389

地神护法品第十一　　　411

见闻利益品第十二　　　421

嘱累人天品第十三　　　451

编后记——地狱开花　　469

地藏菩萨传说与
《地藏经》之重要性

　　大陆的普陀山、五台山、峨眉山、九华山向以佛教的"四大名山"著称,其中安徽省九华山,则被视为地藏菩萨化迹的道场。

　　每尊菩萨各有其显迹人间的因缘,相传中的九华山地藏菩萨,又名金地藏,俗名金侨觉。诞生于公元六九六年,是新罗国(即今韩国首尔)的王子,廿四岁出家,不久渡海来到中国,栖住于九华山。

　　他生来形象并不好看,但是心地十分纯良,性情好静,幼年时读中国儒学。后以儒学基础研究佛学,目之为人生最圆融透彻的道理,从而发心出家,并渡海来华进取佛法。

　　船行于安徽省靠岸后,圣者舍船步行至九华山(时名九子山或九峰山),安身山林,每日采食野菜充饥,过着苦行生活。虽然物资困顿,心灵上却过得十分平静,获得丰富的法乐。

　　有一天,在他打坐时,脚上突然感到一阵剧痛,张开眼睛看去,一条毒虫正从脚边爬过,在一阵痛彻心肺的疼痛过后,

眼前出现一位身披黑纱的贵妇。

她向圣者顶礼膜拜，接着合掌忏悔道："请圣者原谅！小儿无知侵犯了圣体。为了向您赎罪，愿于此地化出一泓清泉供养，以除圣者往返取水之劳。"这就是东岩龙女泉传说的由来。

当时的九华山主，人称闵公，平日乐善好施，对出家人更是虔诚恭敬，时常设斋供僧；每次供僧一定供养一百位，称为"百僧斋"。奇特的是，每次事先邀齐一百位出家人，最后总是因故只来了九十九位，闵公就得再去邀请圣者，才能凑足百数。这件事实在奇异，屡试不爽之下，闵公也逐渐对圣者起了无限敬重的心。

经过一段时间，圣者认为时机成熟，可以广宣佛法度化众生，就向闵公要求以九华山作为道场。闵公慷慨应允，并问圣者需要多少土地？圣者回答："只要一件袈裟大的土地即可。"闵公心想："一件袈裟只约五尺长、八尺宽，能做什么呢？"这时圣者将袈裟掷往空中，原本烈日当空，袈裟一展遮住了阳光，影子正好覆盖了整座九华山。闵公生大欢喜，便将九华山供养圣者，成为地藏菩萨的道场。

唐肃宗至德初年(公元七五六年)，九华山下有一位诗人诸葛节，他常领着一群人到处游山玩水，吟诗作对。某日，无意间在一处石岩中发现一位苦行僧，他们站在岩外，看着苦行僧禅坐后离开位子，在洞外的三粒石块上架起瓦片，生火煮食树叶草根。

大家看了很不忍心,同时也感到好奇,便趋前请问这位修行人的来历,圣者一一告知。众人听了十分歉疚,便发心为他筹建寺宇,全年供养不断。唐德宗建中初年(公元七八〇年),郡守张岩有感圣者对当地的教化深广,上奏德宗正式为圣者敕建寺院,使得九华山的道场更为庄严。道场既成,规模宏伟声名远传,消息也传回圣者的故国新罗,一时,出家人远渡重洋前来亲近者数百者众。

僧人遽增,出现僧多粥少的情况,在无以为继之下,圣者只得宣布遣散僧团。然而,数百僧人哀伤涕泣,求请曰:"愿乞法食资养慧命,不以物食延长寿命。"重法轻躯感人至深,时称"南方枯槁众生"!

孔子曰:"朝闻道,夕死可矣!"世间的圣人都如此重道,何况是出家或求出世的人,对佛法更是重视,当时几百位僧众宁可舍弃生命都不愿离去,求法之心如此殷切。相较之下,现在的人轻法慢教,先贤有知,怎能不慨叹末法凶年!

其实,正法、像法、末法这三段时期,并不局限在时间的过去未来,而是指人心对法的尊重程度。只要我们能够老实尊重法,认真听法身体力行,此刻仍旧是处于正法时期,佛法对我们仍旧十分受用,因此我们千万不可轻视"法"。

德宗贞元十年(公元七九五年)夏末,圣者于大殿召集僧众,与大众告别后示寂,享年九十九岁。廿四岁出家来华,九

十九岁圆寂,七十五年的时间都住在九华山。另有传闻,说金地藏化迹九华山期间,白天为人间的四众弟子说法,晚上就到地狱去救度受苦众生。

听听地藏菩萨的传说,我们要回归正题谈谈《地藏经》之重要性,首先为大家介绍,有关地藏菩萨的经典有三部:一曰《占察善恶业报经》,二曰《大乘大集地藏十轮经》,三曰《地藏菩萨本愿经》。一般普遍流通、大众耳熟能详的是《地藏菩萨本愿经》,简称为《地藏经》,因此我们讲述时亦以此经为底本。

这部经文字易解,义理显明,与大众生活息息相关。但是有些人见其浅显,就生起轻视的心态,实在是大不当,所以未进入经文之前,先来说明这部经的重要性,藉以增强大众信心,俾获得本经之真实利益。

据闻此经宣讲时间,是在释迦牟尼佛即将入灭前。当时佛陀思及生母摩耶夫人生育之恩未报,因而前往摩耶夫人投生的忉利天宫"为母说法",并将娑婆世界尚未得度的众生,托付与大愿地藏菩萨。

娑婆世界众生心性刚强,难调难伏,佛为度众生倒驾慈航示现人身,八十年的时间从出生、成长,到出家、得道、说法、入灭,无不是为众生示范由凡入圣、成佛解脱之道。但是众生尚未尽度,佛的世寿却将尽,心中的忧虑无法言说,因此借着讲说《地藏经》的因缘,将度生大任付嘱于地藏菩萨,即

如世人写立遗嘱，使令菩萨承续佛慧、广度众生。

所以"承佛遗命"，这是《地藏经》的第一个重要性。

第二个重要性是"应合时机"。这部经的经文，有很多段落都在呈现因果报应的现象，造何业因受何果报，经文中皆明确阐释、因文解义、改过迁善，庶乎可脱生死苦海！

末法众生烦恼垢重，起心动念辄添罪业，正需要经中的因果警示，使人明白因果昭昭丝毫不爽，才能深自醒悟以忏悔洗涤。此经颇能因应现代众生的根机，指引大众求取正法之入道轨则，修己度人，发心立愿以宏扬圣教，救世救心。此之谓应合时机。

再者，历代高僧大德皆视《地藏经》为佛门之"孝经"。佛陀为了报答母亲生身之恩，即将入灭前，思及母亲虽生天界享受天福，却不是毕竟解脱，一旦天福享尽还堕人间，依然要受六道轮回之苦，因而为母讲说此经，使母亲体解真正的佛理与修心轨则，在天福中更修慧业，达至彻底解脱的境域。所以说此经是一部孝经，也就是在针砭众生的不知恩。

难得人身，难闻佛法。有的人却愚昧痴迷，非但不能受持三宝的教法，反而心生毁谤，自种地狱之因，即若经文中婆罗门女之母，就是因为毁谤三宝而堕入地狱。善根深厚、侍亲至孝的婆罗门女为了营救母亲，殷勤供养三宝，终于救得母亲脱离恶道，修行得果，这是一个大孝的实例。

研读此经，就要明白知恩报恩的道理，对正法更不能有

毁谤之心。自身浸润佛法,更能引领父母同入正道道迹,共沾法益,这才是学佛报恩的根本。

明朝莲池大师初出家时,家人每以名利、情感为诱引,欲改其出家之志,然而大师不为所动,并谓:"恩重山丘,五鼎三牲未足酬;亲得离尘垢,子道方成就。"父母恩情重如丘壑,我在世俗即使地位再高,能够光宗耀祖,等到父母百岁之后,我也只不过是以五鼎三牲祭拜而已,难道这样就算报答亲恩了吗?不是。唯有亲人能脱离轮回,为人子的孝道才算完成。

因此,"阐扬孝道"是此经第三个重点。至于第四个重要性——《地藏经》乃为"诸祖师所共荣信"。

历代尊重与信仰地藏菩萨者众,明朝蕅益大师曾说:"智旭(按:蕅益大师之号)深感遗憾,夙生恶习,少年力谤三宝,造无间罪,赖善根未殒,得闻本愿尊经,知出世大孝,及转邪见而生正信。"又民国弘一大师也说:"自惟剃染以来,至心皈依地藏菩萨,十又五载,受恩最深。久欲辑录教述,流传于世,赞扬圣德而报深恩,今其时矣。"

蕅益大师之父侍佛虔诚,年老而无子,一日其妻夜梦菩萨抱持婴孩而来,怀妊产下一子,即是后来的蕅益大师。此子天资聪颖,加以家境富裕,父母延聘名师传授四书五经,从而尊儒批佛,以为儒学与人生密切相关,佛教则是一种迷信,于是自恃聪明,造论毁谤佛法。

直到十七岁时,读莲池大师所造《慈悲论》及《竹窗随笔》，始深体佛法精微，佛理圆熟融通，从此将过去毁佛文字全数焚毁，专心致力研究佛法。二十岁父亲往生，佛事期间诵读《地藏经》，体认经中讲述正是佛门大孝，且是出世大孝，感动之余发心披剃出家。

民国初年的弘一大师，未出家前可谓风雅才子，出家后持戒精严，并至心皈依地藏菩萨，对地藏菩萨的弘愿深有所感，因而致力弘扬地藏菩萨的教法与精神，一方面令众生获得法乐，最重要的是报答地藏菩萨的恩德。菩萨于过去发大愿、行大孝，精神风范遗留人间，因此人们能得到身心的安乐，都得自地藏菩萨的大恩。

蕅益大师、弘一大师皆为佛教界一代宗师，他们崇信《地藏经》，更加不遗余力弘扬教法。先贤大德学养超然，都能重视这部经典，我辈凡夫又岂能以经文浅显生轻视，应该效法前贤尊重此经；深思领会起而力行，这才是阅读经典的真实意义。

地藏菩萨本愿经

关于"地藏"二字,《地藏十轮经》有云:"安忍不动,犹如大地;静虑深密,犹如秘藏。"此乃从喻立名。

地藏菩萨之德在一个"忍"字。度众生是件很不容易的事,娑婆众生又如此刚强难伏,更何况是地狱的众生!通常我们教导一个人,一次又一次地教,若是真的顽愚难调,教的人往往就失去耐性而放弃,但是地藏菩萨就不会如此。

地藏菩萨教导众生是无始也是无穷尽的,永远与刚强的众生在一起。为了使众生早日得脱地狱之苦,无论多么艰难,都不退失他的愿心,"地狱不空誓不成佛,众生度尽方证菩提",所以说"安忍不动",如果没有忍辱力是无法胜任的。

"犹如大地",土地可以承载万物,而地藏菩萨的心胸就像大地般宽大,无论责任多么重大,地藏菩萨都以宽大的胸怀全部承受下来,任劳任怨丝毫不以为苦。

"静虑深密,犹如秘藏",一般人都是粗心大意,做事无法达到尽善尽美的境界,而修行一定要心思细密。地藏菩萨就是以其忍辱、细密的心思来学法,所以说他"静虑深密,犹如秘藏",这是比喻地藏菩萨的修行犹如藏库一样。

故若以喻解，"地"即世间之大地，包含二义：

一、住持义——住乃居住，持乃负载，善能住持一切众生；菩萨亦如是，善能救度一切众生。

二、生长义——生长一切药谷茎果，供养一切众生之生命；菩萨亦如是，能说一切妙法，长养一切众生之慧命。

而"藏"即世间之宝藏，亦有二义：

一、含覆义——能含藏盖覆诸珍宝；菩萨亦如是，广集一切功德。

二、出用义——如需救济贫苦，成就事业，乃当出用；菩萨亦如是，能布施一切法财，令诸众生离苦得乐。

菩萨能布施一切法财，他求法是为了众生，修行也是为了众生。众生的心灵空虚、精神贫乏，菩萨就以佛法的常识来教导他。除了法布施，还有财施与无畏施，不惜生命、不惜财物，完全应众生的需要而布施。"头目髓脑悉施人"，这就是菩萨的精神。

菩萨能应一切众生的需要来布施，使众生离苦得乐，倘若没有丰富的知识就无法应付一切众生的需求，是故菩萨具有坚忍之德与丰富的常识，因此称为"地藏"。

以上乃就"喻"解。若约"法"释，地即是心地，藏即是如来藏。此菩萨彻证本心地具有如来藏性，故名"地藏"。

"一切唯心造"，心能造一切善，亦能造一切恶。佛法并非向外求得，人人的本心即具足一切法；如来藏就是真如本

性。我们虽然是凡夫,却具备与佛同等的本性,本性即为如来藏,佛也是从众生修行而来,要成佛必须开启心中本来具有的如来藏性,所以说"心、佛、众生,三无差别"。由于这位菩萨已经彻见本性心地,亦即如来本性,因而称为地藏。

地藏菩萨能忍耐一切,无论什么困难都不改初衷,我们学佛就是要学在这里,读经就是要了解这位菩萨的精神,才能成就我们的功德。

接下来解释"菩萨"。菩萨即梵语"菩提萨埵"的简称,意译为"觉有情",亦即已经觉悟的人;上求觉道、下化有情之大乘佛子也。

人类自称"万物之灵",但却鲜少真正了彻灵性者,那是因为缺少了觉性,生活在世间宛如置身梦中,身心受环境左右而不能自主,迷茫不得解脱。

菩萨已经了彻、觉悟,看透了世间虚幻,认清了圣人与凡夫之间的距离,为了彻底归自心源而精进学道,追求圣人的境地广度众生。觉就是佛,自觉、觉他、觉行圆满,三者齐全才能称为佛;所以菩萨并不是只求佛道,如果只求自己达到圣人的境界,这在佛法中不能称为菩萨,只能称为声闻、缘觉等小乘行者。

真正的菩萨,是上求佛道、下化众生,不但自己得到快乐,也要让他人得到解脱,这样才称得上是大乘佛子。我们既然学佛,一定要发大乘心,一开始学佛就要发大慈悲心利

益众生,这才是大乘法门的践行者。

"本愿",愿者,希求、志愿、志求满足也。本愿约有二义:

一、本来常持不失之愿,菩萨从初发心即发是愿,故名本愿。

经中提及,地藏菩萨最初发心时身为长者子,有一天他遇见师子奋迅具足万行如来,这尊佛的形象非常庄严,使人见了不由自主生起恭敬与爱慕之心,长者子就请教师子奋迅如来,如何修行才能得到和他一样的形象,使人一见就起欢喜、敬重之心?

如来答其所问:"你要发愿度尽一切众生,多与众生结缘。"听罢,长者子随即发愿:"从现在开始,我发愿众生度尽方证菩提,地狱消失了才愿成佛。"这是地藏菩萨最初发的一个愿,而后无始劫来往返人间、地狱,始终没有退失所发之愿;非但保持,而且始终脚踏实地去做,因此称为"本愿"。

二、根本之愿,为令众生了生死、成佛道,乃根本之大愿也。又者,以愿引行,以行填愿,愿为行之本,故名本愿。

根本之道,是为了使众生了脱生死,真正脱离三界火宅。《法华经》将三界比喻为火宅,就算到了天界也还有生死轮回之苦,福若享尽一样要再下堕,并不是根本之道。因此,地藏菩萨并非将地狱众生度化至人间,或将人教化生天就好,而是使众生脱离生死、离开三界为止,这才是他的根本大愿。不但离开三界,还要令众生个个成佛,到达圣人的境地。

"以愿引行,以行填愿,愿为行之本,故名本愿",我们既然发了愿,有此心志就能去力行。怕的是我们不肯发心发愿,既然发心了,不能只将志愿放在心中,应该以行动表现出来,如果光说不做,再大的事业也没有成就的一天。

既然发愿做个菩萨,要令一切众生解脱痛苦,就应该身体力行。众生若有物质上的缺乏,我们要赶紧打开藏库,取出钱财来救度众生的饥寒;众生精神空虚、心灵落寞,就以佛法的甘霖来滋润他,使他的心灵获得拯救。

学佛的人,发了愿就要身体力行;路是人走出来的,无论有多遥远,只要肯去走,总有到达的一天;事业也是人创造出来的,只要肯去做,就有完成的一天。

"经",梵语修多罗,中译为契经,上契诸佛之理,下契众生之机,故名契经。

契乃契合、体会、了解之意,也就是对上能够体会佛的教理,对下契合众生的根机。经的内容包含一切佛的言教,不只是释迦牟尼佛,过去、现在、未来一切诸佛的真理都包含在经中,所以是"上契诸佛之理"。

众生有八万四千种种烦恼,既然有这么多烦恼,就有这么多不同的根机,为了使每个人都能接受佛法,一定要契合不同的根机。佛的教理堪称世间最圆融,可以普遍适应众生的根机。知识高的人,只要入佛门研究佛的教理,可以体会出无穷的法味;知识低的人,一句"阿弥陀佛"也可以受用无

穷,因而说"下契众生之机"。

　　经乃亘古不变之圣人言教,无论经过多久的时间都能应用,教理也永远不会被淘汰。佛出生人间至今两千多年,两千多年来,他的教法始终流传在人间,教理始终不变,信仰佛法的人也愈普遍;由此可见,经是亘古常新,记录一切圣人的言教,所以名"契经"。

　　"于阗",梵名瞿萨怛那,华言地乳,纪元前二五二年建国。

　　印度乃多神教国家,人民多奉祀天,传说于阗国王老而无子,后祀毗沙门天,毗沙门天王便由额头生出一子。于阗王欢喜带回婴孩,无奈抱回的婴儿却不饮人乳,于是又回到毗沙门天王像前祈求,尔后神像前地面涌出地乳,婴孩便饮地乳而长,此国也以地乳得名。

　　此地位于现今新疆西部,人民性情温恭,初行小乘,至公元五世纪初盛行大乘佛教,东来中国之经典,多经此地而来。

　　"三藏沙门",三藏即经(修多罗)、律(毗奈耶)、论(阿毗昙);藏是库藏,佛教的教典全部收录在三藏十二部经教之中。经是佛所说的话,教导众生如何学佛;律为佛制,指导学佛者应该遵守的规矩戒律;论则是后来的祖师、论师所著,旨在阐扬佛经中的道理,此三者称为"三藏"。

　　"沙门",华译为"勤息",乃出家人之通称也,即是勤修戒定慧,息灭贪瞋痴之意。

佛教所说的根本烦恼就是贪、瞋、痴三毒,贪是贪欲,瞋是愤怒,痴是愚痴无明,我们学佛,就在觅得息灭此三毒烦恼的方法。要息灭烦恼,必须认真精进,心无杂念修持戒、定,离痴心杂念。

有的人为了使心念安定下来,就念佛制心,有的人则以数息观来制心。但是,有的人在计数气息一入一出之间,还没数到五就妄念纷飞,这种心猿意马刹那都静不下来,即是心有杂念,这时我们要重新再来、继续用功,如此日复一日,直到将杂乱心转为定心。

这就像擦拭镜子一样,心镜一旦擦得光亮无瑕,自然能完全映照外界的山河大地;心中没有一丝杂念,自然能流露出大圆镜智之"慧",成就戒、定、慧三无漏学,以消除贪瞋痴三毒。

翻译这部《地藏经》的实叉难陀是一位通达经、律、论的大法师,才能真确流畅地译出此经,因此称他为三藏法师。

实叉难陀是地藏经的译者,他十分谦虚,自谦为出家沙门,事实上他是位精通三藏的大法师。他的名字翻译为中文是学喜之意,即是勤修三无漏学而得到无上法喜。

改唐立周的一代女皇武则天,在历史上是个具有大野心的女性,但在中国佛教史上,却也是一位大护法。她崇重大乘教义,因当时旧译的《华严经》内容不够详备,远闻于阗国有是经梵本,故而遣使往求,迎请实叉难陀与大批经典同来。

至长安,公元六九五年,实叉难陀大师奉召于洛阳大遍空寺重译《华严经》,并译出其他大乘经典二十余部,《地藏经》即其中之一。七〇四年,法师以思母情殷,上表辞驾归乡探亲。七〇六年奉中宗诏请再度来华,帝驾亲迎于开远门外。七一〇年十月十二日圆寂,春秋五十有九。

　　佛教的教义重视饮水思源,今天我们有这部经典可以诵念研读,要归功于译者实叉难陀大师。这位法师是于阗国人,由武则天迎请到中国,译出二十余部大乘经典,第二回再来时,尚未译经就受疾病摧折而圆寂。他对中国佛教的贡献非常大,我们应该起敬重感恩的心。

释"开经偈"

无上甚深微妙法，百千万劫难遭遇，

我今见闻得受持，愿解如来真实义。

我们翻开经典都会看见一首开经偈，上面这首偈是由唐朝武则天所作。

"无上甚深微妙法"，这是赞扬佛法的教理无上甚深，无上就是指世间没有一种学问可以超越佛教的义理。

"百千万劫难遭遇"，常说"人身难得，佛法难闻"，今世舍了人身，来生是否还能再来做人那就难保了。一切要看我们现在所造的是什么业，万一造了恶业，很容易就进入畜生、饿鬼、地狱道，根本没有机会闻修佛法，得道解脱。

"我今见闻得受持"，既然人身难得今已得，佛法难闻今已闻，从现在开始要好好地追求与研究佛法，依照佛的教法来奉行与修持。

"愿解如来真实义"，学佛者受持佛法的唯一心愿，就是希望能彻底了解如来的真实教理，信、解、行、证，趣入佛道。

忉利天宫神通品第一

解释过开经偈的意义，接下来进入经文的部分，《地藏经》分十三品，第一品是《忉利天宫神通品》。首先我们来介绍"忉利天"。

梵语"忉利"，华言"三十三"，意思是说忉利天中，共有三十三位天王，管理三十三座天城，而以忉利天主为首。

此三十三天的由来，据说在过去久远以前，摩伽陀国中有一婆罗门女，名摩伽，姓憍尸迦，具有大福德及大智慧。有一天她来到郊外一座寺院，看到寺院年久失修，里面供奉的迦叶佛像遭受日晒雨淋，因为她是位虔诚的佛教徒，所以发心劝募以为修缮。她的好友三十二位妇女也共同发心翻修寺院，承着虔诚发心的功德，后来这三十三位妇女都得到大福报，上生忉利天。

人如果为善，可以得到生于人天的果报，这三十三位妇女能发心供佛，所以得到大福报生忉利天，在那里化出三十三座城。居中者为善见城，以发起人婆罗门女为城主，是帝释住处，帝释也就是当今世俗人所称的天公。善见天四方各有八城，加起来总共三十三座天城。

根据一些书籍上的描绘，善见城周围广阔，城池全由黄金打造，宫殿则为琉璃所成。天人的平均寿命为一千岁，而忉利天的一天是人间的一百年，由此可知天人的福报之大，感得如此庄严堂皇的宫城。我们现在所要研究的《地藏经》，乃是佛在此处所说。

佛陀的母亲,承诞生福子之福德生忉利天,佛为了报答母恩,将入灭前来到忉利天为母说法,这个时间正是佛陀僧团的结夏安居期。结夏安居的意义,佛制出家人于每年四月十五日至七月十五日,三个月的期间不出门托钵,大众集合一处专心闻法修道。而佛陀讲说此经也是从四月十五日开始,就在善见城的善法堂内宣讲。

　　再来讲"神通"。神者,神妙莫测;通者,通达无碍,神通乃智慧之妙用也。神通是神妙莫测的,就如人的精神,我们心中想些什么别人并不知道,我们的幻想谁也无法阻挡,就连自己都无法控制自己的烦恼,这是凡夫的精神状态。神通的力量则无限宽广、神妙莫测,可以通达无碍者称为神通。

　　一般人都有烦恼,受烦恼障蔽了我们的心,心中有了业障,身体就会受到周围环境的种种阻碍。我们的耳朵能听到的声音有限,眼睛所能看见的范围也有限,超过一定范围,就看不到也听不到,这就是一种障碍。我们之所以没有神通,是因为带着粗重的烦恼,所以不得通达,处处受阻。

　　真正修行功夫到家的人,不受周围环境所阻碍,能够通达无碍,这就是神通,神通也就是定力、智慧的妙用。一般人都认为自己什么都知道、什么都懂了,事实上却处处窒碍难行,这就是"聪明",而非"智慧";真正的智慧是纯且真的知识,一般人的知识既不纯又不真,有了我见便自以为是,这并不是智慧。修行佛法重在智慧,若有甚深的定力和智慧就能

运用神通。

一般谈到神通,约有六种:

天眼通——可以用心眼透视一切。现代科技发明望远镜、X光透视等等,而具有天眼通的人则不必借助机器就能看得清楚正确,不受视野或距离的障碍。

天耳通——可以听到任何微小的声音。有个小故事是这么说的:从前有位老法师,当他还是个小沙弥时,有一天陪师父到另一位老法师的住处,当师父和老法师说话时,只见老法师吩咐侍者:"你到厨房去,将砧板拿开告诉它们不要争了!"侍者没有马上过去,老法师再次吩咐,侍者为了不违师命便到厨房,当他掀开砧板,果真看见一群蚂蚁为了食物而争斗不休。这就类似天耳通。

身如意通——又名神足通,就是身体要到哪里都不受阻碍。

他心通——不必透过言语沟通,就可以了解别人心中的想法。

宿命通——能知一切过去、现在、未来所发生的事。

漏尽通——"漏"即指烦恼。像是听闻佛法却无法纳受于心,发而为行,这就是漏掉了法身慧命;纵然将佛法宝藏放在心中,有时也会受到欲望左右。漏尽通就是破除一切烦恼,得到涅槃寂静,这是学佛很重要的一点,释迦牟尼佛即是乘漏尽通的智慧至忉利天说法。佛教的轨则要我们守五戒、

修定慧，就是教我们去除烦恼，身体力行佛法，生生世世保持菩萨的愿力，达到漏尽通的境界。

前面的五通，一般修行较深的外道教徒，甚或草木神也能具备。世俗间，有的人因为缺乏正知正见，一遇到困难便急着求神问卜，有些人去"观落阴"（民间一种类似灵魂出窍，至阴间找寻亲人的法事）认为灵验无比，以为是去世的亲人来和他说话。事实并非如此，一般人的心目中早存着亲人的形象，草木神就能借着神通知悉，把人唬得团团转，这完全是草木神在作弄人呀！

身为佛教徒，应该提起正知正见，心存正见无偏邪；所谓"一正破九邪"，心正气盛则邪不侵。

以上解释《地藏经》第一品的品名。佛在未讲经前，即现神通含笑放光，调集地藏菩萨及十方众生来到忉利天宫。

如是我闻，一时佛在忉利天为母说法。

佛经的讲说，一开头都会提到"六成就"，即信、闻、时、处、主、众，此六缘具足而教法兴，佛的说法便从而开展。在此，"如是"是信成就，"我闻"为闻成就，"一时"乃时成就，"佛"是主成就者，"在忉利天"标明处成就，"为母说法"即众成就。

佛在世时，尚未发明纸张与印刷，佛讲经时也没有现场

记录,完全凭着听经的人专心一意地听;到了佛灭度后,迦叶尊者才主导结集经典。但是如何取信后世,证明所结集的佛经确实是佛陀亲口讲述?这多亏佛临入灭时,阿那律尊者适时提醒阿难尊者,预先请示了这个问题。

佛陀慈示,以"如是我闻"四字置于每部经典之首,以别于外道经典。因此,"如是"即确信所听闻的法,是佛陀亲口所说,非外道所言,此信心决无疑问;"我闻"的"我"则是阿难尊者自称——由我阿难亲耳所听闻。这样遵佛为教,能释众疑,且标明异于外道,后世之人对佛经的由来即无疑议。

至于阿难尊者已是断烦恼、本性清净的阿罗汉,应该是无我相,为什么还称"我"呢?这是因为要随顺世间的名称来称谓,"我"只是一个代名词,这是闻成就。

"一时"为时成就。为何不明说是某年某月某日呢?这是因为佛在世时,讲经的地点并不限于人间,像这部《地藏经》就是在忉利天所讲,忉利天的时间与人间时日不同,因此无法明确指出时间;除此之外,就算在地球上各国的时间也无法统一。而最主要的原因是,当时并没有现场记录,所以经典上要详载年月日也不可能,因此以"一时"二字概括,这也是佛教忠实之处,并不捏造日期,这是时成就。

"佛"是主成就,表示这部经是化导众生之说法主所说,而佛即此经之讲说者。

"忉利天"为处成就,即佛陀讲说此经之处。

"为母说法"即众成就。虽然佛母是佛说法的主要对象，但是同来听经的大众却非常多，大家同沾法益，共增佛慧，彼此都很有心得，所以称为众成就。

一个讲经的道场，无论是过去或现在，这六种因缘都必须具足，缺一不可。首先是"信"成就，讲经和听经的人皆需发起信心，信佛所说法是我们要专心追求的真理，配合恰当的时、地因缘，即成就精进闻法之讲经道场。

> 尔时十方无量世界，不可说不可说一切诸佛及大菩萨摩诃萨，皆来集会。

"尔时"指的是佛陀至忉利天宫，在善见城善法堂内讲经的时刻。

"无量世界"，无量就是很多很多，无法计算的数目，表示当时同降法筵的佛、菩萨很多，多到无法一一介绍其来处与名号，或计算其数目，因此统称为十方无量世界诸佛菩萨；数目上则是"不可说不可说"，无法计算之数目。

"及"是与佛同来之意，各方诸佛来助道场时，随同前来的都是大菩萨。"菩萨"是上求佛道、下化众生之觉有情；譬如地藏菩萨立下四弘誓愿之道，既然发心就不退转，精进不懈，救度众生成佛道，能够如此，便能称为圆教大人。大人就是大士、大菩萨，圆教则指大乘教，所以说"大菩萨摩诃萨"；

摩诃的意思也是"大"。

此时十方诸佛及其侍者大菩萨,集会到忉利天宫,听佛弘扬佛门的伟大经典,由此可见佛教对孝道的重视;不只是娑婆世界教主释迦牟尼佛重视,即使他方无量世界诸佛也很重视。

　　赞叹释迦牟尼佛,能于五浊恶世,现不可思议大智慧神通之力,调伏刚强众生,知苦乐法。

十方诸佛菩萨异口同声赞叹释迦牟尼佛,能在五浊恶世中,现出大智慧神通之力,教导难调难伏之刚强众生,使他们真正了解苦乐之法,真是不可思议的事。

"释迦牟尼",释迦是佛的种族之姓,华言"能仁",也就是能够慈悲利益众生;牟尼则是名字,"寂默"之意,表示智慧、无我相。所以释迦牟尼是"悲智双运"——慈悲、智慧平行的好名字。

印度实施阶级制度,种姓分明且世代相承,贵族固然永远是贵族,奴隶也永远是奴隶,贵族享有世代的富贵,轻贱那些永远无法抬头的平民与奴隶。然而,净饭王的太子悉达多(后来的释迦牟尼佛),却主张人人平等,具有慈悲众生的恻隐之心,所以称为"能仁寂默"。

一般人修行总是想要消业求解脱,释迦牟尼佛则不如

此,他说"人伤我痛,人苦我悲",对众生之苦感同身受,于是说法广度众生,这就是释迦牟尼佛伟大之处。

释迦牟尼佛好不容易才在娑婆世界成佛,但是他教导众生却不是要我们念"释迦牟尼佛",而是要我们念"阿弥陀佛"、"东方药师佛",这就是佛陀功成不居、谦虚处下的精神。所以我常常心存感激,也愈是坚定跟随佛陀的信念。

尽管有人愿意往生西方,大家也应该感恩释迦牟尼佛,我们每天早课都持念释迦牟尼佛的圣号,就是在表达感恩。要记住娑婆世界的教主是释迦牟尼佛,如果没有佛陀说法救度,我们无法脱离生死。

"五浊恶世",五浊即劫浊、见浊、烦恼浊、众生浊、命浊。所谓"浊",就如清水中投下尘土,清净之水即为混浊。

"劫"也称为劫波,即指长时间。由人寿十岁开始,每一百年增加一岁,一直增至人寿八万四千岁,这是一增劫。由人寿八万四千岁,每隔一百年减一岁,一直减到人寿十岁,这是一减劫。一增一减即为一小劫,二十小劫为一中劫,四个中劫为一大劫。劫浊只是时间,没有本体,必须凭借其他四浊来作用。

"见浊"以五利使为体,因为执著身、边、邪、见取、戒禁取等种种恶见而浊乱世间,驱使我们造业不断。

一、身见:身就是我们的身躯,凡事都以自身为中心。因为"重身轻法"而忽略了真正的法,不明白身体只是四大假合,却以四大假合之身造下一切业,这叫做身见。

二、边见:偏离正道,执断或执常。有的人认为生命恒常,人来生还是会来做人,而畜生则永远是畜生,不相信六道轮回,这就是执常。有的人则执著人死后一切化为乌有,这叫做执断,二者同样是拨无因果。

佛法谈因果,如是因、缘、果、报。假如存有边见,执常的人无法生起无常观,认为今天过了还有明天,就容易懈怠造业,长沦苦果。若是执于断见,认为人死了一了百了,不相信今生所做是来生所受,也不相信今生所享受的就是前生所造的福,所以没有兴趣为善,也不畏造恶,这真是很可怕的想法,一样容易为恶而受苦不断。

我们一定要知道,因果循环丝毫不爽,身躯虽然死了,但是业识(灵魂)依然会延续到下辈子。所以一定要把握当下,诸恶莫做,众善奉行,才是离苦得乐之正道。

三、邪见:邪乃不正,即不正当的见解,对人生的一切看法都有所偏邪。例如:孝顺是天经地义的事,有的人却认为父母生育子女是义务,人生我、我生人,只是世代相传而已。有的人甚至认为父母不该生下他,因为父母没有供给他最好的享受,将父母为他付出的辛劳抛诸脑后,这就是邪见。

以宗教方面来说,现代人生活水准虽然提高了,但是心灵上却感到空虚,有的人对自己的祸福起了惶恐之心,就到处求神问卜,受鬼神所控制,这也是邪见。

四、见取见：即执取身见、边见、邪见等非理之见。例如有一种专吃秽物的修行，他们将好好的食物放到生虫才拿来吃；这是因为有一位外道修行人，在他打坐入定时，看到吃不净物的狗往生天道，所以便开始修这种行，期待日后可以生天。因为他认为所看见的法是对的，便取那个法来修行，却不用理智去推测真相，所以称为见取见。

五、戒禁取见：见取见已经不足取了，戒禁取见则更甚，是在受持的戒律上有所偏执。这大都是外道修行者的修行法，修苦行是他们的戒律。有的人修火行，能忍受以火烧烤身体，就认为戒忍坚定；有的人则将自己浸泡在水里修忍行；有的人修倒悬……这样是不是真的苦行呢？这其实是颠倒人性，因此称为戒禁取见。

以上五项称为"五利使"，因为有了这五种不正确的见解，所以产生见浊，也就是见解的不清净。接下来再回到五浊的第三项——烦恼浊。

"烦恼浊"则以五钝使为体，虽较为钝拙，但要根本断治也很不容易。五利使若有见解正确的人来教化引导，尚有断治的可能，但五钝使则较难调伏。

五钝使即贪、瞋、痴、慢、疑，这是我们的根本烦恼，所以称为烦恼浊。

贪著财、色、名、食、睡，烦恼就随着贪著而来。瞋怒多怨气，是非冲突接踵来。基督教有这么一句话：当别人打你的

左脸,你要将右脸再让他打;当别人向你吐口水,你还要微笑以对,让口水自然干掉,必须有这种忍的程度。心平气和才是福,动不动要找人吵架打架,这种人就是阿修罗。

痴是不明白道理,分不清是非,容易造成错误,这也是一种烦恼。有了憍慢自大,就不能缩小自己去接受佛法;佛教的仪轨要我们拜佛、恭敬三宝,用意就在去除憍慢幢。疑是不信任任何人与事,"信为道元功德母,长养一切诸善根",善根是由信心产生,如果把心思花在迷雾疑团中,就浪费了大好的修行时光。

"众生浊"是合见浊与烦恼浊而得之果报。国与国之间各自为政,众生之间无法和睦,贪瞋痴慢疑以对,彼此的烦恼重重叠叠,就形成众生浊。现代社会杀、盗、淫、妄层出不穷,这都属于众生浊。

"命浊"谓末法时期,人的寿命因烦恼、邪见等恶业增长、炽盛,因而次第短缩。烦恼与邪见是浊之本体,寿命短缩则为所招致之果,故称命浊。

我们所居住的五浊世界,包含成劫、住劫、坏劫、空劫四个时期的循环,其中,有情众生出现于住劫中某一定期,至坏劫之终末期,世界将遭遇大、小三灾而破坏殆尽。伦理道德沦丧,是恶业造罪的开始,住劫中人的罪业、烦恼增长,灾难也就随之发生。

小三灾包括刀兵灾、疾疫灾、饥馑灾。佛经上记载,刀兵劫时,世界争斗战乱不断,最激烈时有七天,也就是说世界性的战争一旦爆发,全人类大约在七天之内就会毁灭殆尽。若以现代科技武器的发达,可能还用不着七天的时间。

疾疫灾,就是传染病肆虐流窜。疾疫一旦传开,人与人之间只要一开口就会被传染,一经传染便必死无疑,时间长达七个月之久。饥馑灾,则是由于旱象达七年七个月又七日,以致寸草不生,众生饥渴而亡,横尸遍野。这是世间住劫的小三灾。

大三灾则发生于减劫坏劫时,包括火灾、水灾、风灾。火灾时七个太阳同时出现,由地狱开始燃烧,一直到色界初禅天,反复烧过七次后,接着就是水灾的发生。大火焚烧后,倾盆大雨加上海水倒灌,一直淹到二禅天,大地众生死伤无数,幸存者在灾后重建家园,但是一段时间之后,又会发生七次火灾和一次水灾,如此循环七次,再经过七次大火,紧接着即发生风灾,一直到三禅天的一切全部毁坏无存。这是坏劫时期世界所遭遇的大灾难,称为大三灾。

这不只是世间的灾难而已,就是色界天也包含在灾难的范围之内。所以我一再告诉大家,修行不只是修天福,因为享有天福也还是逃不过大三灾。《法华经》中提到"三界如火宅",这不是空穴来风。

现在的人寿平均是七十岁,以后灾难会不断发生,人寿也会不断减少。刀兵、疾疫、饥馑造成的死亡,将会多到连尸

首都无法掩埋的程度。到了人寿十岁时，简直就是草木皆兵，人与人之间开口便是争论、出手便是杀人，这就是到了灾害死伤极盛的时期。这真是震惊人心！

不过，到了那个时候，有惭愧心的人会再度生起忏悔、惶恐的心理，这些劫后余生的人便渡水逃到山洞躲起来。回想死伤真是人见人怕，这些人恳切地生出了惭愧心，见到人便有一种亲切感，爱心又慢慢培养出来，道德也将逐渐昌盛起来。

我们的历史文献，在上古时代或者更早的时期，存在着许多空白的部分，但以佛经的记载来看，或许可将这些空白的部分连接起来。试想，世界在上一个减劫时期，经过大小三灾的劫难几乎灭绝殆尽，过去的文明也随之消失，仅存的人类只能在山洞中继续繁衍后代。我们所知的原始人究竟从何而来，这个谜团的确发人深思。

现在世间已是寿不满百的时期，天灾、人祸不断，因此有人说："命如风中灯，不知灭时节，今日复明日，不觉死轮至；冥冥终业缘，不知生何道？"无常观是过去诸佛常常警惕我们的话，时间一天天过去，我们能懂得这个道理，就应该善加利用宝贵的生命。

"恶世"即是见浊、烦恼浊、众生浊、命浊形成劫浊，而劫浊乱时众生垢重，悭贪、嫉妒，成就诸不善业，故名恶世。

劫浊就是在时间与空间中造成天下大乱，这是因为众生

的污染心太重，身心都不清净，一起了不善的念头，就等于造就了不善的根源。所以大家不要以为"我只是气在心里而已，并没有表现出来"，其实一有了这样的心念，就会生出不善的种子，接着落入心地生根发芽，结果是很可怕的。

因为众生大多悭贪、嫉妒，所以造就了不善业，才形成五浊恶世。我们希望社会和平、天下无灾难，唯有"自行道"并"劝人行道"；佛法是救世之光，而其根本就是要救心，所以我们首先要调整好自己的心，时时存好念、做好事。

"现不可思议大智慧神通之力，调伏刚强众生，知苦乐法"，释迦牟尼佛要在娑婆世界教导众生，真的是一件很辛苦的事，必定要具备不可思议的大智慧及神通力量。不可思议就是非凡夫所能推测、所能计量；佛陀以大智慧观察众生，而后应机逗教，这就是佛对我们的爱心。

若是业轻、烦恼少的人，只要指引他适当的法门，就能即刻依教奉行、身体力行。但是，娑婆世界中有多少这种慧根聪利的人呢？大多数人都是愚痴、迷惑，因此佛陀运用智慧神通，先让众生"知苦乐法"，明了世间苦乐的真相，众生一旦了解苦，才会想要求取离苦之道。

人生"八苦"：生、老、病、死、爱别离、怨憎会、所求不得、五蕴炽盛苦。

生苦，这里所指的是出生时的苦，事实上被生的人比生产的人还苦。胎儿在母腹中十个月不见天日，将足月时更要忍受倒悬之苦,佛教称之为"胎狱",确实非常辛苦。而出生的过程,就好像被两座大山夹住,当婴儿赤裸裸地来到人间,皮肤倏然接触空气,那种疼痛痛彻心扉,难怪初生儿来到人世就啼哭不止。

出生时是如此辛苦,但是我们已经不记得,而老、病、死苦则伴随着我们一生。老、病之后身体功能退化,做起事来力不从心,而恐惧死亡的心理更是摧折人的精神,这些都是苦!

说到病苦,就想起三国时代的猛将张飞,从来都是天不怕地不怕,有一次诸葛孔明在他的手掌上写了一个字,张飞却吓得倒退三步,原来就是一个"病"字。可见再勇猛的人,一遇到病痛也使不出威风了。

死是此生生命的尽头。在《劝发菩提心文》中提到:死之痛苦宛如活龟脱壳。一个人死了之后,虽然呼吸已经停止,但是神经与细胞才逐渐坏死,这是非常痛苦的。因此,佛教提倡为死者念佛,他的精神有了依靠,不受痛觉,他的神识便能得到安慰,露出祥和的面容。

爱别离苦是指与所爱的人离别,这也是很痛苦的事。所以亲人往生时尽量不要在他身边哭,才不会增加他精神上的痛苦,因为死者身躯散坏已经很痛苦了,他要舍离亲人眷属,心中更是煎熬。"生者心安,亡者就能灵安",所以让往生者安心,就能减少他的痛苦。

怨憎会苦,则是"不爱"的苦;不相爱的人非在一起不可,冤家路窄、瞋怨以对,这就是怨憎会苦。

求不得苦——世间不如意事十有八九,这就是求不得苦。

最后一个是五蕴炽盛苦,五蕴乃色、受、想、行、识,这五种苦纠结在一起,就好像是火烧般地痛苦。

"色"就是一切物质,包括我们的身躯,五根(眼耳鼻舌身)对五尘(色声香味触),内心对外境起了种种喜、怒、哀、乐的感受,因为贪爱执取又牵引种种烦恼。

"受"是对境生心,面对不同境界而生起欢喜或忧苦的心。

"想"是把外境的形象存入心中,就像照相机一样,虽然离开了当时的境界,但是心中仍存在着影像。心如果离不开虚幻不实的"相",就会产生烦恼。

"行"是根据心对境的感受去造作一切业。好比看见可怜的人,心中感到一股不忍,自然而然去援助他,这就是善的行动;若无视于一切众生的苦,甚至加害他人,这就是恶业了。行,除了粗相的行动之外,尚有很微细的变化,包括我们身体的老化与新陈代谢,思想上的起心动念等等;在宇宙来说就是宇宙的运转,这些都包含在行蕴中。

"识"即意识,是心的本体,也就是我们的业识。有了无明的业识,所以使我们造作烦恼,招致苦本。

人生八苦之外，又有"六道轮回苦"。堕入地狱、饿鬼、畜生三恶道之苦自不待言；阿修罗道多瞋怒；天道最快乐，但是福享尽了，还是有堕落的时候。人间苦乐参半，不如意事十之八九，但是在人间有机会常闻佛法，所以我们能来做人是很幸运的事，正好把握这个机会勤修十善业、守五戒，增长福慧资粮。

再来介绍两种"生死苦"：三界之内"分段生死苦"及三界之外"变易生死"。三界指欲界、色界、无色界，人间就包含在欲界中。

我们生在世间，有一天舍了这个身体，还会再去投生，下辈子再继续另一段生死，如此无数段生死不断连续，这称为分段生死。分段生死遍及三界，而三界如火宅，不论是生、老、病、死……等，或六道轮回之苦，都令众生苦不堪言！

至于三界之外，由于没有色身，所以就没有寿命的计数，不受物质散坏之苦，但是还有变易，也就是精神上的生灭。无色界以上就没分段生死，但仍有精神的生死，若是定力不够而不慎动了心，定力就会退失，这称为变易生死。

我们学佛就必须在人间不断磨练，磨练到对境不生心的程度，这样自然就可以减少变易生死。佛在人间成佛，也在人间入涅槃，涅槃就是寂静，寂静就是没有变易生死，这样才能真正得到解脱。

如果学佛只是一味逃避现实，要修定是绝对不可能的。

我们一定要在境界之中好好磨练,不要遇到丝毫境界心中就起生灭;如果对境就起欢喜心、瞋怒心,甚至起了惶恐心,这就是心的生灭,也就是精神不得自在。修行一定要好好在复杂的人事物中磨练出自在的心来,这样在人间就可解脱。

以上所说的都是苦,"人生八苦"、"六道轮回苦"、"两种生死苦",不只是人间,六道、三界都一样脱不了这些苦。所以大家要仔细想想,是不是很苦呢?大家若能体会出苦味来,这样就能真正得救;若是体会不出苦味,可就令人担忧了。

解说完"苦"之后,也来解释两种究竟大"乐":菩提觉法乐与涅槃寂静乐。

菩提觉法乐,是即成无上道,于法界自在之法乐,不修行无以致之。菩提乃觉道之意,要体会佛法的奥妙,体会心灵上的快乐,我们一定要身体力行。常说"助人为快乐之本",一定要先去帮助人,别人得到欢喜,我们看了也会很快乐;如果光说不做,永远都找不到快乐。

又比如不习惯打坐的人,只要坐上一会儿就感到浑身酸痛。但是不要一下子就放弃,一定要有耐心,第一天三分钟,第二天再增加一分钟,如此一天天地增加……慢慢地就不感觉自己在打坐,既不酸也不痛,到时候再进一步调节气息。

随着气息的一入一出,血液循环也自然随着气息调节,我们的身体安定了,心自然就能进入宁静的境界,那种自然

界、法界自在的轻安快乐是无法言喻的。

涅槃寂静乐，即澄心寂静发深妙心之乐。涅槃即寂静，涅槃亦是寂光、光明清净的境界。众生迷茫流转于六道之中，时时处于黑暗，宛如置身梦中。佛圆寂称为涅槃，就是在非常光明、寂静、来去自如的境界，就像一盆水不去摇动它，就能清澈见底，静寂清净。

众生的见解与心思都很疏浅，佛的境界与心思则极为绵密，每一项事物都能一眼透彻。我们修行就是要修得心能清净，次而进入绵密深妙的境界，那时就能得到心灵无碍的快乐。

"千江有水千江月"，只要我们的内心清澈如水，一样可以映照出这千江所共的一月。

若想得到涅槃寂静乐以及菩提觉法乐，就必须修四谛法，苦、集、灭、道是每个修行人必经的路途。知道世间是"苦"，苦的原因从何处来？"集"了种种苦的原因之后，我们就要发心除"灭"它，要灭这些苦则必须修"道"，这就是苦、集、灭、道四种真理，可以用来调伏我们的心。

佛为了调伏刚强罪苦众生，所以为我们分析这么多苦，还为我们分析修行可以得到什么样的乐，让我们知苦乐法之后，我们才会想要修行。这是佛为众生的用心！

各遣侍者，问讯世尊。是时，如来含笑，放百千万亿

大光明云。

每一尊佛都有侍者,也就是在他身边、最亲近的常住承事之人。身为佛的侍者并不容易,必须是大智慧的菩萨,能够体贴佛的心意,能够为佛做很多事情,才能成为佛的侍者。

释迦佛宣讲《地藏经》,前来与会的十方诸佛菩萨无法计量,想要一一问候并不容易,所以十方诸佛各派代表来向佛问好。问讯者,"问起居、讯所事也",就像我们一般问候人身体好不好;讯则是问候佛陀近来教化的情形如何?

《法华经》中提到分身诸佛各遣侍者问讯世尊:"少病少恼,气力安乐,及菩萨声闻众悉安隐不?"因为娑婆众生很难教化,所以他方佛都会问佛"少病少恼",意思是问众生是否刚强难调;"气力安乐",则是因为娑婆世界众生多病又短命,佛示现与凡夫同样的躯体,所以他方佛也顺应此界世俗形态,来问候我们的教主释迦牟尼佛。

"及菩萨声闻众悉安隐不?"除了问候世尊之外,还问候佛弟子们是否也很平安? 这是佛佛之间的真诚关怀。

"是时"——这个时候。

"如来含笑",佛于日常威仪之中,绝对不会无因缘而笑;佛的笑是斯文地微笑,而即使是微微的一笑,都有它的因缘。现在如来含笑,一来是因为孝道得以完成,同时亦付法与地藏菩萨,法的传人确立了,娑婆众生有人解救,安慰了佛的本

怀,所以欢喜地笑了。

"放百千万亿大光明云",真正发自内心的笑,全身毛孔都会张开放光。就像我们说一个人"容光焕发",其实光与热能有相互作用的关系,只要心中无杂念,那分热能一发散出来,就会给人一种发光的感觉。凡夫多烦恼,所发出的光不明显,佛已达到澄心寂静的境界,所以能发出大光明。

此时如来放光,目的在应机设教,破惑除疑,从体起用也。一般人对玄妙的道理不易摄受,假使有吸引力的人讲法,自然接受的兴趣就较为浓厚,尊法的心也较高,佛知道众生有这个毛病,所以开方便法现光摄机,以破除众生的疑惑,使其受持佛法。

有一段佛典故事,也描述了佛陀放光以摄化众生的经过:

有一回,佛陀来到全是婆罗门种的一个国城。城主听说佛的摄受力很大,受教化的人很多,内心十分惶恐,害怕婆罗门的教理会因而站不住脚,为了防止这个情况他预先发布命令:"凡是供养佛、接受佛法的人,重罚五百银钱。"大家见了法令,都舍不得这五百银钱,所以当佛与弟子们一入城,家家户户都赶紧关上门。于是连续三日僧众们皆空钵而回。

到了第四天,有一位婆罗门长者的老佣人,从屋里端出一些已经馊掉的东西准备倒掉,一眼见到佛陀威仪庄严的形象,油然生起恭敬之心。她很想供养佛陀,但是手上仅有的

东西既粗糙又腐败,怎能拿来供养尊贵的佛,这如何是好呢?

正当她踌躇不决时,佛陀微笑放光,欢喜地用钵盛过老妇手上的馊食。并转头告诉阿难:"这位老妇人一心虔诚,因为她虔诚供佛的功德,往后得十五劫生天堂享受快乐,十五劫后下生人间,具出家修行之因缘。"这时老妇的主人正好从屋里出来,听到佛所说的话,觉得非常不可思议!

佛便问这位婆罗门长者:"你可曾见过其他不可思议的事?"长者回答:"有啊,一次我们有五百乘马车结伴出游,由于天气闷热,便找了一棵大树遮荫,这棵大树可以容纳五百乘车马而有余荫。树木之大真是不可思议呀!"佛紧接着问:"你可知道这棵大树的种子有多大吗?"长者答:"如芥菜子那么小。"佛说:"这就对了! 这就是因小果大的道理。"老妇人的果报同于此理,施佛的因虽小,虔诚清净的信心却大,所以得到这么大的果报。

长者听了认为很有道理,佛所说的话没有半句虚言,又见佛的身相放光、庄严无比,就赶紧呼告邻里:"天人导师,佛已经出现在我们面前,他所说的教法,可以引导我们脱离烦恼,大家赶快来吧!"大家一听长者如此说,便纷纷走出屋外,同样被佛的光明庄严所摄受,佛便为他们讲法。

在场的人都听得法喜充满,也纷纷去缴纳罚款。婆罗门城主感到十分奇怪,钱是人人爱的,大家为什么愿意损失这些钱呢? 这其中一定有大因缘。城主因此也受了感动,恭请佛到皇宫说法,一城之人皆受教化。

佛因老妇的虔诚布施而含笑放光,由于放光的因缘,消除了大家的疑惑,这就是以方便法应机设教。接着,更进一步普施法雨,教导众生解脱之法,这就是破惑除疑,从体起用也。

"大光明云",云乃山川之气,地气上升为云,水气下降为雨,表如来现身如云,说法如雨。云有各种形态的变化,经过光线的作用,时而云气升腾,光明万丈,就像佛陀时时倒驾慈航,于六道中现不同形态以教化众生,因此佛经中常以云的回转变化来形容如来现身。

佛在娑婆世界不只现人身,不只现印度悉达多太子或是释迦牟尼佛的形象而已,他毫无停歇再来人间,相信现在佛还是一样在人间,只是我们无法认出佛的形态而已。佛在六道之间无处不现身,每一次的身形都不一样,就像云的变化一样,而佛陀讲法就如雨露,人们渴求佛法,就像大地万物需要水分的滋润一般。

所谓大圆满光明云、大慈悲光明云、大智慧光明云、大般若光明云、大三昧光明云、大吉祥光明云、大福德光明云、大功德光明云、大归依光明云、大赞叹光明云。

十种光明云,指众生本具如来德性,只是受到无明蒙蔽,

无法发现我们原来的本性。所以佛现光明以启发众生心,使众生明了佛的教法,只要眼睛接触到就能摄受而生出道心。

"大圆满光明云",大圆满代表广大普遍,指佛光可以普遍照彻众生心地,超越人世间最强、最普遍的日光与月光。

然则,佛光虽然无物能遮,众生心却有障碍。有人问佛:"佛的慈悲光明照耀一切众生,众生应该接受佛的教化,为什么还有很多人无法得道呢?"佛说:"我欲教化众生,众生却不肯接受,这就好像天上虽有日月,地面如果有雾,光明还是无法透射。又如,天上的雷声虽大,但是却遇到耳聋的人,这并非雷的过失呀!"这就是众生的自障碍。

"大慈悲光明云",大慈悲也就是"无缘大慈、同体大悲",对非亲非故的人,我们一样希望他能得到快乐。慈是与乐,悲是拔苦,众生的悲痛苦恼,我们都能感同身受。

修行佛法,重点就在"上求佛道,下化众生"。四弘誓愿——众生无边誓愿度,烦恼无边誓愿断,法门无量誓愿学,佛道无上誓愿成,这就是我们要努力的目标。度众生得先断烦恼,若还有我相、我执的心,大慈悲心就发不出来,大菩提道也就无法成就。因此,虔心地研究佛法,一方面自度,一方面度人,使众生都能获得法益,这才是真正的慈悲,拔苦与乐。

"大智慧光明云",大智慧:能善巧安心止观者。止观是因,定慧是果,即定之慧,即名大智慧。

要想成就智慧，首先要学止观，止观就是将烦恼、杂念停止下来。我们的心刹那生灭，心猿意马时刻不停，所以智慧无法产生。智慧的完成需要善巧，使用种种方法将我们的心安定下来，不再生出杂念，这就叫做"止观"。

"打坐"是方法之一。首先将身体调整好，不论是单盘或双盘都好，初学的人难免会身体酸疼心也乱，但是一开始就要先将身体的痛调伏下来。当然，这需要花上一段工夫。

一般人都坐无坐相，打坐时就要有打坐的相。一坐下来，两耳对双肩，背部挺直如尺，头不可垂下，颈部靠着衣领，牙齿轻轻咬合，舌头轻轻贴着上颚。盘腿时右脚在下左脚在上，右手放下面左手放上面轻轻交叠。眼睛要垂视，但是不能闭上，一闭上眼睛容易打瞌睡；眼睛也不能直视，否则容易受到外境的诱引。

开头臀部可以稍微垫高，因为不曾打坐的人盘腿时脚容易往上翘，脚一翘身体的骨头容易变形。现在的人会长骨刺就是因为坐无坐相，身形不正所引起，所以要好好调正自己，每晚坐个几分钟，对我们的身体很有帮助。

气则要由肚脐下三指处的丹田发出，气海丹田练得好，说话才会有力。腹部要收缩往上提，将气积在气海丹田，慢慢地吐气，然后再慢慢地吸入，这一出一入就称为一呼吸，算为一数。

如果不用数息的方法，可以用念佛号的方式。每一句佛号配合吸气五秒、吐气五秒……如此持续下去,精神上止于身体、念则止于佛号,精神自能集中不向外奔驰,这也是止观的一种方法。

先修止观,然后可得定与慧,定慧的完成就是大智慧。有了智慧,一切法都能普遍了解,光明的热能也就愈大,可以破除众生内心的黑暗无明。

"大般若光明云","般若"二字乃梵文,简译为智慧,但智慧二字未能全括般若原义,只能勉强称之为"深妙净慧"。真正的智慧丝毫没有杂染,非常单纯、有善无恶,见解深妙,佛因具有如此妙慧所以无惑。一个人的惑障如果破除,妙慧自然就得以显现。

佛的德,众生一看到,就能起智慧透彻的心理。若与有德的人相处,自然可以培养我们的德;若与有智慧的人相处,自然可以增加常识。何况是佛呢? 佛以德光照耀众生,众生见了佛的形态,自然而然就会生起慧心来。

"大三昧光明云",大三昧亦名三摩提,译为定、正受、调直定。定是定心无乱,专心正念,选择正确的教理而受持,调息缘虑,直通如来涅槃寂静的境域。

选择宗教一定要有智慧,千万不能迷信,这就好像一列火车,一定要行驶于轨道上,才能安全抵达目的地。三昧静定与智慧若能契合,修行的道路就能畅通无阻。因此,三昧对修行人而言非常重要,若是没有定心,智慧就无法产生;若

有定,自然就能与慧契合。

"大吉祥光明云",大吉祥代表庆善如意,随心祥和。

《尚书》云:"作善,降之百祥;作不善,降之百殃。"所谓"祥和之气,善者得之!"如何才能得到吉祥? 古代的《尚书》即记载,必须常常做善事,如果做了不好的事,则天降百殃。一个人常常保有慈心爱念,一切行为举动令人见了就感到很可亲,可亲可敬的人到处都受人欢迎,这就是祥和的气氛。假如一个人没有修养,开口闭口都要与人争斗、一脸的凶相,这种人让人见了就退避三舍,这就是戾气、不祥之气。

《佛说轮转五道罪福报应经》中说:"人见欢喜,前生见人欢喜故。"这就是因,你先去种喜欢别人的因,自然所得到的就是别人喜欢你的果。所以我们要常常培养爱心,自身行善得到祥和,进而推行到一家行善,自然一家都得以祥和,如此向外推展到一村、一镇,最后整个世界都将获得祥和之气。

"大福德光明云",大福德是学佛者不可缺少的。佛是福慧双修的人,完成"布施、持戒、忍辱、精进、禅定、智慧"六度万行的大福德即能成佛。

学佛就是要学得无漏智慧,将烦恼完全消除是我们的目标。然而,修得般若的道路总会有许多障碍,必须修习助道福业,亦即是将六度当作抵达目的地的工具,以此福业来完成正道。

我常说:"未成佛前,先结好人缘。"让众生得到欢喜,使众生得到快乐,拔除众生一切苦,这就是结众生缘,也就是助道之福德。

"大功德光明云",这是佛陀累生修持三轮体空、二谛圆融之所得。三轮者,布施之人、受施者以及所施之物;三轮体空就是布施而无布施相,不执著己身为能布施者,能清净施予,不计代价与回报的布施。

布施有很多种,有的人是为了炫耀自己的财富才布施。例如世间的应酬,为了面子请客,勉强也算是一种布施,但是一桌花费庞大的酒席,为的只是少数人口腹之欲,这种布施一点功德也没有。不执著形相的布施才是清净施。

过去有位画师叫做罽那,受聘到他国从事宫殿浮雕,在异国工作了十二年之后,领得工资准备带回家乡供给妻儿享受。

归途遥遥,途中他经过一个国家正在举办法会,在好奇心的驱使下,他也参加了法会。聆听法师讲经说法,他起了大欢喜心,便来到寺院请问知客师父,这座寺院有多少出家人? 一天的伙食费需要多少钱?

该寺有好几百位僧众,知客师便告诉他:"本寺一天的伙食费需要三十两金。"画师摸摸口袋,立即告诉知客师父:"我刚刚领得工资三十两金,我的一生都是在贫苦做工中度过,这是我前生没有种福才会如此。难得今天得遇法缘,请接受我供养僧众。"他将三十两金倾囊供僧,然后便欢喜地回家

去了。

回到家,十二年来勤苦持家育子的妻子,向他索取养家的费用,他回答:"福田难遇,我已经将所有的钱做了大福德因缘。"妻子听了十分生气,一状告到地方官府。

地方官是位虔诚的佛教徒,问明了原委之后十分感动,他知道福德培养的重要,便赞美画师:"善哉清净施,倾囊无所求,今世与来生,无上大福田。"说着便将身上的宝器取下送给画师的妻子,让他们夫妻俩圆满地回家去了。

"二谛圆修"则是真、俗二谛融通。"谛"即真理,真谛乃空理,俗谛乃世俗人事之理。我们真正想成为菩萨,必须理、事圆融,无分别、不执著。在俗谛上能解救众生身心的苦难,在真谛方面则去除人我相的分别,这就叫做二谛圆修。《金刚经》有云:"菩萨于法,应无所住,行于布施。"这就是进趋佛道的大功德。

"大归依光明云",归者皈也,即光明义也;依者依靠也,又是救济义也。以皈依三宝,能息无边生死苦轮,远离一切大怖畏故。

皈乃反黑为白,将过去不善的、属于黑暗面的完全去除,以去恶从善,迎向光明;依者,依靠佛也。人生就像茫茫大海,不知生从何来,更不知死投何处?而佛陀就是众生智慧的明灯,我们在大海中,唯有依靠灯塔的指引,才能顺利到达光明的彼岸。

依又有"救济"义,六道轮回痛苦难堪。我们慈善事业所救济的对象大抵是贫病交迫或是心理不安定的人,所缺乏的是在此生;而娑婆众生所面临的苦难,则是过去受苦、现在苦未断,未来的苦更是无穷尽,所以众生都需要被救济,需要佛法甘露的滋润。

三宝乃佛、法、僧三者。皈依三宝,即是借三宝的护佑以解脱生死苦轮,远离一切恐怖。人生世间,就如一场大梦,梦中时时遭遇艰难险阻却无法躲避,不得自在;因为不明真理,真、俗二谛不得融通,人与人接触便不能安稳自在。

佛是拓荒者,在原本荒芜的大地上开拓出一条平坦大道。纵然佛不在了,他所开辟的道路,也就是他的教法仍旧平坦,同时还有引导者——僧。只要一心皈依三宝,就能安稳地随着导引向前走,远离一切大怖畏。

"大赞叹光明云",佛佛道同,每一尊佛都会互相赞叹。释迦牟尼佛赞叹十方诸佛,十方诸佛也赞叹娑婆世界的佛,每一尊佛都有这种美德,我们既然要学佛,就要学习互相赞叹,不可以造口业毁谤伤人。

现在释迦牟尼佛也赞叹并称扬地藏菩萨的弘愿,以及地藏菩萨之德。他要将地藏菩萨的愿,介绍给娑婆世界的众生,因为佛入灭后,众生需要地藏菩萨来救度,地藏菩萨与娑婆众生之间既然有这么密切的关系,佛一定要将这位菩萨的德行一一向我们介绍,使我们对地藏菩萨了解之外,还能生起尊重的心,进而接受教法。

因为这样,佛含笑放光,发出十种大光明云。这表示佛德圆满,佛的慈悲、定慧、功德、福德齐备,是众生究竟的归向。

> 放如是等不可说不可说光明云已,又出种种微妙之音。

佛陀已经放出光明,使众生见了之后,自然能具足这十种心地的光明,引导我们信受与尊重。接着,佛陀再发出微妙的声音。

佛的音声十分清雅,没有其他杂音,使人听了还想再听,因为听不足、闻不厌,所以众生能欢喜接受佛的教化,以拔除苦恼,得大快乐。

佛陀能得到微妙之音声,是因为修慈心口业而得;若希望说话时别人喜欢听,就要好好修慈心的口业,自然能得到微妙的声音。

佛陀特有八种微妙的音声,称"八音":

一极好音:佛的音声极好,世间没有任何声音可以比美佛的好音。

二柔软音:佛的声音十分柔软。佛是世间的圣人,修行成佛后却未因此起了威重的音声,他还是慈言爱语,即使是

在训示人，仍旧很柔和。

孔门弟子描述孔子"温而厉，威而不猛"，孔夫子教导人时也是一样，让人感受到那分温和，虽然温和，却能得到别人的尊重与恭敬；虽有威严，却不太过严厉使人不敢亲近。一般人发起脾气来就口不择言，恨不得用尽恶言恶语，以为这样别人就会害怕，圣者就不是这样。

三和适音：佛在教导众生时，不会放纵，也不过分严厉，音量的大小刚刚好，所说的教法也能随机逗教。因此称为和适音。

四尊慧音：尊乃尊严，慧乃智慧。佛的声音使人听来感到十分高雅又尊严，一发出来就能开启众生的智慧，因此称为尊慧音。

五不女音：社会上有些人的声音与他的人格不能配合。有的男人身材虽然壮硕高大，但是声音却是又细又小；有的女人外表虽然秀气，声音却十分粗鲁，令人感到极不协调，这都不是好音。因此声音必定要配合人格，佛是位大丈夫，所以不女音。

六不讹音：佛所说的教法都是真理，没有错误与欺诈，以正法与智慧，将宇宙的真相合情合理地教化众生，从来不妖言惑众，所以称为不讹音。

七深远音：佛的声音极深且远。有的人虽然距离佛很远，但是佛的声音还是让人听得清清楚楚，而近处的人也不

觉得声音太大,这就是深远音。

八不竭音:佛陀说话不必休息也不会感到口渴,声如泉涌,人生、宇宙真理的教法,由佛陀口中字字句句流露出来,不必休息也不干渴,而且还能津液充足。

有的人诵一部经就要喝好多茶,我觉得这是不恭敬的。无论是讲经或诵经,全副精神贯注于法,哪里还有一个"我"在口渴?佛讲经时不存我相,口如涌泉,这就是佛的不竭音。

要获得好音声并不容易,必定在过去生种了善音声的因缘。佛的音声遍满十方恒沙世界,超越时空的限制,这是佛累世修行所致,几千年来仍旧流遍人间,未来亦无穷尽,只要是佛的正法所到之处,就是佛的音声遍及之域。

所谓檀波罗蜜音、尸波罗蜜音、羼提波罗蜜音、毗离耶波罗蜜音、禅波罗蜜音、般若波罗蜜音、慈悲音、喜舍音、解脱音、无漏音、智慧音、大智慧音、师子吼音、大师子吼音、云雷音、大云雷音。

波罗蜜(多)中译为度无极,或到彼岸。"波罗"是彼岸,"蜜多"是到;波罗蜜的意思是由娑婆苦海的此岸,到达解脱涅槃的彼岸,六波罗蜜则是航向彼岸的六种工具。佛菩萨除了以此六度来完成自己的修行之外,还以六度的方法来教导众生。

"檀波罗蜜"，檀即檀那，意即布施，也可以说是宝藏。布施，事实上是自种福田；救济众生，也就是救济自己，完成我们的功德、道业，所以称布施为宝藏，这是在累积未来的福业。

经典里常提到各种福田，这里为大家介绍四种福田：趣田、悲田、恩田、敬田。

趣田就是对六道众生乃至微小的昆虫，都要生起怜恤心。例如：蚊子叮咬时，我们不要打它，只要把它赶走就好，这也是布施一片慈心，即使对最微小的生命，也要起与乐拔苦的心念。

悲田就是救济贫困。世间免不了有贫困的众生，我们以物质充足他们的生活，温暖他的身心，这叫做悲田。

恩田是孝养父母、敬重师长。父母长养我们的身体，师长则是成就我们的慧命，所以我们要懂得报恩。

敬田乃是敬重三宝，培植了生脱死的慧命资粮，对三宝要起恭敬供养的心，谓之敬田。

布施不但能种福田，还可以破除我们的苦，常说"为善最乐"，为善可以降百福、破百殃，有福就无苦，有福就无殃。福田有世间的福田，也有出世的福田；世间的福田最多只得人天的福报，出世的福田则是教导众生行清净布施，入涅槃寂静之道。

佛典中著名的"割肉饲鹰"的故事，即是释迦牟尼佛过去

因地修行时,行清净施的实例。最后感动了化身试探的帝释天,也成就一段佛果善因,如此累生累世布施不辍,终于圆满佛道。

"尸波罗蜜",尸是尸罗,持戒之意,谓止恶得善也。戒为一切善法所依止处,如惜重宝,如护身命,若人求大善利,当持戒。如果只会布施而不会持戒,恐怕会走入邪法,所以我们一定要持戒。

佛的弟子毕陵伽婆蹉已是位证果的阿罗汉,可惜憍慢的习气一直无法断除,比如:每一次过河时,因为河神过去生是他家中的奴婢,所以他总是习惯性地叫"小婢,止流",命令河神在河中开出道路便利通行,三番两次如此,气得河神状告佛前。佛陀把毕陵伽婆蹉找来训示一番,教导他慈言爱语,改掉骂人的恶习,并要他向河神道歉。

他知道自己错了,也双手合掌,诚心地向河神道歉:"小婢,对不起,是我错了!"一开口又叫小婢,惹得在场的人都笑了。这虽是无心,但习气难移却是真的。

我们若想求大善利,一定要持戒,能过得心安理得,也就是解脱自在的根本了。如惜重宝,如护身命,绝对不要轻易让我们的慧命夭折掉,命可损,戒不可损。对修行人来说,戒律就是他的生命,如果犯了根本大戒就如杀头罪,并非持刀砍头,却是永远不得超脱,所以持戒对学佛的人非常重要。

不过,在家居士听到"戒"倒不必惊慌,在家人受持的戒

律都不离开人生的道理，只要好好守住人伦道德，就是成功的佛教徒。

大乘菩萨的戒法，可以归纳为"三聚净戒"：摄律仪戒、摄善法戒以及饶益有情戒。

摄律仪戒包含日常举止、语默动静的一切威仪，其中离不开行、住、坐、卧——行如风，立如松，坐如钟，卧如弓。

行路如风吹云、云过月，轻巧之中不失稳重；站立时有如青松挺足天地；坐时似铜钟磐固；睡眠则右卧如弓，称之为"吉祥卧"。吉祥卧是佛菩萨睡卧的形态，如果向左侧睡是畜生卧；仰卧四肢伸直叫修罗卧，俯卧则是饿鬼卧。这都属于摄律仪戒的规矩。

摄善法戒的精神即是"诸恶莫做，众善奉行"，应该做的善事一定要去做，不怕困难、难行能行，所有的善法都必须修持，这叫做摄善法戒。

饶益有情戒，对一切有情（有生命者）乃至蠢动含灵，皆起济度之心。除了解决对方的困难，更进一步希望对方能了脱生死，时时以佛教正法去引导，使一切有情都能闻法修行。

"羼提波罗蜜"，羼提即忍辱，忍字心上一把刀，要做到忍而无忍确实不容易。忍有生忍、法忍，菩萨行生忍得无量福德，行法忍得无量智慧，福德智慧具足，事事得如所愿。

生忍就是义无反顾地以慈心对待众生，就算众生恩将仇报，都不移心志。佛十大弟子中"说法第一"的富楼那弥多罗

尼子,有一次向佛陀禀告欲往边地蛮荒处度众生。佛说:"那里的邪见众生很难度化,你到该地说法,他们可能会辱骂你、殴打你,甚至取你的性命,你该如何呢?"富楼那回答:"无论如何,我都会感激他们,因为他们成就了我忍辱的道业。"菩萨就是忍人所不能忍,才能完成大功德。

法忍就是追求佛法。佛法的真理需要长时间追求,若不能身体力行亲尝法味,无法体会其中深秘。法忍是从求道中来,求道并不是件简单的事,在不可说劫、长久的时间以前,释迦佛于过去生初发心时,为了考验自己的耐心与耐力,将一只脚盘到头上,另一只脚则站在地上达七天七夜,只为求当时的佛为他说法。

这种耐心常人无法可及,过去的修行人能拿出刻苦的忍心来求法,因此当时的佛十分赞叹。释迦牟尼佛当初由古佛为他授记,现在早已成佛且入涅槃,但是初发心时所立的志愿不曾改变,这就是法忍。

"忍"可以促成我们完成道业,是修行中很重要的一门课程。生忍可以完成功德福田,法忍则是成就智慧;善事我们要做,智慧我们也要修,这就是福慧双修。福慧双修就从忍辱中来。

"毗离耶波罗蜜",毗离耶即精进,心精进勤修善法,身精进勤行善道。身的精进就是持三聚净戒,行四种福田。心的精进则是修一切善法,明了四谛、六度、十二因缘,真正了解

佛教的教理。

尽管佛法的根本总不离开这些道理,我们仍旧要不断深入摄受,不要以为自己都知道了,就生起懈怠的心,认为佛法已经听得差不多了。这只是种下堕落三途的因啊!

藏经中有一则很感人的故事:

在一座山林中住着许多生灵,有一天山林发生大火,禽畜们都惊慌地四处逃散。其中有一只雉鸟见状心想:火若不灭一定死伤惨重,尽管自己的力量微薄,但是只要尽力也就够了。于是它飞到水边先将羽毛打湿,再用嘴巴衔着水回来灭火,如此几天几夜不停歇。天神见了问它:"你这样一趟趟地来回灭火,火并没有熄灭,为什么不休息呢?"雉鸟回答:"我的同伴在这场大火中损伤惨重,我怎么忍心休息? 又岂会感到疲倦呢?"天神受到雉鸟的感动,因而降雨灭了这场火。

当我看到这段故事,心中十分感慨,最近我一直在想:盖医院①真是一件艰难的事。从当初计划的八千万,到一亿两千万、两亿四千万,后来又评估需要四亿六千九百万,除了这么大的一笔数目之外,土地的问题更是难关重重。

每当想到这些就感到心灰意冷,深感自己的力量太微薄了。很凑巧地在藏经里看到这段故事,使我感觉很惭愧,真

---

① 此处所云医院,即一九八六年于花莲成立的慈济医院,经历十多次寻觅土地及两次破土仪式始完成,造价为八亿多元(新台币)。

不如那只雉鸟呀！我应该提起精神来，直到咽下最后一口气之前，都要努力为这家医院奔走。

学佛就是要我们时时提醒自己，精进如那只雉鸟，即使力量微薄也要不断精进，路途虽然遥远，只要一步步不断向前走，再长的路都可以抵达终点，绝对不可以懈怠、不可以休息。"生死事大"，绝对不可停歇精进的心。

"禅波罗蜜"，禅为禅那，静虑之谓。菩萨行禅时，五波罗蜜和合助成，——禅中行大慈悲，拔无量劫中罪，得诸法实相智。

修行时，要去除心中的杂念，使我们的心定下来，才能与般若相契。禅定就是静虑，修心要正心静虑，深妙的道理才能入心。菩萨行禅、修定心时，要与布施、持戒、忍辱、精进、智慧五波罗蜜和合助成，在禅定的每个阶段中都要行大慈悲，拿出柔和善顺的心来对待一切众生，自然能调伏自我的烦恼，除灭杂念心。

具慈悲心、行慈悲行，自然能拔除无始劫来的痛苦，将过去的恶缘转成善缘。解除修行的障碍，达到静虑的定境，获得实相般若的智慧，心镜清朗，真正得到涅槃寂静的境界。

"般若波罗蜜"，般若在前面已解释过，简译为智慧，能照了一切诸法，通达一切无碍。《大智度论》云："般若定实相，智慧浅薄不可以称。"为表此智慧之特胜，故应沿用原音般

若。其实般若，当译为妙智慧，或真智妙慧；智有照了之功能，慧有鉴别之作用，般若智慧现前，如实映现一切之大圆镜智即成，一切法都能明明朗朗了彻无碍。

有时听讲、阅读佛法，纵使别人解释得很清楚了，我们还是听不懂，这就是智慧尚未开启，心灯昏暗。一旦启开般若，好像心房中点亮了一盏灯，便可以明朗地照耀外境，一切佛法自然一理通万理彻。

学法一定要有耐心，如果没有耐心，这面心镜将永远模糊不清、永远黑暗。世间的宝石是由矿山开采出来，经过切、磋、琢、磨，才能成为一件值钱的物品。我们学佛也和取宝冶器一样，般若心镜当时时擦拭，智慧增长，则如百川纳海，万法归宗而浑圆融通。

布施、持戒、忍辱、精进、禅定、智慧就是六度，也就是菩萨的行止。说起来简单，做起来可就困难了，人云"好事多磨"，难行能行才是有价值呢！

"慈悲音、喜舍音"，慈悲喜舍即四无量心，能与他乐名慈，能拔他苦名悲，庆他得乐名喜，无憎无爱名舍心，慈悲是佛道根本，喜舍亦从慈悲上生。

凡是菩萨行者都不能离开四无量心、六波罗密的精进，行的是无缘大慈、同体大悲。使令一切众生得到快乐叫做"慈"；把非亲非故众生的痛苦当作自己的痛苦，设法为他拔除苦难，这就是"悲"，与乐拔苦即是慈悲。看到别人得到快

乐,就像自己得到快乐一样为他庆幸,这是"喜",儒家有曰:"己欲立而立人,己欲达而达人。"这就等同于佛教所云"随喜功德"。

无憎无爱名舍心,对一切众生不起憎恨心、不分别,一律平等看待,即为舍。此处的爱是指染爱,而非清净的爱,无爱无憎则是去除自私的小爱,对有缘无缘者都一视同仁,这才是大慈、大悲、大喜、大舍的无色大爱。这是每一尊佛成佛的必要条件。

"解脱音",解脱,梵名毗木底;达到诸佛菩萨的境界,才能真正得到解脱,融通真、俗二谛的道理。

小乘行者能了解真谛的道理,却无法兼顾俗谛的修为,常以逃避的心理独善其身,能够入空理却无法度人。大乘菩萨行者则在独善其身之外,更发心兼善天下救度众生,愿意和众生打成一片,不怕烦恼,融合二谛的真理,一一化热恼为清凉,获致寂静解脱。

这就是真正的解脱,因此我们真正要修行就不要怕烦恼,一定要在大众中修养、磨练。暂时逃避大众也许没有烦恼,但是难保自我业力现前,一旦遇到逆境起心动念,烦恼也就伴随而来。所以一定要在烦恼中磨练得对境不生心,才能获得真正的解脱。

现在佛在忉利天尚未讲经之前,落座后即放出光明云与微妙音。这里的微妙音并非佛开口说话的声音,而是佛的

"德音"，此时，众生虔诚的心与佛心相互辉映，所以感得佛光与德音。

"无漏音"，漏为烦恼之异名，漏失、漏落之意。众生因有贪、瞋、痴等烦恼，于六根门头漏泄流注不止，因而造诸恶业，堕落三途，轮回六道。

我常说，我们的藏识，应该拿来当作金库，千万不可以拿来当垃圾堆，如果拿来当垃圾堆，好的东西就装不进去了。"正法"我们才放在心里，"非法"就应该舍弃。漏就是有了杂念心，自然无法将正法印入心中，这就是漏失。漏落则是遗漏了一些，幸好还留下一部分，这还是不究竟，最好就是达到无漏的境界。

众生因为有贪、瞋、痴等烦恼，眼、耳、鼻、舌、身、意六根一接触外境，精神就不能集中，于是迷茫地随业流转，造下诸般恶业却浑然不觉。一颗心就像充满漏洞的窗户，善法留不住，恶业则在心中藏污纳垢、纠缠滋蔓，这样的人生，下场怎能不堕入三途恶道！

诸佛菩萨远离一切烦恼，没有爱染的心，无有憎恶，完全去除了烦恼，充满了佛法、真理，所以称为"无漏"。

"智慧音、大智慧音"，一般人所说的智慧，在分别事理方面还十分浅薄，所以不得等同于般若，而此处的智慧音指的却是般若音，不是世智辩聪的音声。

智有照了之功能，慧有鉴别之作用。智就像灯光可以照

出物体的形相,有观照的功能;慧则有鉴别的作用,能深入认识与解析物体的组合。例如我手上的一张纸,智可以分辨颜色是白,慧则能分析纸是由纸浆制成,纸浆是由原木而来,原木是由种子产生,种子则是四大和合。

一般的文字运用,通常将智慧二字连用,其实在佛法上有很大的差别,智只是表面的分析,慧则是深刻的了解。我们修行就是除了用智识去分别之外,还要善用慧根去体会,智慧二者并行不悖。

"师子吼音、大师子吼音",师子即狮子,吼者咆哮也,或谓狮子鸣,能令群兽慑伏是也。

佛经中常以狮子吼,来比喻佛的音声一流泄出来就能震撼人心。众生刚强犹如猛兽,唯有大摄受力能尽皆调伏,所以将佛的音声比喻为狮子吼,表示佛陀能慑伏众生。

"云雷音、大云雷音",《法华经》云:"譬如大云起于世间,遍覆一切,慧云含润,电光晃曜,雷声远震,令众悦豫……"佛法如云遍覆一切,雷电所加,雨露降生,世间一切有情、无情普获滋润。

大地众生皆仰赖水分生存,如果长时期不下雨,作物无法生长,有情的生命也无法长存。众生的心地也一样需要法雨滋润,否则很容易产生烦恼。

看看大自然的气候,在打雷之前首先以闪电警惕众生,接着雷声就来了,雷声之后雨也跟着来了,使干燥的土地得到雨水的滋润。佛陀教化众生亦如是，先以三藏十二部经教的智慧法云覆护众生，再以如电光雷震的四无碍辩智来提醒、摄受众生，最后降下甘露法雨以洗涤润泽众生干枯的心灵，使之脱胎换骨得到重生。

以上介绍了十六种佛的微妙音声，事实上不只如此，法音的微妙其实很难以文字形容，这里只不过是借事显理，概括地举出这十六种音声来警醒众生。

> 出如是等不可说不可说音已，娑婆世界及他方国土，有无量亿天龙鬼神，亦集到忉利天宫。

佛放光之后，又发出种种微妙音声。之后娑婆世界与他方国土有无量数的天龙鬼神等，亦聚集到忉利天宫，欲听佛说法。

"娑婆世界"，娑婆即堪忍之意。《悲华经》云："何名娑婆？是中众生忍受三毒及诸烦恼，能忍斯恶，故名忍土。"娑婆世界苦难偏多，必须忍受贪、瞋、痴三者的毒害，不得堪忍就无法生存，因而称为忍土。

人总是自甘于欲念中打转，明明知道三毒苦果无穷，明明知道一切都是生不带来、死不带去，但是事情一轮到自己身上就斤斤计较，这就是苦啊！经常有些妇女会向我诉苦，先生不重视她，她就感到痛苦不已！其他太太听了也会用尽

方法,帮助我劝她。等到有一天,这位当初劝人的太太也碰到同样的问题,还是一样苦不堪言!

这就是痛苦,被心中的情与爱给绑住了。如果没有情爱的贪著,就不会受那么多苦,不过,人们却甘愿忍受,所以称为"堪忍"。不能堪忍的人就活不下去,有的人就以自杀来逃避。不过自杀、他杀都是恶业,必定堕落到三恶道。

娑婆世界的苦况,八苦、六道轮回苦等等,每一样都要忍耐,小至大自然的寒热之苦,亦不得不忍耐。看看世界各地每一时刻都有众生在生死边缘挣扎,堪忍世界确实痛苦难言。修行人能排除五欲的障碍,透视众生的苦因,更要懂得在现实世间中忍耐,道业才得以完成。

> 所谓四天王天、忉利天、须焰摩天、兜率陀天、化乐天、他化自在天。

以上是欲界六天。

"四天王天"位于娑婆世界之上的第一层天,与日月为邻,在须弥山腰上。其中四大天王分别是持国天王、增长天王、广目天王、多闻天王。四天王天的一天是娑婆世界的五十年,寿命是五百岁。

"忉利天"乃佛说《地藏经》之处。忉利天的一昼夜是娑婆世界的一百年,人寿是一千岁。忉利天包含三十三座宫城,称为三十三天,中央的善见城为帝释住处,忉利天主释提桓因是佛教的大护法,与娑婆世界的众生十分有缘。

"须焰摩天"的人寿比忉利天还长,他们的一昼夜是人间的二百年,人寿平均是两千岁。

"兜率陀天"的一天是人间的四百年,人寿四千岁。兜率陀天是即将下生人间的菩萨训练场所,目前弥勒菩萨即在此修习。释迦佛要下生人间之前,也是来自兜率陀天,而兜率陀天分内院与外院,内院是菩萨的训练场,外院则是一般天人所住的地方。

"化乐天"的一天是人间的八百年,人寿八千岁。

"他化自在天"的一天是人间的一千六百年,人寿是一万六千岁。

欲界六天和人间一样有男女之欲,不同的是他们只有享乐没有痛苦。但是这些地方并不究竟,他们的天福若是享尽,同样要堕落轮回,纵然寿命很长,也有穷尽的时候,所以是很危险的事。

从娑婆世界一直到欲界六天,可以称为"凡圣同居土",又可称为"五趣杂居地"。五趣即天、人、地狱、饿鬼、畜生,又称五道;"趣"是趣向,"道"是道路,"杂"就是复杂,各式各样的众生都处在这个地方。

我常常说,娑婆世界很好,因为这里是最复杂的舞台,角色也最多,有最坏的人也有最善的人。佛一定要在人间成,

离开人间就没有佛道可成,因为人间多恶又多苦,有苦才会想要求解脱,所以佛一定在人间成。我们要发愿在五趣杂居的地方付出,才能够超凡入圣。

梵众天、梵辅天、大梵天、少光天、无量光天、光音天、少净天、无量净天、遍净天、福生天、福爱天、广果天、无想天、无烦天、无热天、善见天、善现天、色究竟天、摩醯首罗天。

梵众天、梵辅天、大梵天是初禅三天。
少光天、无量光天、光音天是二禅三天。
少净天、无量净天、遍净天是三禅三天。
福生天、福爱天、广果天、无想天、无烦天、无热天、善见天、善现天、色究竟天,则是四禅九天。
摩醯首罗天是色界的最顶天。初禅至四禅共有十八天,都位在色界之内,色界虽然没有男女的欲念,但是尚有色身及一切物质。
初禅三天由于没有男女的欲念,所以称为"离生喜乐地"。二禅三天定心坚固,于定中生无限喜乐,称为"定心喜乐地"。三禅三天的天人已心无挂碍,可以离开生喜的心,得到胜乐之境,称为"离喜妙乐地"。四禅九天是"舍念清净地",将前面的喜与乐尽皆放下,内心达到安静平等、自觉之

清净地。

乃至非想非非想处天。

除了欲界六天、色界十八天之外,还有无色界的四天,包括:空无边处天、识无边处天、无有所处天、非想非非想处天。

色界还有色身、物质,到了无色界就完全没有,眼、耳、鼻、舌、身、意等前六识尽去,只存末那识与阿赖耶识,无色而有识,也就是还有"念"。

"非想非非想处天"是禅定的最高境界,此天定心至极静妙,已无粗想,故称非想;尚有细想,故称非非想,位于三界九地之顶上,故又称有顶天。到了此处,第七末那识已非常微弱,只存第八阿赖耶识,如果第八识也除灭,到达庵摩罗识,那时就是成佛的境界了。

一切天众、龙众、鬼神等众,悉来集会。

"天众、龙众",就是我们常听到的"天龙八部",包含天、龙、夜叉、乾闼婆、阿修罗、迦楼罗、紧那罗、摩睺罗伽。

"天"即是前面提过的三界二十八天。"龙"相传能呼风唤雨,是守护佛法之异类。"夜叉"的力量很大,能飞行自在,又称为飞行鬼。"乾闼婆"是帝释的乐神,亦即忉利天宫奏乐

之神。

"阿修罗",非天之意,指其但具天福却无天德,性喜发怒,易动干戈。"迦楼罗"是天鸟,体形巨大,翅膀一展开有好几里长,又称大鹏金翅鸟。"紧那罗"又称疑人,头上长角似人又不像人,专司于忉利天宫演唱美妙的歌声娱乐天人,是帝释的歌神。"摩睺罗伽"行进时都是靠肚子运行,又称蟒神、地龙神。

以上所介绍的天、龙以及鬼、神等众,都集会到忉利天宫。

> 复有他方国土及娑婆世界,海神、江神、河神、树神、山神、地神、川泽神、苗稼神、昼神、夜神、空神、天神、饮食神、草木神,如是等神皆来集会。

还有他方国土及管理娑婆世界的一切神众,也一起聚集到忉利天,参与这场盛会。

海神、江神、河神,皆水神也。水在地球上占很重要的部分,仅就海洋便占地球表面的十分之七,而在人体中的比例亦大致同此,"大地上下四边无不有水,世间一切物命皆依之而生",万物皆需依靠水而生存,所以水神也很重要。

树神、草木神,民间有许多人喜爱拜树公,他们认为树有树神。事实上一切草木皆有所司之神,一切物质都有管理的

神存在，我们应该存着尊重的心，却不需要迷信。

苗稼神，乃管理农作物之神。

昼神、夜神、空神，分别是管理白昼、夜间与空中之神。不要以为黑夜才有鬼神，其实一天之中，我们眼睛看得见与看不见的空间，都有魑魅魍魉、一切神祇的存在。俗云"举头三尺有神明"，就是在提醒世人诸恶莫做，众善奉行。

> 复有他方国土及娑婆世界诸大鬼王。所谓：恶目鬼王、啖血鬼王、啖精气鬼王、啖胎卵鬼王、行病鬼王、摄毒鬼王、慈心鬼王、福利鬼王、大爱敬鬼王，如是等鬼王皆来集会。

鬼是人死后归趣的鬼道，乃三恶道之一，在人间如果没有造善业，死后就可能归投于此。

但这里所说的鬼王未必属于鬼道，也有菩萨现身的。佛、菩萨于六道中到处度生，释迦牟尼佛有时也到地狱去度众生。因此，这里的大鬼王是鬼道中比较有福的鬼，属于有大力量的鬼众领导者。

"恶目鬼王"面相凶恶，有着瞋怒的眼神，使人看了感到恐怖。因为他很爱发脾气，因此又称为怒目鬼王。

"啖血鬼王"喜爱食众生之血。佛教教人不杀生，是因为杀生会增长凶气。有的人家中办喜事就大肆杀生，其实一杀

生就有血气,啖血鬼王就会趁人杀生时,亲临啖食血气。

"啖精气鬼王",世间的一切食物都有它的精气,营养最为充足的成分就称为"精",譬如人参精。凡是一切有营养的成分,啖精气鬼王都会去吸收。

我们人也有精气,人的精神若能持正,精气自然不散。人的杂念心若盛,有了邪念、杂念,精气就会散失,此时啖精气鬼王便会来吸收我们的精力。相反的,心正气旺,啖精气鬼王就不得其门而入,因此切莫存有邪思邪念。

"啖胎卵鬼王",人是胎生动物,女性生产时,婴儿及胎盘会一并产下,啖胎卵鬼王往往在婴儿出生时,啖食胎盘等污秽之物。

"行病鬼王"是散布病菌的鬼王。在世界即将毁灭,人类道德沦丧的坏劫时期,瘟疫开始流行,也正是行病鬼王出来散播病菌的时候。

以上都是损害人间的鬼王,下面则是有益人间的鬼王。

"摄毒鬼王",我们生存的环境有许多有害的物质,摄毒鬼王不但能过滤空气中的毒气,也能慑伏一切毒蛇、毒虫、猛虎等等,使众生身体健康,轻松自在。

"慈心鬼王"的心地慈悲,希望令一切众生获得安乐,最关心拥护众生。他虽然身处鬼道,却有着菩萨心肠。"福利鬼王"是事事以人间利益为出发点,拥护人间的鬼王。"大爱敬鬼王"之德则足以令一切鬼类敬服,使令世间之人不受鬼类侵扰。

这些鬼王虽是鬼类,却也是佛在忉利天宫弘扬地藏教义的听众。他们也很尊重地藏菩萨,希望听闻地藏菩萨的本愿功德,所以除了天众、龙众之外,鬼王们也都集会到忉利天宫。

> 尔时释迦牟尼佛告文殊师利法王子菩萨摩诃萨:"汝观是一切诸佛菩萨及天龙鬼神,此世界、他世界,此国土、他国土,如是今来集会到忉利天者,汝知数不?"

这个时候,释迦牟尼佛看看大众都到齐了。因为这里是天宫所以没有介绍我们人间的人,忉利天宫并非一般人能去听经的地方。

每一部经都有启机与对机之人,现在佛要讲《地藏经》也一定要有对机的人,这时候无人发问,佛便自己开头讲说。有许多经典在"如是我闻"之后,由某一位弟子上前启请,佛便开始讲法;也有一些经典由于境界太高,弟子一时无法领纳,既然不明白,就不知从何问起,就像这部地藏法门即十分微妙,所以由佛自己寻找对机者。

佛所找的对机者乃文殊师利菩萨。"告"是上对下讲话;如果是下对上说话,为了表示敬重应该用"白",亦即禀白之意。

"文殊师利"意译为妙德或妙吉祥。文殊菩萨是菩萨之上首,且是已成佛之古佛,智慧第一,曾教导七佛出世,所以称为七佛之师,是倒驾慈航的大菩萨。现在既然再度化迹人间,帮助释迦佛化导众生,便也现为佛陀的座下弟子,所以称为"法王子"。

菩萨是上求佛道、下化众生的觉有情;摩诃是大,"菩萨摩诃萨"就是大觉有情。

佛陀对文殊菩萨说:"你放眼看看,如今十方诸佛菩萨及天龙鬼神等等,都集会到忉利天宫,你可知道数目有多少?"

文殊师利白佛言:"世尊,若以我神力,千劫测度不能得知。"

"世尊"指佛陀是世间与天人共尊者。"神力"乃神秘莫测、融通贯彻的力量。文殊菩萨禀白佛陀:"世尊,以我的神力,就算以千劫的时间来测度,亦不能计算出与会者的数目。"可见数目之多。

佛告文殊师利:"吾以佛眼观故,犹不尽数。"

佛陀告诉文殊菩萨:"不只是你无法测度,就是我以佛眼来观察,都无法算出正确的数目。"

这除了表示与会者众多,也是要启发后世听经者的心量。佛准备将娑婆世界的众生托付给地藏菩萨,他方的佛、菩萨、鬼神等都这么热诚来听,难道娑婆世界的人不能生起热烈的心来了解地藏法门吗?

这是佛与菩萨用心良苦,菩萨隐其智是为了启发我们尊重的心,并非真的不知数,为的是要引起佛陀讲说地藏法门。

此皆是地藏菩萨久远劫来,已度、当度、未度,已成就、当成就、未成就。

来到忉利天宫听法的大众,都是地藏菩萨久远劫以来,无法计算的时间中已度(已经成佛)、当度(现在继续在接引教化的)、未度(因缘尚未成熟,还未接触去度化的),已成就(已经成佛的)、当成就(现在正在行菩萨道、即将成佛者)、未成就(尚未接受教化,所以还未成就的)。

在场的无量大众与地藏菩萨都有很深的因缘,可见地藏菩萨的愿力有多大,他在六道之中教化众生,时间的长久无法计量。从初发愿一直到现在,始终坚持心志从不停歇。

文殊师利白佛言:"世尊,我已过去久修善根,证无碍智,闻佛所言即当信受。"

智有二种相，一者无著，二者无碍。见众生界自然清净，名为无著；能通达无边界故，名为无碍。

文殊菩萨虽在六道中不断来回，但是他能去除烦恼，心意自在不受六道众生扰乱，已到达心无挂碍的境地，所以称为"无著"，圆融自在而不执著。"无边界"不只是六道众生，实包括三界一切，也就是通于诸法实相，真、俗二谛圆融，所以称为"无碍"。

我们学佛最重要的就是在通达智慧，才不会只知其一，不知其二，所听、所见、所了解的各偏执一方，事与理无法圆融。

文殊菩萨能修行证无碍智，时间并非短暂，他能于六道间来回往返，不受苦海的波澜影响慈航，因此称为"无碍"。度众生并不是一件简单的事，菩萨久修善根才得以证无碍智，这也是时时刻刻接受磨练所致。

"闻佛所言即当信受"，佛已亲口说出地藏菩萨久远劫来，广度无边众生，我（文殊菩萨）当然应该相信。况且我已证得无碍的境界，佛所说的法我都应该了解，信受奉行。

　　　小果声闻、天龙八部及未来世诸众生等，虽闻如来诚实之语，必怀疑惑；设使顶受，未免兴谤。

小果声闻——小乘中有声闻及辟支佛两种圣人，声闻

乃闻佛陀开示苦、集、灭、道四谛之理而得道;辟支佛即缘觉,闻十二因缘而得道者。小乘所指乃独善其身者。佛讲经时,弟子们由佛法入心、了解开悟,他们避开了世间的俗谛,致力追求真谛之理,这就是声闻小乘人。

佛陀成佛后初转法轮,为憍陈如等五比丘三转四谛法。他说世间是"苦",在六道之中轮回不息是苦,这是因为"集"了种种原因,才会起惑造业,受到苦报;既然知苦,就要去"灭"苦,灭苦需要行"道",如此一步步得到解脱自在。五比丘听闻佛说法的音声而开悟,因此称为声闻,后来随侍佛陀左右的出家众,都称为大声闻众。

辟支佛也属于小乘圣人。声闻生在有佛之世,辟支佛则生在无佛说法时,却能独自观十二因缘法而觉悟,所以又称为"缘觉"。十二因缘(无明、行、识、名色、六入、触、受、爱、取、有、生、老病死),完全在解释生命的形成与过程,众生迷而不悟,以致在六道中来回不息,而缘觉则是了彻了其中的道理,跳脱了六道的束缚。

如来不诳语、不绮语,所说必是诚实之语,但小果声闻的根机小、智慧浅,专重在自修自悟,而未来世的众生则业力深重,虽然能够听闻佛法,听了之后却会有所疑惑。因为他们的根机还不能了解佛的本怀,见解就难免产生偏差,"设使顶受,未免兴谤",为了尊重讲法者,尽管口头上声称听得懂,心中并未彻底了解,私底下就难免有所毁谤。文殊菩萨为了避

免这种情形,于是向佛启请……

听法,并不是在字面上了解意义而已,真正的了解,是将法印入心中,继之化为力量、行动,脚踏实地去做。如果听而不行,或是与法背道而驰,这样也等于是毁谤。

我们是佛教徒,若不能循规蹈矩实行教法,光是到寺院拜佛吃素,行为却不检点而招致别人的毁谤,这也是违背了佛的本怀。真正的信解是身体力行,听在耳根流入心中、行之于外,这才是最重要的。

> 唯愿世尊广说地藏菩萨摩诃萨,因地作何行? 立何愿? 而能成就不思议事。

文殊菩萨恳切地要求世尊,更进一步广泛宣说地藏菩萨因地修行时所发誓愿。

圣人的美德是隐恶扬善,凡夫却只唯恐别人的光芒盖过自己,这是凡夫嫉贤妒能的心理,菩萨的心胸就不一样,文殊菩萨即希望借着佛的金口,来宣扬地藏菩萨的美德。

"不思议事",指地藏菩萨已度、当度、未度因缘之盛,可见菩萨发心之不可思议。所谓信、愿、行,愿与行一定要相辅相成,立志行愿需保持恒常心,事情才得以完成。

> 佛告文殊师利:"譬如三千大千世界,所有草木丛

林、稻麻竹苇、山石微尘，一物一数作一恒河；一恒河沙，一沙一界；一界之内，一尘一劫，一劫之内所积尘数，尽充为劫。"

集一千个日月，也就是集一千个小世界，为一"小千世界"；集一千个小千世界，为一"中千世界"；集一千个中千世界，即为一"大千世界"。因为中间有三个千的倍数，所以大千世界又名为"三千大千世界"。

三千大千世界中所有的草木丛林、稻麻竹苇、山石微尘等，每一物都化作一恒河沙，把一粒恒河沙当成一个世界，每一世界中的一粒微尘再成为一劫，一劫的时间所积之微尘尽皆再化成时间。这是比喻时间的久远。

地藏菩萨证十地果位以来，千倍多于上喻。何况地藏菩萨在声闻、辟支佛地。

地藏菩萨修行证得十地果位以来，时间已经千倍于上述的长远时间，加上地藏菩萨处于声闻、辟支佛地的时间，所经岁月就更长更久。显见地藏菩萨发心修行以来，已经过无量劫的时光。

十地，为菩萨修行至成佛的过程中，其中的十个阶段。

一欢喜地：此是见道位，初入实相无障碍土。初入宝所，

故名欢喜地。菩萨于此位成就檀波罗蜜。

这是菩萨发心修行最初见道的阶段,进趣大圆镜智实相般若的无障碍土;过去心地黑暗,此时乍见光明,真正见道证无碍实相,当然很欢喜。菩萨是于布施之间成就此等果位,成就果位之后又继续其行愿,辗转证得实相,完成檀波罗蜜。

二离垢地:成就戒波罗蜜,除毁犯之垢,使身清净,故云"离垢地"。

我们修行除了行善之外尚要持戒,持戒可以除去身心的垢染,不招毁谤。我们既然发心修行,就要以修行人的风范来处世立行;假如发心修行,却心行相乖,这就是不守戒。

"垢"即是污染,就像玉石有了瑕疵即失去它的价值。修行若有染污心,戒体就不得完成,也就失去修行的轨则,所以持戒一定要清净,才得以不受污染,故称"离垢地"。

三发光地:成就忍辱波罗蜜,得谛察法忍,智慧显发,故云"发光地"。

有忍的精神才可以求得法的真理,若不能忍,道业绝无法完成,我们要求出世行,忍辱的心志绝对不可缺少。法忍是对诸经所说微妙幽深之法能不惊怖,且能勤学读诵,安住于教法之真理中,有了坚定求法的精神,智慧自然就能显发,故称"发光地"。

四焰慧地:成就精进波罗蜜,使慧性炽盛,故云"焰慧地"。

修行若不精进,心镜绝对不会光亮。精乃不杂;进乃不退,既然发愿修行,就要好好把握时间,时时刻刻向成佛之道精进,勤于擦拭心镜,使心光晃曜、慧性炽盛,智慧开启明朗,这就是"焰慧地"。

五极难胜地:成就禅定波罗蜜,使真俗二谛合而相应,故云"极难胜地"。

定者心不乱,禅定又称正定。精研佛法必须一心不乱,才能真正体会真俗二谛的真理,使真谛、俗谛二者圆融相应。

我们发心修行,首先自己要清净。精进地追求真理,但不能逃避俗谛(度人及利益众生的工作),纵使利益众生的志业困难重重,尽管众生贫穷苦恼、刚强难化,我们还是不能退避,在得到佛法的利益之后,也要令一切众生普获利益。于清净中入五浊恶世度生,难行能行、自利利他二者圆融,称为"极难胜地"。

六现前地:成就慧波罗蜜,发最胜智,使现前无染净之差,故云"现前地"。

一个真心要修行的人,发心时就要发最胜智,使心地如同一面镜子,山河大地尽皆收摄却不受其碍。心净则土净,不一定在极乐世界才是净土,只要心不受染污,此身虽入大浊世中,即便五浊恶世亦可转为清净世界。

在佛的境界中,其实没有浊恶世与清净地的差别,只要心地清净,净土就显现在我们眼前,故说"现前地"。

七远行地：成就方便波罗蜜，发大悲心，远离二乘之自度，故云"远行地"。

"方便"就是发大悲心，广度众生，远离声闻、缘觉之小乘法，亲近大乘菩萨道。所以称为"远行地"。

八不动地：成就愿波罗蜜，作无相观，故云"不动地"。

既然立下行大乘菩萨道之愿，不论遭遇什么因缘都不改变心志。时时洞悉无相观，无我相、人相、众生相、寿者相，心不被生、住、异、灭四相所偏移，称之为"不动地"。

九善慧地：成就力波罗蜜，具足十力，于一切处，知可度不可度，能说法教化，故云"善慧地"。

要化导众生，必须具足直心、深心、方便、智、愿、行、乘、神变、菩提、转法轮这十种力量，于三界六道一切地方，了知众生有否得度因缘。能观机逗教，因缘成熟的众生就说法度化他；根机不足者，善用智慧以化导，不使他产生反感，这就是"善慧地"的境界。

十法云地：成就智波罗蜜，具足无边功德，出生无边功德水，如大云覆虚空出清净之众水，故云"法云地"。

我们必须具足无边功德才能成就一切众生，因为众生的心地干枯，要以法水来润泽众生的心地。菩萨的愿行如大云覆盖虚空，流出清净之众水（雨水、露水……等）来滋润地上的万物生灵。故云"法云地"。

以上是大乘菩萨的十种果地。波罗蜜是"彼岸度"，除了以六度为工具,度过生死此岸到达解脱彼岸之外,还有方便度及愿、力、智等总共十项,这是菩萨发心修行所体会到的境界,称为"十地"。

> 文殊师利,此菩萨威神誓愿,不可思议。

文殊师利菩萨!地藏菩萨的威神誓愿不可思议,并非我们用言语可以形容。

> 若未来世有善男子、善女人,闻是菩萨名字,或赞叹、或瞻礼、或称名、或供养,乃至彩画刻镂塑漆形像,是人当得百返生于三十三天,永不堕恶道。

"未来世"即相对于释迦佛住世时的未来世众生;"善男子、善女人"则是已发心向善求法之人。假若未来世有善男子善女人,听闻地藏菩萨的名号,了解菩萨的威德,无论是以欢喜心来赞叹,或瞻视礼拜表示恭敬,又或时时称念地藏菩萨的圣号,或者以各种供养来表达对菩萨的尊敬,乃至彩画刻镂塑漆菩萨像,使人见到塑像就能生起恭敬心。

"是人当得百返生于三十三天,永不堕恶道","是人"指赞叹、瞻礼、称名、供养或雕塑地藏菩萨形像的人,这样的人可以往返生于忉利天达一百次,永远不堕落恶道。

这里提到供养,《普贤行愿疏》中也提出三种供养:利供养是在我们能力所及的范围内,以物质的供养来表示恭敬。例如以香、烛、花、果等来供养。

敬供养就是时时对诸佛菩萨存着敬重的心。有的人或许经济能力不许可,无法在物质上供养,但是只要有心,以我们的身体来礼拜,用口来赞叹称扬佛菩萨的德行,这就是虔诚的敬供养。

如果时间上不许可,无法到寺院礼佛,由于所学有限,更不懂得赞叹佛菩萨的德行,身口都无法表示敬意,那又该怎么办呢? 还有一项——行的供养;行就是修养。佛教导众生,宣扬地藏菩萨的德行,就是希望我们以这位菩萨的行为作为模范,我们若能尊师重道,就是真正身体力行的供养。

比如我们要对父母尽孝,首先要使父母安心,进一步还要引导他们去掉一些不好的习惯,从事善业。

过去有一位父亲告诉儿子:"前面有人种瓠瓜,趁着天黑没人瞧见,我们去摘吧!"来到瓜棚下,父亲问儿子:"现在有人看见吗?"儿子回答:"没有。""那我们开始摘吧!"儿子又说:"父亲,虽然没有人,不过我感觉有眼睛盯着我们。"

父亲说:"既然没人,哪里来的眼睛呢?"儿子就说:"月亮好亮啊! 就像眼睛盯着我们看,还有你的心、我的心都看得到呀!"这位父亲听了十分惭愧。虽然没人看见,但是天地都看得见,自己和儿子也知道这是偷窃的行为,这种事做不得呀！

这个儿子真正尽了孝道，减少了父亲的一项错误。我们学佛，既为佛子，也应该让佛陀放心。佛既然以菩萨的行为来教导我们，我们也应该学习菩萨的发心与行为，能够这样，才是真正的供养。

文殊师利，是地藏菩萨摩诃萨，于过去久远不可说、不可说劫前，身为大长者子。时世有佛，号曰"师子奋迅具足万行如来"。

佛再对文殊菩萨说："这位地藏大菩萨，在过去尚未修行的长远时间之前，曾经身为大长者子，这位长者子正值'师子奋迅具足万行如来'出世之世。"

"长者"为家主、居士之意，一般通称富豪或年高德劭者，这里的长者则是具有"姓（种族）贵、位高、大富、威猛、智深、年耆、行净、礼备、上叹、下归"等十种德行之人。

"师子奋迅"，此借喻佛德也，狮子能伏百兽，佛亦能调伏各种外道以及刚强众生。"奋"是振动身毛，脱去尘土；"迅"是前进快速，佛亦能奋除一切细微烦恼，故名"师子奋迅"。

"具足万行"是具足万种行门功德也。要修成佛道必须福慧功德兼备，这位师子奋迅如来既勇猛精进，又具足万种

功德行门,所以称为"师子奋迅具足万行如来"。

　　　时长者子,见佛相好,千福庄严。因问彼佛:"作何
　　行愿,而得此相?"

　　这尊佛的相貌非常庄严,长者子见了十分欢喜,因此恭
敬地请问佛陀因地修行时曾发何愿,以致获得相貌圆满。

　　"千福庄严",千福者,善以有漏身口意业,修行六度成百
福德,用百福德成一相,以为三十二相之业因。《大智度论》
云:"以三十二相,八十随形好庄严,内有无量佛法功德。"故
令众生见之无厌,极生欢喜!

　　我们想要得到千福庄严的果报一定要行善。具足身口
意十善业、行六度法门,这样就可以成就百福德,每一善具足
百福,十善则能具足千福。行六度法门可以具足百福的身
相,即是完成一相,每一尊佛都要具足三十二相,三十二相都
是平时修福修善所得。

　　佛不但具足三十二相,还有八十随形好,使人见了就觉
得很有缘很欢喜。"八十随形好庄严"表示佛在语默动静之
中,任何形态都能令众生起欢喜心。我们若要人见人欢喜,
首先要多与众生结好缘,未成佛前先结好缘,这是我们成佛
的因,也是种三十二相的业因。

　　　　时师子奋迅具足万行如来告长者子："欲证此身,当
　　须久远度脱一切受苦众生。"

　　这位师子奋迅具足万行如来很有智慧,能观机逗教。他
告诉长者子:"你若想要和我一样,证得此庄严身,当发愿以
长远心救度一切受苦受难的众生。"

　　　　文殊师利! 时长者子因发愿言："我今尽未来际不
　　可计劫,为是罪苦六道众生,广设方便尽令解脱,而我自
　　身方成佛道。"

　　佛告文殊师利,这位长者子根机聪利,听闻如来言教,很
快地就发出广大深远之愿,他发愿"从现在以至未来际无穷
尽的时间,我都愿意为罪苦的六道众生广设方便,使他们都
能获得解脱,然后我才愿意成佛。"

　　长者子所发的是广度众生的愿,这必须至少具备以下五
种条件:

　　第一慈悲心重。第二忆本誓愿,也就是坚持初发心,不
要一遇到挫折便退失原本的志愿。第三智慧伶俐。

　　第四善巧方便。度众生要懂得善巧运用各种法门,才能
应机施教。

　　第五大精进力。无论面对好与不好的境界,都要保持无

杂念的心,专心一意向前精进。

这位大长者子最初因地发愿,就是在师子奋迅具足万行如来面前,发愿的因缘则是见到师子奋迅如来的形象庄严,生起了欢喜心而发愿。所以,好的形象威仪也可以度人。

> 以是于彼佛前立斯大愿,于今百千万亿那由他不可说劫,尚为菩萨。

那个时候长者子在佛前立下大愿,他要在无尽劫、无尽期的时间中,为六道众生广设方便,令一切众生皆得解脱,他才愿成佛道。于是,坚心立愿不动摇,一直到现在已经过百千万亿不可计算的时间,他还是守住菩萨的本分尚未成佛。

为他所度脱的十方诸佛、大菩萨及一切鬼神、天龙八部等,都聚集到忉利天宫,数目多得连文殊菩萨以千劫的时间都无法计算,以佛眼也无法测量。他立愿至今度众之多,但却为了还有许多众生尚未成就,所以坚持本愿做个菩萨,可见这位菩萨的伟大,我们应该以这位菩萨作为模范。

> 又于过去不可思议阿僧祇劫,时世有佛,号曰"觉华定自在王如来",彼佛寿命四百千万亿阿僧祇劫。

"阿僧祇劫"即无量数的长远时间。长者子经过那一世

之后,又在过去"不可思议"——非我们的智力可以推测、非我们的口可以论说的长久时间之前,那个时候有一尊佛出世,名号是"觉华定自在王如来"。这尊佛的寿命有四百千万亿阿僧祇劫。

每一尊佛的誓愿皆不同,这尊觉华定自在王如来的寿命就很长,他现无量寿来度众生,不同于释迦牟尼佛示现和一般人一样的寿命。

> 像法之中有一婆罗门女,宿福深厚,众所钦敬;行住坐卧诸天卫护。

"像法"时期是佛灭度之后,人们转以佛像缅怀佛的教法,因此佛的造像与寺院在人间十分昌盛。正法住世时,众生由于对佛恭敬,很容易接受佛法,得道的人也很多;像法时期则转为形象化;等到末法时期,法在人的心目中便渐渐不受重视。

在觉华定自在王如来入灭,由正法转为像法时期之中,有一位婆罗门女。"婆罗门"是印度四种阶级当中最上等的种族。这位婆罗门女"宿福深厚",亦即在过去生中已经遍植福德,而今生的人品也非常端正,行住坐卧的威仪形态都能合乎规矩,成为众人的模范,所以感得天神的守卫保护。

其母信邪,常轻三宝。是时圣女广设方便,劝诱其母,令生正见。

　　这位婆罗门女是位行为端正、宿福深厚的少女,她的母亲却偏入邪见缺乏正念,时常轻蔑三宝。婆罗门女是位很有智慧的人,她信仰佛法,知道不尊重三宝又崇信邪法,将来必定会堕落恶道,因此为母亲广设方便之法,用以劝诱母亲能生出正见。

　　而此女母未全生信。不久命终,魂神堕在无间地狱。

　　婆罗门女之母听了女儿的劝告,已经受到感动也想改过,希望好好信仰佛法。但是人都有惰性,心里想着慢慢来就好,婆罗门女的母亲也是如此,不料她在真正的信念未生起前就死了,死后魂神堕入无间地狱。

　　时婆罗门女,知母在世不信因果,计当随业,必生恶趣。遂卖家宅,广求香花及诸供具,于先佛塔寺大兴供养。

　　当时婆罗门女知道母亲在世时不但不信因果,还常轻视

三宝。她计量母亲平时的信念,依其生活形态,死后一定会投生恶道,为了解救母亲,她卖掉了家宅。家宅是父母所拥有的财产,她用父母的财产为母亲造福德,希望以此来减轻母亲在地狱所受的苦报。

她舍弃世间财,广求香花等物庄严佛前,并供养僧宝;无论是建塔造寺或寺院所需的一切,她都不惜财物,诚意地布施做大供养。这是表示她的诚意与孝心。

世间一般人在老人过世时,都会拿一些钱塞在亡者手里,封棺前再取下来分给子孙们,称为“手尾钱”。几年前我看过一个例子:

一个很富有的信徒过世,即将封棺的那一刻,只听到几个儿子叫道:“等一下,先看看手尾钱是不是全都取出来了。”看!在封棺的一刻,家属在乎的不是最后一面的悲哀,而是亡者手中的钱,这就是世间人啊!

有的人父母一死,便开始为了财产而争吵诉讼,大家忙着对簿公堂,往生者过了几年都没有安葬。还有一种民间“捡骨”的习俗,什么样的人会最快捡骨呢? 就是陪葬物最多的人,玉镯子、金项链、珠宝等陪葬得愈多,往往很快就会捡骨。

但是婆罗门女在母亲死后,心心念念却是如何为母亲超拔,宁愿舍弃家宅为母造福,这才是真正的孝女。

> 见觉华定自在王如来,其形像在一寺中,塑画威容,端严毕备。时婆罗门女瞻礼尊容,倍生敬仰。

婆罗门女卖了家宅之后到处供养三宝。有一天,她到了一座寺院,见到觉华定自在王如来的像雕塑得非常庄严。当时婆罗门女在佛殿礼拜、瞻仰尊颜,佛陀慈祥的容貌就像一股暖流,抚慰她悲哀的心情,使她生出无限敬仰的心。

> 私自念言:"佛名大觉,具一切智。若在世时,我母死后,傥来问佛,必知处所。"

婆罗门女瞻佛尊容,内心想着:佛陀啊!您名为"大觉",如实了知三世一切,世间的事没有一样不知道。倘使今天尚未灭度,我来请问母亲死后的去处,您一定知道。可惜您已灭度,再也无法为我解答了!

每当看到这段经文,我的心就感到非常难过,记得父亲(养父)往生那时,我心中的痛苦就和这位婆罗门女一样。当时我尚未学佛,而家乡则有捻米卦的风气,算卦的人铁口直断说,父亲到了枉死城,我一听更是痛苦难堪,心里不断挣扎地问:"父亲到底去哪里了?"那种求告无门的心情,真是难以言喻!

后来有位朋友见我精神几近崩溃,就带我到慈云寺拜

《梁皇宝忏》，做了七天的法会。我一面看着忏文，渐渐地看出其中所讲人生无常的道理，也看出父亲的去处无非是"随业而转"。从此接触了佛法，这就是我入佛门的因缘。

时婆罗门女垂泣良久，瞻恋如来。忽闻空中声曰："泣者圣女勿至悲哀，我今示汝母之去处。"

婆罗门女对佛像非常敬重。满腹的心思无处可问，唯一想问的对象却无法回答，因此她悲哀地哭了，一边默默流泪，但是眼睛还是没有离开这尊佛像。

她既虔诚，孝心又很单纯，在她全神贯注瞻仰佛像时，忽然听见空中有声音说："悲泣的圣女，不要太过悲哀，我现在要告诉你母亲死后的去处。"由于她恳切的哀情感动了佛心，所以佛真的对她说话。只要我们心无杂念精神专一，自然会有这种情形发生，这就是与佛心相应。

婆罗门女合掌向空，而白空曰："是何神德宽我忧虑？我自失母以来，昼夜忆恋，无处可问知母生界。"

婆罗门女听到声音感到很紧张，因为她迫切地想要知道母亲的去处，满腹的心思无处可问，现在声音一来，她唯恐声音就此消失。于是赶紧合掌对空中发问："是何神德宽解我

的忧虑? 我从母亲往生后一直无法释怀,是不是真能解答我的疑惑?"

　　时空中有声,再报女曰:"我是汝所瞻礼者,过去觉华定自在王如来,见汝忆母倍于常情众生之分,故来告示。"

　　这时空中有声音再告诉婆罗门女:"我就是你所瞻礼的觉华定自在王如来。因为见到你思念母亲的心情倍于常人,我很感动,所以来解答你的疑问。"

　　中国人谈孝道,佛法也谈大孝。但是一般人在父母死后,往往只是办得热热闹闹,为的只是做给别人看。身为子女的人,是否想到过世的父母去往何处? 是否有人想到应该为茫茫然的亡者,铺一条路让他们走?

　　婆罗门女为了她的母亲,将家宅变卖来做布施供养,一心一意为的是超拔其母。现在仗着佛的慈悲,佛将告诉她母亲的去处。

　　婆罗门女闻此声已,举身自扑,肢节皆损。左右扶侍,良久方苏,而白空曰:"愿佛慈愍,速说我母生界。我今身心将死不久。"

婆罗门女听说能知道母亲的去处,心中十分悲切,本来是跪着仰头瞻仰,马上很激动地爬起来又五体投地拜下去,手脚关节都受到严重损伤。左右的婢女服侍昏迷的她,很久才清醒过来,醒来之后身体虽受损伤,但是丝毫不放松追求母亲去处的心念。

她赶紧追问佛陀:"愿佛慈悲哀愍我,快告诉我母亲的去处。现在的我肢节俱损,而且心力交瘁,恐怕已不久于人世。"

时觉华定自在王如来告圣女曰:"汝供养毕,但早返舍,端坐思惟吾之名号,即当知母所生去处。"

此时觉华定自在王如来便告诉圣女:"你供养后早点回家,回到家里静静地坐下来,心无杂念地持念我的名号,就会知道你母亲的去处。"我们总是劝人遇到事情时,要好好静下心来念佛,心安定下来才能理出头绪,找到解决的办法。当时的觉华定自在王如来也是一样,劝婆罗门女要念佛,真正的虔诚就可以得到感应。

时婆罗门女寻礼佛已,即归其舍。以忆母故,端坐念觉华定自在王如来。经一日一夜。

于是婆罗门女拜佛之后，即刻回到家中。以其忆念母亲的一片孝心，一心不乱，端坐持念如来名号，时间经过了一日一夜。

忽见自身到一海边。其水涌沸，多诸恶兽，尽复铁身，飞走海上，东西驰逐。见诸男子女人百千万数，出没海中，被诸恶兽争取食啖。

婆罗门女一心念佛，忽然间看见自己到了一处海边，海水的波浪翻腾，海的四周有许多恶兽，全都身披铁甲，于海面上飞来飞去，前后驰逐十分快速。

又看见百千万数的男男女女浮沉于海中，他们的头一浮出海面，就会被恶兽争相啖食，景象十分可怕。

又见夜叉，其形各异，或多手多眼、多足多头，口牙外出，利刃如剑，驱诸罪人，使近恶兽，复自搏攫，头足相就，其形万类，不敢久视。

又看见可怕的厉鬼夜叉，形状各各不同，行动则十分敏捷。有的类似牛头、马面、狮子、老虎等人身兽面，有的全身有很多手脚，或很多只眼睛，或许多个头，牙尖齿利突出如锐剑。

这些有着可怕形象的鬼类,驱逐着罪苦众生,使他们四散奔逃,但是前有恶兽、后有夜叉,罪人间彼此推挤拉扯,跌倒的人被后来的人踩踏践踏,骇人的形状千万类,令人看得心惊胆颤不敢久视。

时婆罗门女以念佛力故,自然无惧。

婆罗门女不敢久视乃是因为不忍心,由于她不断念佛,所以心中很安然并不觉得恐惧。一般人走夜路心里都会害怕,但是只要心念端正,仗着佛力自然就能解除恐惧。

有一鬼王名曰无毒,稽首来迎,白圣女曰:"善哉!菩萨,何缘来此?"

有一位鬼王名叫无毒。他看到婆罗门女端心正念站在那里,也很恭敬地头面着地,行接足礼来迎接她,但还是忍不住发出疑惑:"善哉菩萨,是何缘故来到此地?"

时婆罗门女问鬼王曰:"此是何处?"无毒答曰:"此是大铁围山西面第一重海。"

婆罗门女即回问鬼王:"这里是什么地方,为什么这么可

怕?"无毒回答:"这里是大铁围山西面的第一重海。"

释迦佛时的世界观,认为世界的中心是须弥山,四边围绕着四大部洲,四大部洲之外则是汪洋大海,海的外围再由铁山包围起来,这些世界最外围的山即称作"铁围山"。而婆罗门女所到之处,即是铁围山西边的第一重海,相传堕入地狱的人舍了报身,尚未进入铁围山以前,首先要渡过此海。

　　　　圣女问曰:"我闻铁围之内,地狱在中,是事实不?"
　　无毒答曰:"实有地狱。"

圣女请教无毒鬼王:"我听说地狱位于铁围山之内,这是事实吗?"无毒回答:"确实有地狱。"

　　　　圣女问曰:"我今云何得到狱所?"无毒答曰:"若非威神,即须业力,非此二事终不能到。"

圣女又问:"我现在为什么会来到地狱呢?"无毒回答:"如果不是威神之力,那就是业力了;在人间若是造了十恶业,死后自然会乘着业力来到地狱。除了这两种情况,其余绝对无法到地狱来。"

我们人间的监狱也是如此,一种是在社会上为非作歹的人,受了法律的制裁而入狱服刑。另外一种就是狱所内的工

作人员，或是去感化辅导受刑人的教师，唯有这些人才能进出自如。

　　圣女又问："此水何缘而乃涌沸，多诸罪人及以恶兽？"

　　圣女再问："是什么因缘使得这些海水无法平静，一直沸腾不已？又为什么有这么多罪人，以及凶恶的猛兽呢？"

　　无毒答曰："此是阎浮提造恶众生新死之者，经四十九日后无人继嗣，为作功德救拔苦难，生时又无善因。当据本业所感地狱，自然先渡此海。"

　　之前已解说过佛世时的世界观，据说在须弥山南方的南瞻部洲，有一株巨树名为"阎浮"树，枝干高广，树叶繁密，果实甘美又能遮蔽风雨。此树或为当时印度人心目中之理想树，因此就以"阎浮提"代称南瞻部洲，后来更扩大意义，代指佛陀所教化的整个世界。"提"即洲之意。

　　无毒回答："这些都是世间造恶的众生，死亡时间未超过七七四十九天者。因为死后没有人为他造功德以资救拔，生前又不曾种下善因，一旦命终，就会依据生前造作的恶业感得地狱之报，在进入地狱前都要先渡过这片汪洋大海。"

"死者，诸根灭乃死。"根即眼、耳、鼻、舌、身等器官及其作用，如果这些器官全都无法发挥作用了，即称为死。一般的情况，死有"命尽死"与"外缘死"二种。

命尽死，即全其天命自然而死者。细分又有三种：

命尽非福尽——这种人过去生中虽造了许多福业，但是寿命并不长。有的人喜爱布施却不能戒杀，这样虽能得到福报，却没有长寿的因缘，于是命短而福未尽。因此，我们要布施更要守不杀戒，才能命长福也大。

福尽非命尽——有的人虽富贵一时，但突然间事业失败即倾家荡产，这就是福尽，可是他的命却很长，往往骨肉离散、晚景凄凉。

福命俱尽——在富有的时候享尽荣华富贵，等到福享完了生命也走到尽头，这就是福命俱尽者。

外缘死则是未能全享天命，或横遭杀害而死。也细分为三：

非分自害死——不该死而自杀死。

横为他死——忽然间不明不白被杀而死。

俱死——自杀又杀人或相害而死。

佛法中分析人间的心理是如此彻底，光是死就有这么多种类。而"新死"是指死亡四十九天之内者。为什么会是四十九这个数字，其中亦有其道理，也就是关于"中有身"之说。

佛教称人死后未转生之前这段时期，为"中有身"，亦名

"中阴身"。极善之人福德极大,舍了这个身躯,不必经过中阴身,即可立即转生至天堂或下一世。而极恶之人也不必经过中阴身,这种人尚未死,地狱之门早就开启在等着他,只要一断气马上就堕入三恶道。

一般人虽无大恶,但也舍不得布施造善,这种不善不恶业力不定之人,就会经过中阴身的阶段,在中阴身中寻找下一世投生的因缘。中阴身每七天死而再生,最多经过七次,七七即四十九天,过了这段时间就一定要随业投生。

为此,民间发展出于每个七日为亡者诵经追荐之习俗,直至四十九日满中阴为止。世俗之说乃谓该期间亡魂茫然不知去向,故于彼时为之祈求冥福,使之乘福缘脱离不善之处。中有之说,佛教各部派间各有主张。其实真正的孝子,应该于父母在生时,便引导他们闻法修善,使他们立于正信,自己立愿行善功德才会大,如此命终之后,即可舍此投彼,生于善道。

世人多数忌讳谈死,佛教徒正巧相反,"生死事大",不能不学。我们必须探讨生从何来? 也要探求将来死往何处? 因此"死"也是人生必修的一大事。

意识中的第八识为"藏识",亦即业识,俗称"灵魂"。佛教有句俗语"先来后去主人翁",出生时先来,死亡后较晚离开,指的就是这个第八意识。第八意识舍此投彼之时,有时因为业力的牵引,会茫茫然不知去向,因此佛教界有"助念"

佛号的方式,依靠众人的力量,坚固临命终人的信念,同时也在稳定家属的情绪,使生死两相安。

> 海东十万由旬又有一海,其苦倍此;彼海之东又有一海,其苦复倍。

海的东边十万由旬之远又有一海,那里的苦状更为凄惨;在那个海的东边又再有一海,而苦况更是加倍于此。

这就是地狱,一层比一层还痛苦,而且无论逃到哪里,都有夜叉与恶兽的追逐与折磨,苦难无以复加,永无止境。这在经中有详细的说明。

> 三业恶因之所招感,共号业海,其处是也。

为什么众生会到这个地方来呢?这就是身、口、意三业的恶因招感所致。身造杀、盗、淫,口出妄言、绮语、恶口、两舌,心念辗转贪、瞋、痴,造了十恶业的因所招感的业海,就是此处地狱之前的苦海。因此,"诸恶莫做,众善奉行",或许有人逃得过人间的法律制裁,但是地狱的果报却是丝毫不爽。

> 圣女又问鬼王无毒曰:"地狱何在?"无毒答曰:"三海之内是大地狱,其数百千,各各差别。所谓大者具有

十八,次有五百,苦毒无量;次有千百,亦无量苦。"

圣女又问无毒鬼王:"那么地狱在哪里呢?"无毒回答:"地狱就在刚才所说的三座大海之中。数目成百上千,而且每一座都不一样,所谓的大地狱有十八座,其次附属的地狱有五百座,里面的苦毒惨况无法形容。在十八地狱及五百地狱之外,还有千百座地狱,同样是无量惨苦的情状。"

圣女又问大鬼王曰:"我母死来未久,不知魂神当至何趣?"

圣女又问大鬼王:"我的母亲才死不久,不知她的神识到了什么地方?"

鬼王问圣女曰:"菩萨之母在生习何行业?"圣女答曰:"我母邪见,讥毁三宝;设或暂信,旋又不敬。死虽日浅,未知生处。"

鬼王即问圣女:"菩萨啊! 您的母亲在生时的行为是好是坏呢? 平时的待人处事如何?"圣女坦白地回答:"我的母亲见解有些偏差,一直无法生出正信,所以平时常讥笑出家人、毁谤佛法;偶尔也会生出信心,但随即忘记又生出不敬之

念。我不知道她死后到底投往何处?"

无毒问曰:"菩萨之母姓氏何等?"圣女答曰:"我父我母俱婆罗门种,父号尸罗善现,母号悦帝利。"

无毒再问:"菩萨之母的姓名是什么呢?"圣女回答:"我的父母皆属于婆罗门种族,父亲名为尸罗善现,母亲名叫悦帝利。"

无毒合掌启菩萨曰:"愿圣者却返本处,无至忧忆悲恋。悦帝利罪女生天以来,经今三日,云承孝顺之子为母设供修福,布施觉华定自在王如来塔寺,非唯菩萨之母得脱地狱,应是无间罪人,此日悉得受乐,俱同生讫。"

无毒合掌恭敬地对圣女说:"请您回到所来之处,不要再忧愁悲哀,悦帝利罪女(因为造罪堕入地狱,所以称为罪女)原本应该受地狱之报,听说因为孝顺的子女为她设供修福,供养觉华定自在王如来、兴建塔寺,仗着如来福佑的力量,如今生天已经三天了。不仅如此,当时同在地狱受苦的无数罪人,全都和她一样,得以往生天上享受快乐。"

由此可知,这位婆罗门女的孝心具有多么大的力量,她所感动、所救拔的不只是自己的母亲,连与她母亲同在地狱

受苦的罪众,都受到她的福荫而生天,可见虔诚供养的功德之大。所以我们布施行善,不要只存着利益自己的心,若发愿普施一切众生,普救一切众生,此等善心善行的力量就会更大。

> 鬼王言毕,合掌而退。婆罗门女寻如梦归。悟此事已,便于觉华定自在王如来塔像之前,立弘誓愿:"愿我尽未来劫,应有罪苦众生,广设方便,使令解脱。"

鬼王说完后恭敬地合掌退下。婆罗门女则如梦初醒回到原来的住处。她确知母亲的去处已解脱生天,于是赶紧来到觉华定自在王如来的像前,立下弘大的誓愿。她知道救拔了母亲之外,地狱的其他众生也同时得救,便发愿从此广设方便之法,救度一切罪苦众生,使他们均能获得解脱。

我们一般人的愿,总是在完成目的之后就会终止,但是这位婆罗门女的愿望达成之后,却再次发愿广度一切众生;刚开始时是为了救度母亲,在母亲得救之后,她发了更大的愿要度尽一切众生。这是她和一般人不同的地方,她在达到目的之后又起了报恩的心。

> 佛告文殊师利:"时鬼王无毒者,当今财首菩萨是;

婆罗门女者,即地藏菩萨是。"

佛陀告诉文殊师利菩萨:"当时在地狱中的无毒鬼王,就是现在的财首菩萨。而婆罗门女,就是现在的地藏菩萨。"

"财"乃人所共宝,成就佛道之七种圣法亦称为七法财,即信、戒、多闻、舍、慧、惭、愧。此七法财以信为首,有信故能持戒,持戒而生善,善由多闻,闻法即能舍,舍而生慧,而惭与愧者乃守道之具,故信为财首。

财首菩萨昔以无毒为名,因其能行十善之道,心中无染,故称无毒,今得财首之号,是乃登菩萨十地之果位也。财首菩萨的过去生因缘,据《佛说观佛三昧海经》云:"过去无量世时,有佛世尊亦名释迦牟尼,彼佛灭后有一王子名曰金幢,憍慢邪见不信正法。知识比丘名定自在告王子言,世有佛像众宝严饰极为可爱,可暂入塔观佛形像。时彼王子随善友语入塔观像,见像相好白言比丘:佛像端严犹尚如此,况佛真身!

"作是语已比丘告言:汝今见像若不能礼者,当称南无佛。是时王子合掌恭敬称南无佛,还宫系念念塔中像,即于后夜梦见佛像,见佛像故心大欢喜,舍离邪见归依三宝。随寿命终,由前入塔称南无佛因缘功德,恒得值遇九百万亿那由他佛,于诸佛所常勤精进,逮得甚深念佛三昧,三昧力故诸佛现前为其授记。……尔时王子今我财首是也。"

诚心地称念一声"南无佛",过去憍慢的王子后来即成为进入十地果位的财首菩萨,这就是因小果大。悦帝利女种下谤佛恶因,所以堕入痛苦的业海,而无毒鬼王信行十善,终登菩萨之阶,所以说"心念"非常重要。

佛门大孝地藏经

分身集会品第二

尔时百千万亿不可思、不可议、不可量、不可说无量
阿僧祇世界，所有地狱处分身地藏菩萨，俱来集在忉利
天宫。

　　那个时刻有百千万亿，多得不可思议、不可计量不可说，
无量阿僧祇世界所有地狱中的分身地藏菩萨，也同时聚合到
忉利天宫。并非只有南阎浮提的大铁围山之中才有地狱，其
实有众生的地方，大多数都有地狱，地狱的数目一多，地藏菩
萨所分身的数量当然也就多了。

　　以如来神力故，各以方面，与诸得解脱从业道出者，
亦各有千万亿那由他数。共持香花，来供养佛。

　　在各地狱中，受到分身地藏菩萨教化，而从业道得到解
脱的人，也全部集会到忉利天宫，数目同样是不可称量。这
就是依仗释迦牟尼佛的神通力量，所以他们皆持香花来供养
佛陀，以表达恭敬与感恩。
　　供养分为利供养、敬供养与行供养。利供养乃饮食、衣
服、卧具、医药等四事供养，这是物质的供养。香花供佛可以
说是利的供养，也可说是心的恭敬，感激在心而表现于外在
的形态，这已包含了利与敬的供养。既然他们能从业道脱
出，就表示他们能身体力行，所以是行的供养，如此真正虔诚

具足三供养。

彼诸同来等辈，皆因地藏菩萨教化，永不退转于阿
耨多罗三藐三菩提。

这些与地藏菩萨同来的大众，都是因为受地藏菩萨所教
化，乘着信愿志心修行，得到永不退转于阿耨多罗三藐三菩
提的境界。

阿耨多罗三藐三菩提——华译为无上正等正觉，即佛
之觉智也。超越凡夫辈的不觉，以及外道之邪觉，故曰正觉；
又超诸二乘行者之偏觉，故曰正等正觉；最后超越于菩萨有
上之觉，故曰"无上正等正觉"。智慧无人能及又毫不偏差的
正觉道，这就是佛的觉智，也就是般若实相的智慧。

凡夫与佛原本具有同等的正觉智，只是受到贪、瞋、痴等
障碍，在无明不觉中造作了种种业。外道也修觉，但是往往
落于偏邪，佛的见解正确明朗，所以称为正等正觉。

二乘即声闻与缘觉，属佛教中的小乘圣人，独善其身，取
空、执空，这就是偏。佛则是取中道，觉悟真空妙有，因此称
为正等正觉。菩萨之上尚有等觉、妙觉的境界，达到妙觉即
成佛道，是为无上正等正觉。

永不退转，即证入大乘菩萨十地的境界，所以能恒持救
世度众之心而不退转。

是诸众等,久远劫来流浪生死,六道受苦暂无休息。以地藏菩萨广大慈悲、深誓愿故,各获果证。既至忉利,心怀踊跃,瞻仰如来目不暂舍。

这些由业道脱出的众生,在过去长远的时间中,由于一念不觉造作诸业,迷失了清净无染的本性,辗转流浪于生死轮回中不得自主,在六道间受苦不断,一刹那的时间也不得休息。舍此投彼,此死彼生,身形虽有变异,生死之苦却不曾停歇。

"以地藏菩萨广大慈悲、深誓愿故,各获果证",在六道三途中轮回受苦,还好有地藏菩萨肯发如此大心,这就是他胸怀广大的慈悲心,也是他的深弘誓愿。受到地藏菩萨教化的人,能依照教法去实行,就能渐趋大乘果位,进取佛果。

"既至忉利,心怀踊跃,瞻仰如来目不暂舍",大众来到忉利天宫,心中皆十分欢喜,感佩佛的深恩,于是抬头瞻仰世尊,过了很久视线都还舍不得暂时转移。这表示佛的形态庄严,而前来听经者也殷切地感激佛的重恩。

尔时,世尊舒金色臂,摩百千万亿不可思、不可议、不可量、不可说无量阿僧祇世界,诸分身地藏菩萨摩诃萨顶。

地藏菩萨带领那么多由业道解脱出来的众生，来到忉利天宫，佛既赞叹又欢喜，所以就将手伸出来，摩触诸分身地藏菩萨头顶。这是表示佛陀的慈爱，也像人间一样，用肢体语言传达给诸分身菩萨一股暖流。

而作是言："吾于五浊恶世，教化如是刚强众生，令心调伏，舍邪归正。十有一二尚恶习在。"

因为菩萨在六道教化众生是一件很辛苦的事，现在既然来到佛的座前，佛为了表示安慰，便伸手去摩菩萨顶，这是代表亲切。而后告诉地藏菩萨："我在五浊恶世之中，一样以耐心来教化刚强的众生，希望能调伏他们的心，使之去恶向善。他们无法生出单纯的信仰，所以必须花费长久的时间来调教，直到能够改邪归正。在十个人当中，大约有八个得以成就，但是也会有一二个，仍然有恶习存在。"

吾亦分身千百亿，广设方便。或有利根，闻即信受；或有善果，勤劝成就；或有暗钝，久化方归；或有业重，不生敬仰。

如果有一二个人恶习仍在，我也一样广开方便法门，化为千百亿分身继续引导他们。但是众生的根机确实有极大

的差异,有的人根机聪利,一听闻法义就能信奉受持;有的人过去生就种下善因,今生要得善果,所以多劝导他几次,他也能得到成就;也有的人比较愚钝一些,就要花长久的时间来化度,才能使他回归本性。至于业障深重的众生就很可怜了,他们实在很难生出敬仰心。

佛以大慈悲与大智慧,透过讲述苦、集、灭、道四谛真理,与戒、定、慧三无漏学来教化众生,但是众生的根机并不相同。对于利根者,只要稍加点拨,本具的佛性一下子就能显发出来,例如前面提到的长者子,他请教师子奋迅具足万行如来为何如此庄严,佛告诉他:"你若想和我一样得到相好的果报,必须以长久的时间广度众生。"长者子闻即信受,立发弘愿。

其实,我们日常生活中不好的习惯很多,看经、读经就像在照镜子,一照镜子就看到哪里有污点,能够立刻擦掉,这就是利根者。之前有位台北的慈济委员来电,她说:"师父,大家都听您讲经听得很法喜。"我问她有些什么心得? 她说:"听起来好像句句都在骂我,而其他人的感觉也和我一样。"

我说:"那要恭喜你们了,听经时如果觉得自己被骂就有救了,怕的是逃避现实,漠视自己的错误,那就很麻烦。若肯承认自己犯错,又能以佛法作为指引马上修正自己,这就是修行的意义。"

再者,根机稍差的人,对于道理无法立即会意过来,不过

只要有人殷勤地为其解释因果，他也能慢慢改正。这都是过去曾种善因，所以得遇善知识来规劝、鼓励他。

最令人无奈又怜悯的，就是那些业重不生敬仰的人，例如佛的弟子提婆达多。他是佛的堂弟，亦随佛出家，但是他的心性刚强顽劣，贪图利养而欲为新佛，时时寻隙以害佛，乃至造下五逆大罪。

唆使五百僧伽投入自己新创的僧团，而"破和合僧"；怂恿阿阇世王以"醉象害佛"；推石害佛，伤佛足趾，大逆"出佛身血"；拳"杀阿罗汉"比丘尼华色。每每计策不成，再生一计，最后伪装向佛忏悔，却"指内藏毒"，欲毒佛身，此时地出大缝，提婆达多生陷地狱。刚强若此，如何成就得度因缘？

所以说因缘果报，如果不曾培养善根，如何获得好缘善果？就如佛陀在舍卫国讲法，前后约有二十五年之久，但是舍卫城中的人民，只有三分之一的人曾亲眼见佛；三分之一只是听说有佛出世，剩余的三分之一连听闻的因缘也没有。又如慈济的本会静思精舍位在花莲，有的人很热心从外地慕名而来，本地人却不知道。这就是因缘不足。

总而言之，佛陀亲自化导众生，根机与因缘都有如此大的分别，何况地藏菩萨分身度脱众生自非易事。但是地藏菩萨却不畏艰难，还是于六道中往返不息，所以佛特别安慰他，举出自己度众生的形态，鼓励菩萨切莫灰心，不要退转。

如是等辈众生，各各差别，分身度脱。

六道众生的根机每一个都不一样，所以要分身度脱。《处胎经》云："佛告智积菩萨，我宿命所行，戒德究具，得成佛身，变化自在，无所不入，亦入金翅鸟，亦入于龙子……"

佛陀戒德圆满，而能变化自在，能化身为鸟类，也能化为龙子，或是水中的鱼类，来去自如到各处去化度众生。凡是有缘者他必定降临，为的就是救拔那些尚未得度的对象。

佛灭度虽然已经二千多年，其实他还是不断地化身人间，将苦海此岸的众生载运到极乐的彼岸，又由彼岸倒驾慈航回到此岸，这就是娑婆教主、三界导师所担负的责任。并非只有地藏菩萨发愿"地狱不空，誓不成佛"，释迦牟尼佛也是一样，时刻不离众生，因为众生各人造罪造业皆不同，所以要分身于六道来度脱。释迦牟尼佛的伟大处就在此，十分令人钦佩。

或现男子身；或现女人身；或现天龙身；或现神鬼身；或现山林川原、河池泉井，利及于人，悉皆度脱。或现天帝身；或现梵王身；或现转轮王身；或现居士身；或现国王身；或现宰辅身；或现官属身；或现比丘、比丘尼、优婆塞、优婆夷身，乃至声闻、罗汉、辟支佛、菩萨等身，而以化度。非但佛身独现其前。

"男子身"即有气魄的大丈夫,能有魄力来弘扬佛法,救度众生。"女人身"表示慈悲,佛与菩萨都曾现女人身,即是以众生所需要的形象出现而方便度化。

"或现天龙身;或现神鬼身;或现山林川原、河池泉井",山林川原等乃是无情之地,佛现身无情,一样是为增加度众生的机会。

记得在我很小的时候,那时台湾被日本人统治,当时的药物十分缺乏,流行的却是足以致命的霍乱、痢疾等传染病。听说某个地方的山泉有仙水可以救人,当时也传说有人喝了泉水病症全消,这或许可以作为佛现山林川原来救人的例子。

有时现天帝身;有时现梵王的身形来度众生;或现转轮王身。"转轮王"有金轮、银轮、铜轮、铁轮四大轮王,传说四大轮王出现人间,天下就能太平统一,因为四轮王是以佛法来摄政。

可惜的是,佛经中虽然一再提到转轮圣王,世间却未曾出现。因为当初的印度是国家林立、动荡不定的地方,人民怀抱太平天下的理想,因此发展出转轮圣王的传说,其实是表达人类追求和平的愿望。

"或现居士身",大家不要轻视居士的身份,居士中说不定也有佛菩萨再来的圣哲隐身其中,来世间度化大众。

有时现为国王身;或者现王者身边的宰相辅臣之身;或

现官属的身份来度众生。或现比丘、比丘尼、优婆塞(受菩萨戒,在家修行的男众)、优婆夷(受菩萨戒,在家修行的女众)身,乃至声闻、罗汉、辟支佛、菩萨等身,"而以化度"——以所有众生的形类来现身化度。

佛为了度众生真是用心良苦,众生的根机多数顽劣,佛虽现万类身形来度化,我们却仍旧是道地的凡夫。如今读了经文,了解佛菩萨的辛苦,我们应该闻法勤修,自己来救度自己,以减轻佛菩萨的负担。

汝观吾累劫勤苦,度脱如是等难化刚强罪苦众生。

地藏菩萨!你看我从因地发心行菩萨道以来,已经过三大阿僧祇劫如此数不尽的长久时间,还是一样殷勤努力,经受无量苦,一心一念就是为了使这些刚强难调,又罪苦缠身的广大众生,皆能得到度化与解脱,达到真正的自在。

佛在《大般若经》中提到自己在过去生中曾修种种苦行,希望获得种种方便智慧,而为众生与乐拔苦,只要众生需要,身躯手足、头目髓脑,甚至国城、妻、子也能喜舍。

《大涅槃经》中佛亦言:"指山指地骸骨倍多,指海指江髓脑非喻。"将我累生累世化生人间死后的枯骨累积起来,可比山高,可比地阔;我为众生所舍的头目髓脑亦比江河之大,所付出的精神的确无可计量。这一切的布施与修行都是为了众生。

"度脱如是等难化刚强罪苦众生",佛累生累世勤苦,为的是度脱刚强罪苦的众生。因此,现在尚未得度者,皆是难化的刚强众生,否则早就该被佛度化了。我们成了漏网之鱼,沦落于苦海之中,真的应该彻底反省:今日尚在苦轮中流转,就是因为我们实在太刚强了,怎能怪得他人!

> 其有未调伏者,随业报应。若堕恶趣受大苦时,汝当忆念吾在忉利天宫殷勤付嘱。令娑婆世界,至弥勒出世以来众生,悉使解脱,永离诸苦,遇佛授记。

还未接受佛陀教化之刚强众生,必定要随业受报;因为他不肯接受调教,未曾身体力行去修行,所以免不了在六道中随业流转,遭受报应。造善业将受人天之报;造恶业就要受三恶道之报。万一众生堕入恶趣遭受大苦报时,地藏菩萨!你当谨记我在忉利天宫殷切的付托。

我今日将娑婆世界的众生付嘱于你,从今以后,一直到弥勒菩萨出世以前,这些众生你都要想尽办法使他们获得解脱,永远脱离诸般苦恼,为他们成就得度因缘,等待未来弥勒佛出世,就能由弥勒佛为他们授记。

据佛经所称,弥勒佛出世离现在尚有五十六亿七千万年,佛将如此长远时间中的一切众生交托给地藏菩萨,这个

责任是非常艰巨的。

　　尔时诸世界分身地藏菩萨,共复一形,涕泪哀恋。

　　这个时候,各个世界的分身地藏菩萨,听完佛的付嘱,便化无量为一,结合成一个形体,痛哭流泪、涕泣不已。

　　"共复一形",有了正念禅定的功夫,自然就能化一身为无量身,再以无量身合为一身,这就是我们平日所说的神通。大乘行者皆认为,注重神通力者是下根机的众生所行,并非圣贤特别注重的修习。

　　孔夫子不语怪力乱神,就是避免怪异的言论扰乱人心,所以不谈神通鬼怪之事。

　　我们学习佛法,并不是为了求神通,佛陀亦制定弟子不可有显异惑众之举。若能以平等心拥护众生,将爱憎之别完全舍弃,使我们的心专一不散乱,就能具足神通变化的能力。

　　现在地藏菩萨分身合一,是显示大乘菩萨平等爱护众生、专念不忘之心。他的身形遍布一切以化度众生,此时佛一再殷勤付嘱,他十分感动,心无散乱之下,将遍布他方的神力合而为一,专心听从佛陀的殷殷叮咛。

　　此处地藏菩萨之所以涕泪哀恋,有四种意义:

　　一、悲六道众生造业不改。

　　二、叹众生刚强难化。

三、哀如来慧日将沉。佛将不久于世，所以殷切地付嘱菩萨，这使菩萨感到异常悲哀。

四、忧天宫付嘱事大。佛付嘱菩萨这么大的重任，地藏菩萨任重道远，唯恐有负佛陀所托，因此忧虑悲哀。

地藏菩萨深感悲哀，流着眼泪恋恋不舍地注视着佛，因为众生难度，造业不改、刚强难化，使得地藏菩萨感到悲悯。我们必须知道，要教导众生，而众生却不接受教化，教导的人是多么痛苦！

圣人指责自己无能度众生，难道真的就是他的错吗？其实是众生自己顽劣不受圣教，尽管地藏菩萨苦口婆心地教化，却仍旧我行我素。我们应该要协助地藏菩萨，首先将自己的人格升华，身体力行来学佛，而不只是在探讨佛学，以免造成所知障，利口辩辞却无法起而行动，如果只停留在口头上的理论，这样离地藏菩萨所接引的道路将是遥不可及。

道是人走出来的，所以我们在听闻道理之后，一定要付诸实行。若能安分守己，勤行佛教，地藏菩萨就可以少一分操心。

白其佛言："我从久远劫来蒙佛接引，使获不可思议神力，具大智慧。"

地藏菩萨以依依不舍、哀恋的心情向佛陀禀白："我从久远劫以来就一直承蒙佛的接引，才有机会获得不可思议的力量，具备了度众生的智慧，于六道中实行六度万行。"

菩萨的难得就在这里，永远存着谦卑感恩的心态，懂得饮水思源感报佛恩。虽然佛陀所付与的责任如此重大，他除了戒惧戒慎、任劳任怨之外，一样保持着无尽的感恩心；这种气氛就宛如许多慈济委员的心。

每一位委员担负着济贫教富的责任，为了抢在第一时间为受苦者送上温馨，总是不求任何代价地付出，跋山涉水勇往直前。我告诉她们："很感恩你们，谢谢你们如此辛苦，为慈济、为众生付出这么大的辛劳。"

她们却异口同声地说："师父，该说感激的是我们。今天如果不是师父教导我们、鼓励我们，我们也没有机会做慈济的工作，因此，我们应该感恩师父。"这是全省委员共同的心声。地藏菩萨一样也是如此，他在六道中受了这么大的委屈，受这么大的辛苦，却一点怨言也没有，还感谢佛陀能付与他任务，感谢佛陀开导他的恩德。

　　我所分身，遍满百千万亿恒河沙世界，每一世界化百千万亿身，每一身度百千万亿人，令归敬三宝，永离生死，至涅槃乐。

佛分身化导各界各类众生，地藏菩萨承佛之教，所以也

是分身百千万亿于各个世界中,再分身为百千万亿不同的形象以教化众生。所度的众生有无数无量之多,尽皆令其恭敬皈依佛、法、僧,修行证果以了生脱死,达到极乐涅槃的境界。

在人间,只要一尊地藏菩萨行化人间,就能得到许多人的信仰与奉教。大多数的人,都是以寺院中地藏菩萨的像作为膜拜的对象,事实上,地藏菩萨也会以人的形象,与我们相处在一起,度化我们。不过,他的金身塑像一样有度化人的力量。

唐朝有一位刺史夫人,她还待字闺中时,便每日诚心供奉一尊一尺六寸高的地藏菩萨像,也时常劝诱父母要皈依三宝,可惜父母一直不听规劝。出嫁之后,她的信仰心未曾稍减,而关心父母的心则更为殷切。

她的夫家距离娘家甚远,有一天晚上,两个小偷计划来窃取她娘家的财物。古时候的窗户是用纸糊的,小偷在进门前,先将纸窗挖个小洞,借以窥伺屋里的动静,当他们由小洞望进去,只见大厅内有一尊闪闪发光的地藏菩萨。小偷一见地藏菩萨的金身,两人有些惊慌,便商议还是隔天再来。

第二天他们不从大厅进去,改从旁边的厢房着手。他们同样先从窗洞窥探,这次则见到一位形态慈祥的老妇,端坐在屋里念佛。这个画面,无形中使小偷们生起敬仰心,认为这一定是个良善之家,原本想来偷窃的心,顿时化为请教的心理,便来到大门前轻轻敲门。

老太太觉得奇怪,这么晚了怎么会有人敲门? 当她打开门,两位小偷一进门便双膝跪地,诚恳地向老太太忏悔,说出这两天亲眼见到的景象,说完就起身回去了。这个家也因此安然度过一劫。

过了不久,老先生出外远行,中途遇见了盗贼,强盗们不由分说举起刀向他劈来,老先生在惊慌之际,只见眼前有人为他遮挡。盗贼眼见老先生已被劈倒,一时也惊慌而逃。老先生惊魂未定,见盗贼逃跑也觉得莫名其妙,又想起刚才为自己遮挡的人,眼前却未见人影,使他百思不解。

当他来到女儿家中,就将这个情形告诉女儿。女儿赶紧趁机告诉他:"我们要好好地信仰佛法,说不定就是地藏菩萨在保护你。"当他们走到地藏菩萨像前,老先生抬头一看,他惊讶地发现地藏菩萨的额头和身上有一道明显的伤痕。老人家深深感到不可思议。

从此,老先生和老太太虔诚地信仰地藏菩萨,最后得以安然终老。

我们应该知道,地藏菩萨在人间,不但化身与我们面对面谈话,即使是菩萨的像,只要我们虔诚奉持,也可以得到感应,他的身形在每一个世界都在化导众生。

唐朝有一位夫人十分敬仰地藏菩萨,大厅就供奉着地藏菩萨。她们家有一位女仆大约五十多岁,这位女仆没有信仰,她看到主人每天礼拜的时间相当长,影响到她的工作,因

此就对地藏菩萨起了不敬的心。

有一天女主人外出,女仆趁机将地藏像丢弃在荒郊野地,女主人回来发现地藏菩萨遗失,伤心地痛哭流泪。当晚这位五十多岁的女仆忽然间气绝。

女仆在气绝一日一夜后又再度醒来,醒来后就一再哭泣忏悔。她说:"我错了,我将地藏菩萨的金身丢弃在荒郊野外,忽然间来了两位骑白马的人,将我生擒活捉到阎罗王面前,阎罗王愤慨地责备我。

"本来将我定罪入地狱,后来有一位庄严的出家人向阎罗王说情,我才得到赦免。

"出家人亲切地带我走出殿外,告诉我:'回去之后要好好归敬三宝,你所糟蹋的金身就是我地藏;我为了众生来回六道,无论是谁都愿意度脱,当然也不忍心你堕入恶道。你赶快回到阳间,从此好好地归敬三宝。'地藏菩萨这般慈悲,虽然我冒犯了他,他还能原谅我,又为我保释,我真是惭愧。"

这两则故事都说明了地藏菩萨的慈悲。

但于佛法中所为善事,一毛一滴,一沙一尘,或毫发许,我渐度脱,使获大利。

六道的众生能够皈依礼敬三宝,或者发心行善事,就算一毛一滴、一沙一尘这么一点点的善行,都能种下得度的因缘,我都会逐一度脱他们,使他获得广大的益处。怕的是他不肯发心,我就没有机会度他了。

> 唯愿世尊不以后世恶业众生为虑。如是三白佛言:"唯愿世尊不以后世恶业众生为虑。"

地藏菩萨承担起责任之后,并善解人意地安慰世尊:"佛啊! 希望您不用为了后世的众生而忧虑。"他反复说了三次。这表示他下定决心负起责任,所以恳切地祈请佛陀不要忧虑。

> 尔时,佛赞地藏菩萨言:"善哉! 善哉! 吾助汝喜。汝能成就久远劫来发弘誓愿,广度将毕,即证菩提。"

"尔时"即地藏菩萨承担重任,并安慰世尊免除忧虑的那个时刻。佛陀感到十分欣慰,欢喜地赞叹菩萨说:"很好啊! 很好啊! 我也为你高兴。"第一句善哉是赞叹菩萨能体谅佛心,了解佛的本怀与教法。第二句善哉,则是称赞地藏菩萨肯分身利益一切众生,只要众生有一丝一毫的善念,他都愿意不辞劳苦地拔度。

所以,佛欢喜又放心,赞叹之余,便为地藏菩萨祝福、授记,地藏菩萨将圆满多劫以来所发的度众弘愿,度尽众生成

就佛果，自己也能证得阿耨多罗三藐三菩提，亦即无上正等正觉。

佛为了众生，辛苦地以身作则来教导菩萨，菩萨能够体解佛的本怀，承佛的教令做度生因缘，这是我们众生的幸福。若不是佛的慈怀，若不是有菩萨敬奉佛命，佛灭度之后的众生又该怎么办呢？地藏菩萨能够体会佛心，我们就要体会地藏菩萨的心。地藏菩萨不惜辛苦，到处分身救度，我们应该学习他的精神，不要怕辛苦，要以"减轻别人的痛苦"为自己的快乐。

以上的《分身集会品》，大家听了想必十分感动。佛将末法的众生交付给地藏菩萨，菩萨领受佛命之后，承诺只要众生有些微的善根，他一定尽力去救度。

我们慈济功德会分布甚广，我一再说，救济固然是我们的宗旨，但是最主要的目的是鼓励人心向善。天下多灾难，就是因为众生的共业所招感，天灾人祸都是由人的身业所造成。假使人人能存有一念善，就等于有一分光明；若是人人为善，就能合而为一成就大善。

过去讲《法华经》时我也说过，我们要发救世的心，而救世要先"救心"。我要诸位委员认真地劝募，不是为了钱，为的是让对方有发心的机会。我们应该学习地藏菩萨的精神，多做度生的因缘。

观众生业缘品第三

尔时佛母摩耶夫人,恭敬合掌问地藏菩萨言:"圣者,阎浮众生造业差别,所受报应其事云何?"

　　"尔时"乃佛将众生交给地藏菩萨,而地藏菩萨也已承领佛命之后。

　　佛在忉利天宫一再谈到,地藏菩萨分身于六道之中度众生。圣母听到之后,知道地藏菩萨伟大之处,她更了解地藏菩萨对六道中的众生十分爱护。

　　摩耶夫人在娑婆世界,产下福子之后七天就生天,所以对娑婆世界的众生特别关心。此时便恭敬合掌请问地藏菩萨:"圣者啊! 娑婆世界刚强的众生,所造之业各各不同,他们以后所受的报应究竟如何呢?"

　　"圣者",梵语阿离野,意译为圣者,事无不通谓之圣。孔子对鲁哀公云:"所谓圣人者,智通乎大道,应变而不穷,测物之情性者也。"圣人的智慧能通达宇宙人生的道理,面对千差万别的人事物,都能应对自如毫无障碍,不但能了解大道,还能实行大道。

　　想要教导众生,一定要依止种种方便,用种种方法循循善诱。地藏菩萨已经通达众生与佛平等无差别的道理,相信一切众生都能成佛,所以他有教无类,以长久的时间来化导众生,因此称为圣者。

　　"业"有二义:一者动;二者因。动即是造作,造作善恶诸

业、乐果、苦果皆由善恶业而来，故业即是因。心起了贪念，身就会去计划做杀、盗、淫等行"动"，这就是种下恶的"因"，以后就会得到恶的果。

若时常思恶，偏向贪、瞋、痴的念头，将来必定会堕入三恶道中；若日日行善利益众生，则生往人天；若时时思惟观察世间的无常苦空，则会走向声闻缘觉。如果能常常思惟六度的行法，就能渐渐向菩萨与佛的境地去实行。

此处佛母观察到众生的心念与造业各各不同，于是借机请教地藏菩萨，造业不同的众生，所受的果报到底又是如何呢？

地藏答言："千万世界乃及国土，或有地狱、或无地狱；或有女人、或无女人；或有佛法、或无佛法，乃至声闻辟支佛亦复如是，非但地狱罪报一等。"

地藏菩萨回答："千千万万的世界以及国土，有的世界有地狱，有的世界没有地狱；有的世界有女人，有的世界没有女人；有的世界有佛法，有的世界没有佛法；而声闻辟支佛也是一样，有的世界有，有的世界没有。但是无论如何，都一样存在善恶业的报应，并非只有地狱如此，每一个地方的众生若是造业，一样要受地狱的报应。"

"摩耶夫人"是净饭王之妃，释迦牟尼佛的母亲，梵语又

名"摩诃摩耶",华译为"大幻"。因其相貌殊妙非常,国人皆谓天仙美女化生,故名为大幻。

"或有地狱、或无地狱",世界无边,国土亦无量,众生更是无尽,业果也是无涯。所以有的地方如娑婆世界就有地狱,有的地方则如极乐世界,佛国净土只有喜乐,没有地狱苦难。

"或有女人、或无女人",《大智度论》云:"菩萨观欲,种种不净,于诸衰中,女衰最重。"菩萨观察世间人的欲念,有种种的不净,于诸衰相中,女人最为严重,而女人的欲心也比较重。

在娑婆世界中也有女人,有的世界则没有;有的地方虽有女人,但是没有邪欲想,而在极乐国土及其东方的八佛国土都没有女人。国中没有女人最为清净。

女人为了希望吸引人的注意,不是在服装上大作文章,就是在自己的脸上涂红抹绿,一流汗擦起脸来可真是不忍卒睹,实在很可怜。女人悭贪,一般的东西虽可以不计较,但是一提到感情,就常常失去理智,到处疑神疑鬼,而且大多数女人嫉妒心较重,就容易在家庭间产生磨擦斗争。

当然,好的女人也有,并非人人如此。佛菩萨现身人间,也有许多是以女人的身形来度众生。以佛教而言,女人代表悲心慈爱,所以观世音菩萨就常现女人身,到娑婆世界度众生。

摩耶夫人重白菩萨："且愿闻于阎浮罪报所感恶趣。"

摩耶夫人在生下佛七日后就往生忉利天,忉利天宫的一日是我们人间的一百年。佛到忉利天宫时是八十岁,因此换算摩耶夫人生在忉利天宫的时间,一天都还不到,所以她很关心阎浮众生的罪业报应。

摩耶夫人听到地藏菩萨回答的,与她问的范围并不一样,所以又重新禀白地藏菩萨:"现在我虽然知道,有很多世界的众生造业各各差别,但是我最想知道的是娑婆世界众生的罪报。"

地藏答言："圣母,唯愿听受,我粗说之。"佛母白言："愿圣者说。"

地藏菩萨回答:"圣母啊! 那么希望您仔细听,我来为您大略地做个说明。"地狱的名号无穷,若要一一详细解答,一劫的时间都说不完,现在只好简单说明。

佛母对地藏菩萨也很恭敬,因为地藏菩萨是圣者,所以佛母也禀白说:"就请圣者为我解答。"

尔时,地藏菩萨白圣母言："南阎浮提罪报,名号

如是。"

那个时候，地藏菩萨一样禀白圣母："南阎浮提众生的罪报，名号就是如此……"

若有众生不孝父母或至杀害，当堕无间地狱，千万亿劫求出无期。

孔子的学生有子曰："其为人也孝弟，而好犯上者鲜矣；不好犯上，而好作乱者，未之有也。君子务本，本立而道生。孝弟也者，其为仁之本与?"作为一个人，最基本的条件就是孝悌，有孝悌的人就能守五伦、有礼节。若是根本不能建立，伦理悖乱，必然会对社会造成危害。

《佛说父母恩重难报经》云："假使有人，左肩担父，右肩担母，研皮至骨，穿骨至髓，绕须弥山，经百千劫，血流没踝，犹不能报父母深恩。"这虽然是一个比喻，却也真实呈现父母恩重难报的深味。此处在讲说地狱罪报的第一项，就举出了不孝之罪，可见不孝父母的罪业恶重。

过去的人较重视孝道，现代的父母则年纪愈大愈感到凄凉。年轻的子女各自建立小家庭，剩下两老相依为命，身痛病苦的时候，只有仰赖老伴儿照顾。若是没有老伴儿，只剩只身一人需要孩子照顾的，子女总是推来推去，谁也不肯多

轮一天,稍微照顾一下就显得不耐烦。

现代所谓先进的国家都设有养老院,美其名是使老人得到更好的照顾,但是许多人把年老的父母往老人院一丢,从此就忘了爹娘,鲜少前来探视;让父母成日望穿秋水,哀哀盼望儿孙来探望一面,却求而不得。

想起我们小时候,父母亲呵护备至,稍有病痛,父母总是日夜照顾,直至孩子恢复健康。等到孩子长大了,父母则垂垂老矣,有的父母缠绵病榻,子女们照顾起居便深感厌恶,有的甚至希望父母早日往生。曾经有人跟我说:"师父,请您诵经或拜《水忏》,听说拜《水忏》可以让'他'早点去。"听到这种话我真是感到悲哀。

中国人向来都有"养儿防老"的观念,辛辛苦苦养育子女,就是希望年老时儿孙能承欢膝前。但是现代则又有"养老防儿"的新说法,与其祈望投靠儿女,不如保持自己的身体健康,以免不孝子女回来吵着分家产,还要小心不被气坏才成。

"羔羊跪乳、乌鸦反哺",鸟兽都懂得孝顺父母,生而为人岂可不如。时有听闻不孝之子杀害父母者,这种人真是禽兽不如!

佛世时的大护法频婆娑罗王,他的儿子阿阇世受了提婆达多的唆使,违逆天伦,活活将他饿死牢中。后来有一天,阿阇世的儿子执意要一条狗与他们同桌吃饭,阿阇世爱子心切便答应儿子无理的要求,但心中却也不免慨叹:"我阿阇世贵为一国之王,今日竟和一条狗同桌而食。"

阿阇世的母亲听了冷冷地告诉他:"这不算什么,你小时候脚上生了一个烂疮,痛彻心髓使你日夜啼哭。疮上面的脓包肿得很大,你的父亲为了爱你,就用他的嘴吸出脓汁,解除你的痛苦。他虽贵为国王却连狗都不如,而他心中却丝毫没有怨言,你现在和狗一起用餐又有什么稀奇呢?"

阿阇世听到母亲的一席话,他感动了,想起了小时候父亲对他的爱护,父亲对他真是爱彻心肺,现在反而鬼迷心窍害死父亲,自己真是后悔极了。于是,他来到释迦佛面前忏悔,佛为他开导,从此他也成为佛教中的大护法。

不孝而弑父母者,死后必堕无间地狱,受苦无尽,逾千万亿劫,想要求得出离根本遥遥无期。

> 若有众生出佛身血,毁谤三宝,不敬尊经,亦当堕于无间地狱,千万亿劫求出无期。

第二种必堕地狱的重罪是"出佛身血,毁谤三宝,不敬尊经"。前面提到提婆达多,推石压佛、碎石伤佛足趾,又于指爪藏毒计欲害佛,恶心若此,一时地裂火出,生陷地狱。这就是一个活生生的例子。

毁谤三宝的罪业也很重。三宝乃救世之良药,世界要得

救、人心要净化唯有依靠佛法僧三宝的指引。"人能弘道,非道弘人",佛法要对人间发生作用,需要有人来弘扬与拥护,若不去拥护反而毁谤它,使人性得不到救拔,这样的罪业是很重的。

"毁"即毁灭,"谤"就是从旁毁灭他人的信心,消减人即将增长的善根菩提芽。菩提的种子刚种下,即将发芽就遭毁灭,这是阻人行善、障人道根,这也是种地狱之罪。

再者,世人倘若毁坏佛像或经书,一样是生陷地狱之罪报。因为佛教的传播需要佛像与经典,人们见了佛像就能生起恭敬心来礼佛;而经典就像一条路,有了这条路,人们才能依循着去走。我们若不能印经造像,反而去毁灭焚烧经像,罪业是非常大的。

我们平时礼佛拜诵,对佛像经书要十分尊重,请出经书时双手一定要先洗干净,置放经书的地方也必须保持洁净。经书放在桌上务必放置端正,因为每一部经时刻都有护法神在保护,若未将经书放置妥当,护法神就必须随时捧着它。我们不要让护法神这么辛苦,所以读诵经典后,一定记得要置放齐整。

等到经书用久了难免产生破损,稍有损伤我们就要随手加以整理修补,不要任其污秽破烂,这也是对教法经典表达敬重。有的人不太注意,就将经书放在衣橱里,衣橱里有一些私人的衣物,这样放置在一起很不恭敬,罪业和不敬尊经

是一样的。

> 若有众生侵损常住,玷污僧尼,或伽蓝内恣行淫欲,
> 或杀或害,如是等辈当堕无间地狱,千万亿劫求出无期。

"伽蓝",梵语僧伽蓝摩之略译,又作僧伽蓝,意译为众园、僧园、僧院。原意指僧众居住的园林,后乃谓寺院通称,即三宝常住之地,也是出家人修行之地。

如果有众生侵扰损坏寺院常住,玷污僧尼;或在寺院内行淫欲之事,或杀害生灵,这样的人当堕入无间地狱,经过千万亿劫时间都不得出离。

僧乃是福田僧,十方发心的人供养出家人,所供养的东西为的是完成修行人的道业。有的人一到寺院,非但不起供养的心,反而怀着侵占的心,这就是侵损常住,当堕无间地狱。

"玷污僧尼,或伽蓝内恣行淫欲",这是罪业深重的行为,寺院是清净修行的圣地,假若在此行淫欲,破坏圣地的清净,这种不畏因果的罪业,下场将是永远不得超生。

曾经有一鬼道众生请问目犍连尊者:"为什么我周身疮癞,臭烂污秽无人敢近,到底前世身犯何业,要受如此重罪?"

目犍连尊者是佛十大弟子当中神通第一,所知甚多,就回答疮癞鬼:"当你前世为人时,不知洁身自好,甚至于伽蓝

圣地行淫欲之事,所以今世报得臭烂之身。因果不爽,此罪不只臭烂身报,尚有地狱无边罪报。"果报可畏,我们的心欲若不断,进入寺院犯了戒规,一旦堕入地狱就不得超生,这是很可怕的。

"或杀或害",有的人在寺院内本欲持斋,但是放纵口欲无法忍受不吃腥肉,于是在寺院中杀害生灵取食其肉,这一样要堕入无间地狱,解脱无期。

众生若于寺院之中,有侵损常住、玷污僧尼或恣行淫欲的行为,或是于寺院内杀害生灵。这个罪业十分深重,堕入地狱之报又是千万亿劫不得出离,千万不可不慎啊!

> 若有众生伪作沙门,心非沙门,破用常住,欺诳白衣,违背戒律,种种造恶,如是等辈当堕无间地狱,千万亿劫求出无期。

梵语的"沙门",中文译作"勤息",即是出家人之通称。指其能够"勤"修戒、定、慧三无漏学,而"息"灭贪、瞋、痴三毒。

在《准瑜伽论》中提到有四种沙门:

一、胜道沙门,即佛、菩萨、声闻、缘觉等已证得胜道者。清净心地之圣人谓之胜道沙门。

二、说道沙门,能演说正法,专心研究佛的教法而后能

说法者。说道沙门虽然尚未证得胜道,但是他能了解文字教理,因此能够弘扬佛法。能讲经之人未必是已证道之人,但是他在文字上能够了解,能够由文字分析来教导众生,将佛陀的教法转述给大家听,这叫做说道沙门。

三、活道沙门。出家人并非个个都能顺畅地说法,讲经并不是简单的事,尤其要讲说正法更为困难。这里的活道沙门,虽然不能以口说法,但是他能老实修习佛的教法,心无染著清净生活,这叫做活道沙门。

四、污道沙门,即修邪行者。这种人身穿出家人的衣服,现出家人的形态,生活却不检点。这就是污道沙门,也就是经文中所提到的"伪作沙门,心非沙门"的假修行者。"伪"就是诡诈,这种人自称为佛弟子,却不能依教奉行,反而破坏佛门的清净,自种恶因,这实在是教人忧心。

"破用常住",即破坏寺院清净规约,不告而私自取用常住物品等。

"欺诳白衣",因为印度的天气炎热,所以大多数的佛教徒与婆罗门教的在家人都穿着白色的衣服。这里的白衣则是指信奉佛教的在家居士。

心非沙门的假修行者,非但破用常住,还要欺诳在家人。一般人对出家人都是毕恭毕敬,即使出家人犯了戒规,在家人都不愿意造口业去批评他,于是,假修行者就仗着这种心理,于在家人面前装作很有修行,以博取丰厚的供养,背地里

却是胡作非为，这就叫做"欺诳白衣"。

"违背戒律"，一位真正的出家人，他所担负的是教导众生的责任，众生有了错误应该严正地纠正，如果不去纠正，还一味地顺从以博取在家人的欢心，这就是欺诳白衣而同时违背了戒律。

这样的人，既然在寺院中都抱着欺骗的心理，又有什么事不敢做呢？于是造下种种的恶行。这种人将会堕入无间地狱，千万亿劫都无法出离。

> 若有众生，偷窃常住财物谷米，饮食衣服，乃至一物不与取者，当堕无间地狱，千万亿劫求出无期。

我们进到寺院，需要东西时要告诉常住的执事者。如果没有说就拿走，这就是偷窃。无论是常住的钱财、物品、稻谷米粮、饮食或者衣服，甚至任何一样东西，不告即取都会堕入无间地狱，千万亿劫求出无期。

寺院的东西是十方善信发出欢喜心，欲供养福田僧，我们若不能起欢喜心而供养，相反的，未经同意就取走寺院的东西，这种业是很重的。当然，寺院里的东西并非全部不能取，重要的是要告知，这也是一种礼貌。

地藏白言："圣母，若有众生作如是罪，当堕五无间地狱，求暂停苦一念不得。"

地藏菩萨已经说过不孝父母、出佛身血、侵损常住、伪作沙门、偷窃常住财物等五种罪业。接着禀白佛母："若有众生造作了上面五种罪业,该当堕入五无间地狱,要求得暂停苦难,连转个念头那样短的时间都不可得。"

摩耶夫人重白地藏菩萨言:"云何名为无间地狱?"地藏白言:"圣母,诸有地狱在大铁围山之内,其大地狱有一十八所,次有五百,名号各别;次有千百,名字亦别。"

摩耶夫人又请问地藏菩萨:"为何要称为无间地狱呢?"地藏菩萨回答:"圣母啊！有许多的地狱存在大铁围山之内。大的地狱有十八所,十八地狱所附属的小地狱有五百所。名称各有不同,另外还有千百个小地狱,它的名字也不一样。"

无间狱者,其狱城周匝八万余里,其城纯铁,高一万里,城上火聚,少有空缺。其狱城中诸狱相连,名号各别。独有一狱,名曰无间。

无间地狱的狱城周围有八万余里,城池是纯铁所造,高一万里;城中有火一直在燃烧,毫无空缺。狱城之中尚有其

他附属的地狱都相连在一起，名号各不相同，其中独有一处地狱名为无间地狱，无间地狱中受苦的众生最为痛苦。

人在命终未投生到下一世之前，会经过中阴身的阶段。但是，造了十恶业、五无间罪者，死后不经过中阴身，刹那之间就直接堕入无间地狱。罪人在地狱内受苦至死，死了之后，只要一阵风吹过又会醒转过来，醒来之后还是继续受苦。

过去我初出家时，曾经听说这么一个例子，说明因果的存在。有一位信佛虔诚的居士，他的背上长了一撮猪毛，位置刚好是很难用手抓到的地方。他经常把背上的毛展示给别人看，同时诉说他过去生的遭遇。

过去生他生于中国大陆，是一个响马(强盗)。有一次随着响马团出去行抢，途中正追逐着一群人，经过树下见到一位出家人，被追的人群惊慌奔逃，这位出家人却一点也不紧张，依然静静地坐在树下。

响马们见一群人逃跑了，行抢不成便来到出家人面前。他们要出家人将身上所有的东西都交出来，出家人说："你要的话，统统拿去好了，即使要我的命也可以给你。"大家看看觉得无趣，就丢下出家人走了。

但是，其中的一位响马，也就是这位居士的前身，他从来不曾遇到对生命如此自在的人。就向出家人问道："师父！您对生命的看法究竟如何呢？"出家人说："我对生命的看法非常认真，但是绝对不是像你们这样。你要知道'因果'可

怕,如果今日死在你的刀下,我也甘愿接受,因为若不是过去生曾和你结下凶杀的因,今生也不会被你所杀;果报既然来了,逃也逃不掉,倒不如安然自在地认命。这就是因果啊!"

响马听了之后再问:"真的有因果吗?"于是,这位出家人就仔细地为他分析佛法中因缘果报的道理,他以世间的事物来作比喻,种如是因,得如是果。

听完之后,这位响马生出了惭愧心,他跪在出家人面前:"师父,我想求您度我出家,现在会不会太迟了?"出家人就说:"只要你肯修行就不迟。但是,现在不是你出家的时候,只要你的心在修行,人不一定要出家,因为你还有许多因缘该完成。希望你回到响马团中去劝勉那些同伴,无论是一个、两个都好,劝导他们回头是岸,这就是你的使命。因为世间多一个恶人,受害的人就无穷尽;若能减少几个恶人,就能救很多人。"

响马说:"我愿意去做这件事,但是往后我该如何做到身心俱修呢?"出家人说:"首先你要皈依三宝。"他就在树下跪下,师父为他说法,并教他随时随地持念往生咒,以弥补杀人无数的罪过。从此,这位响马真正改头换面,心心念念持念往生咒,在响马团中也影响了许多人,教他们弃暗从明。

过了几年,这个响马往生了,被风一吹来到阎王殿。

阎王殿里有许多牛头马面,和恐怖的恶鬼分立两侧。还未入殿就听到阴森威凛的喊叫声,他战战兢兢地来到殿前案桌,案桌后传来阴沉的声音,宣判他生前抢人、杀人无数,应该沦入畜生道。他听到宣判浑身颤抖,一阵风吹来感到好冷。

突然间有人丢来衣服,他和所有的罪人一起抢夺衣服,抢到衣服往身上一披,眼前马上为之一暗。当他张开眼睛时,自己已身在猪圈中,是十二只小猪的其中一只。

依靠着一丝模糊的意识,他心想:不行!我不要当猪!于是一头刚出生的小猪,发狂撞死了。他感觉又来到阎王殿。阎罗王发现他怎么又来了,于是再次宣判。又是一阵冷风,当衣服丢下来时,他本欲去抢,突然间警觉到不能穿,就马上定下心来持念往生咒,等到大家都投生去了,只剩下他一人还留在阎王殿里。

阎罗王觉得奇怪,于是问他:"你在生时明明是个响马,到底学了什么法术,怎能不去做猪呢?"他回答:"我没有法术,我是三宝弟子,刚才我只是持念往生咒,我不想生到那个地方,我想要做人。"

阎罗王知道他是个虔诚的佛教徒之后,就说:"既然如此,就让你再生为人。但是,你要记住在阴间的情形,等你到了阳间,要好好去劝人为善。"就这样他又投生做人,时时以自身的经历劝导世人去恶行善。

无间地狱不似其他地狱还能分段受苦,其中受苦无间,折磨似乎永无间断。因为具有"时、身形、苦具、果报、生命"

无间等五种特性,所以称为"五无间地狱"。

时无间,是指受罪的时刻分秒不息。

身形无间,比如铁床地狱中身形遍满铁床,受苦的程度无法形容。

苦具无间,即地狱的刑具样样俱全。

果报无间,是说我们在生习何行业,到了地狱就受什么样的刑具。

生命无间,则是最痛苦的一点。因为舍此苦狱,又要投生其他地狱,不知何年何月才是出离的日子,这种只有受苦没有希望的境域,可不是最痛苦的吗?

> 其狱周匝万八千里,狱墙高一千里,悉是铁围,上火彻下,下火彻上。铁蛇铁狗吐火驰逐狱墙之上,东西而走。

无间地狱的周围有一万八千里,狱墙高一千里,全部以铁打造,其中烈火,上面的火向下烧,下面的火往上烧;除了猛火之外,尚有猛兽,铁蛇铁狗吐着火焰横冲直撞,于狱墙上往来追逐罪人。

地狱的围墙、刑具都是纯铁所造,往来驰骋的猛兽也全是钢铁之身。在人间,心硬又冷酷的人,什么坏事都做得出来,这种人才会忍心残害众生,做出恶毒的事。铁性既冷且硬,此处的地狱景象全以铁质构成,一方面表示人间的众生顽劣刚强难调伏,造恶不断;一方面则象征地狱的种种刑具可怕,因果丝毫不爽。

> 狱中有床,遍满万里。一人受罪,自见其身遍卧满床;千万人受罪,亦各自见身满床上。众业所感获报如是。

这就是身形无间。此狱之中置有一床,长宽遍满万里,一个人受罪,他会认为自己的身体遍满床上;千万人一起受罪,仍然各自觉得自己遍卧满床,周身受苦无尽。因此这座地狱又称为"铁床地狱"。

有的人不相信有地狱的存在,其实看看在医院中,一般人生病住院时,尽管医院中尚有其他病患,但是在病苦折磨下,往往认为病床上的自己是最痛苦的人。

在铁床地狱中受报的众生,都会自认身形遍卧满床,并非他的身体有一万里之长,而是因为他太痛苦了,全身的筋肉关节无一处不受苦,使他没有精神去注意其他人的存在。平常我们的手指不小心被针扎了一下都觉得很痛,何况是全身遍体的痛苦,更是无法言喻。

> 又诸罪人,备受众苦。

还有很多罪人，所受的罪苦并不只是在铁床地狱受报而已，还有其他众多苦楚在等着他。

佛经中提到，无间地狱里的众生，举目所见都是黑色的铁器与猛恶的铁兽，以及熊熊的火焰之类可怕的景象，没有一样是柔和的景致。耳中听闻的也没有柔和的声音，到处充满受刑者的哀号呻吟声，凄厉恐怖。鼻子闻到的是腐臭味，舌头所尝尽是滚烫铁汁，肠穿肚烂痛苦难堪。

千百夜叉及以恶鬼，口牙如剑，眼如电光，手复铜爪，拖拽罪人。复有夜叉执大铁戟，中罪人身，或中口鼻，或中腹背；抛空翻接，或置床上。

除了铁狗铁蛇来回追逐之外，还有千百个夜叉、恶鬼来折磨罪人。夜叉属鬼类中之猛恶者，行动十分迅捷，甚至飞行自如，非常恐怖。恶鬼生有牛头人身、人手牛蹄，一般人称之为牛头马面；他们的牙齿像刀剑一样锐利，两只眼睛像是黑暗中的探照灯，使罪人无所遁形。

恶鬼的指甲是铜铸的爪子，罪人若想逃跑，恶鬼就会伸出长长的尖爪将罪人拉来扯去，夜叉再拿着大铁戟射穿罪人的身体。有时射中口鼻，有时射中腹背，射中之后就在空中抛来翻去，然后再用叉子叉起来，或者丢到铁床上去。

过去，我都会亲自参与每年两次的全省个案复查，每回

经过一处港口,就会看到摊贩烧烤着伯劳鸟,活生生的小鸟被拔毛破肚,一面烤还一面涂酱油。

我几次买来放生,后来摊贩知道我要买去放生,就不肯卖,或是把小鸟的嘴巴折断,脚也打断,就算被放生也无法存活。像这样活生生地拔毛、活生生地抽肠破肚,夹在铁网上烤。你们想,人类只会为弱者制造地狱,万万想不到强中自有强中手,做人的时候虽然很强,一旦下了地狱,恶鬼、夜叉可比他强多了,日后他同样要受铁床地狱之报。

　　复有铁鹰啖罪人目,复有铁蛇缴罪人颈。百肢节内悉下长钉,拔舌耕犁,抽肠剉斩,烊铜灌口,热铁缠身。

鹰嘴本来就很尖,地狱的铁鹰嘴巴更为尖锐,专门咬啄罪人的眼睛,还有铁蛇缠绕罪人的颈脖。全身的每一处关节,都被钉下一根根长钉;舌头也硬生生被拉出用犁耕开。抽出他的肚肠来斜挫直斩;以熔化的铜汁灌进口中,再用烤红的热铁缠绕他的身体。

通常在世时,见人杀生欢喜或是专爱观看黄色书刊等等,这种人死后即受铁鹰啖目的报应。至于两舌恶口搬弄是非、东家长西家短的人,或是阻碍别人行善,使发善心者半途而废,这种人则受拔舌犁耕之报。

更有甚者,阻碍他人出家、修行,障人道心,非但不鼓励,尚且从中阻挠与破坏,这种人将来需要承受极重的果报,亦即抽肠拔肺,反复斫刺斩剉之报。

因此,世间常云"莫以恶小而为之",丝毫的恶事,所招因果分毫不差,半点由不得人讨价还价。

万死千生,业感如是。

在地狱中受了这么多的报应,刑具的折磨令人痛得昏死过去,一阵风吹又活了过来,继续遭受刑罚,千死万生,万死千生,其中的痛苦难以想象,直教人悔不当初。

这些罪报无非来自身、口、意三业的造作。身造杀、盗、淫的恶业,口造妄言、绮语、两舌、恶口之恶,心造贪、瞋、痴之狱,三业十恶,在生时即冤冤相报,死后下堕地狱还要受苦不断,可怕非常。

动经亿劫求出无期。此界坏时,寄生他界;他界次坏,转寄他方;他方坏时,展转相寄。此界成后,还复而来。无间罪报,其事如是。

罪人一旦受报,动不动就要经历上亿劫的长久时间,想要脱离地狱遥遥无期,没有一点希望。

我们前面说过大三灾发生时,首先大火即由地狱开始燃

烧,一直烧到初禅天,其中的人间、地狱等处无一幸免。但是先遭火烧的地狱,鬼卒们会将罪人送往其他尚未燃烧、未遭破坏的地狱,这个地狱坏灭时,就将罪人转到其他地狱;等待毁坏的地狱再次修复,罪人仍要回到原来的地狱继续受报。

假若寄生的地狱又遭破坏,就将罪人再度转寄其他地狱,只要罪人受刑的时间未满,绝对不让他离开地狱,总是用尽方法继续折磨罪人,毫无暂歇。无间地狱的罪报就是如此,这是受罪众生的形相,无非都是起于三业所造之十恶。

又五事业感,故称无间。

又有五种业果感应,因而称为无间地狱。

何等为五? 一者,日夜受罪以至劫数,无时间绝,故称无间。

这五种业感为何呢? 第一种是"日夜受罪",一旦堕入地狱,动不动就是长时间的劫数,一直要到罪劫受尽才能暂停,中间完全不可能有喘息的机会。"此界坏时,寄生他界;他界次坏,转寄他方",受罪的时间,长久不断绝。

地狱中,四周狱墙上的火往下烧,下面的火则往上烧,日夜不停,使得整个狱墙都变成火红的颜色。火不断地燃烧,代表着里面的罪人当然是受罪不息。

二者,一人亦满,多人亦满,故称无间。

这里指的是铁床地狱。将铁床以火烧红,然后将罪人放置床上,这种痛苦我们是否能够想象?恐怕唯有受罪的人自己才能体会。因为非常痛苦,所以对受罪者来说,即使还有别人同时受苦,他却顾不了别人的存在,感觉中只有自己是最痛苦的。

铁床的罪报,原因是在世时虚食信施。有的出家人并没有真心修行,只是外表现了一个相,虚食发心者所供给的物品,过去的祖师曾说:"施主一粒米,大如须弥山,今生未了道,披毛戴角还。"怎不令人戒惧戒慎,修行若不好好专心用功,欺诳白衣,以后就要堕入地狱受报啊!

若是在家人毁谤三宝,一样要受地狱之报。所以在家人也要好好拥护佛法以及出家修行的人。或许有的初学修行者还有些习气未除,我们也不要因此毁谤,要知道大家都是凡夫,还在学习的阶段,总是要多看人的优点,才不会误犯毁谤僧伽之过。

佛法指导我们正确的修行方法,我们总要虚心学习。若是对佛法不能彻底了解,非但不能实行正法,反而生起毁谤的心,自己不肯修行,还阻碍别人亲近佛法。这样的罪报,以

后一样要下铁床地狱。

三者,罪器叉棒、鹰蛇狼犬,碓磨锯凿、剉斫镬汤,铁
网铁绳、铁驴铁马,生革络首、热铁浇身,饥吞铁丸、渴饮
铁汁,从年竟劫数那由他,苦楚相连更无间断,故称
无间。

第三种是刑罚罪人的刑具。尖锐的叉子及铁棒;铁鹰、
铁蛇、铁狼、铁犬;铁碓、铁磨。地狱的铁磨非常大,磨子的孔
一次可以容纳一个人,进入磨子一磨立即血肉模糊。但是血
肉流到磨子外,一阵风吹来,马上又恢复原状。

还有用锯子锯或用凿子凿罪人的身体,将之肢节分解之
后,一样只要一阵风吹又回复原状,仍是继续受苦。

看看在医院里,有许多医疗器械也十分类似地狱的刑
具,所以有的人认为没有地狱,其实现世中即有地狱的景象。
有一些开放性骨折的病人,皮开肉绽,手术时就要经过锯与
凿的过程。

不过在医院里,医生是抱持救人的心;如果到了地狱,那
个地方的恶鬼狱卒是没有一点点慈心的。

这些造业的众生,生前常常都是铁石心肠的人,下了地
狱当然要受铁器的折磨。有时候用剉斫,有时候是在铁锅中
烧满铁汁,然后将罪人放入锅中去煮。有时以铁网铁绳烧红

了来刑罚罪人，或是将罪人颈部的皮剥开，以铁绳套在脖子上，让铁驴铁马拖着走，也有以铁汁浇淋罪人的刑罚。

我们曾经见过一件个案，有一位女孩参加了不良组织，当她想要脱离组织时，组织内的人就用硫酸泼得她全身溃烂。如果是在地狱受报就不是用硫酸，而是烧红滚热的铁汁了。

罪人肚肠饥饿时，就让他吞烧红的铁丸，上面吞下去再由下面掉出来，掉出来的铁丸仍然是火红的，地狱罪人肠穿肚烂；口渴了，就让他喝下铁汁，一样是灼身燃骨之痛。一年到头都是这样痛苦，经历数那由他的时间从无间断，所以称为无间地狱。

　　四者，不问男子女人、羌胡夷狄、老幼贵贱，或龙或神、或天或鬼，罪行业感，悉同受之，故称无间。

地狱是最可怕的地方，但也是最平等的地方，不曾犯罪的人不会被冤枉；假使犯了罪，无论在世时是多有势力的人，都一样要随业受报，毫不偏私宽容。

"不问男子女人、羌胡夷狄"，只要造了恶业，无论是什么种族的人，都逃不了地狱果报的追缉。"羌胡夷狄"就是没有文明的蛮荒之地。

地狱的鬼卒见多了不知悔改、屡堕地狱的无知众生，所以心中已无任何慈悲心,对待罪人冷酷残忍,丝毫不留情。只有佛菩萨的大悲大愿,才能对地狱众生起怜悯心。

到了地狱就是这么平等,阎罗王铁面无私,不分老人、幼童,地位高的人或低贱的奴隶,只要造业就要受地狱之苦。不只是人间的人,就算天、龙、鬼、神也会受报,善业强上生天堂,恶业重下堕地狱,这是一定的道理。最可怕的是善中有恶,一旦善福享尽,同样要堕入地狱去受未完之报。

所以我常常告诉大家,我们既然发心学佛,不要只想着修天福,应该好好行菩萨道,好好修学佛法;我们要追求彻底的解脱,因为人天福报享尽,同样要偿还恶业的结果。六道众生,罪行感得地狱业报,无论你是什么身份都不能幸免,这是所以称为无间地狱的第四个原因。

　　　五者,若堕此狱,从初入时至百千劫,一日一夜万死万生,求一念间暂住不得,除非业尽方得受生,以此连绵,故称无间。

无间地狱此名由来的第五个原因。如果堕入无间地狱,从开始进来一直到百千劫的时间,一日一夜之中就要受万死万生之苦。

地狱的刑罚连绵不间断,罪人受于极苦昏死过去,只要水一泼、风一吹又再活过来,如此反复受苦,时间无量,生死

的次数当然也是无量。万死万生,想求一念间的停歇都不可能,除非刑期届满,造恶的业报已尽,就像人间监狱的刑期服满,才可能恢复自由。但是在人间受完法律的制裁,堕入地狱仍须重新受罪,所以我们千万不能造下恶业。

地狱众生业尽之后,并非一下子就能得到自由,地狱的业报受尽尚有余业,余业就是畜生、饿鬼之报。在地狱之报完了之后,还要投入饿鬼、畜生道去受生,如此毫不间断,所以称为无间地狱。

经文中提到,我们在世间"举止动念,无不是业",起心动念都是罪恶的陷阱,即使是亲人之间,也不能有丝毫的欺瞒。

从前,有一位守持菩萨戒的优婆塞。有一天,一对兄妹牵着一头满脸是血的驴子,来请求他为驴子放生。优婆塞问这对兄妹:"这头驴子和你们有什么关系,为什么要将它放生呢?"

这位大哥便哭着诉说事情的原委。他们的父亲早死,母亲守寡将兄妹养育成人。妹妹出嫁之后生活十分艰苦,母亲时常挂心,在妹妹出嫁五年后,母亲也不幸过世了。

母亲过世之后,家中养了一头驴子帮忙耕田与载货,在这个家辛苦工作了十二年。每年在过年前,兄妹总要到祖先的坟前祭拜一番。有一年,妹妹回到娘家准备好祭品,哥哥就赶了驴子驮着祭品到墓地扫墓。

途中必须渡河,驴子见到水不敢过去。哥哥见它不肯

走,发起脾气便狠狠地抽打它,打得驴子满脸是血。驴子被打痛了,拼命挣扎奔至墓地,到了墓地把祭品放下,回头就不见了踪影。

　　妹妹等在家中,忽然看到死去多年的母亲回来。母亲血流满面,哭着告诉女儿:"我为了心疼你出嫁之后的日子不好过,所以每个月从你哥哥那里偷拿五升米,想要帮助你的生活,因此欠了你哥哥的债。我必须辛勤工作五年才能偿债,如今我已为他工作十二年,今天扫墓,我也为他驮东西到墓地,没想到他打得我满脸是血。等一下你哥哥回来,他还会发怒打我,希望你能请他放我一条生路,带我到可以听闻佛法的地方去。"

　　做女儿的听完母亲的话,恍如做了一场梦,明明看到母亲,她追到外面,一眨眼却又不见了。回到屋里只见驴子满脸是血,她惊讶地跪在驴子面前,抱着驴子痛哭不已。

　　哥哥回来看到这种情形,就问她原因。妹妹将刚才所见的情形告诉哥哥,哥哥也承认驴子是他打伤的。这么说来这只驴子的前身,真是他们的母亲!两兄妹跪在驴子面前,悲痛哀泣。就这样,他们将驴子带到优婆塞家中,希望放生在他的农田,并且请优婆塞时常为驴子说法。

　　因此,业不可造,只要一有行动就会有业报。业报来临,真是太可怕了!

地藏菩萨白圣母言："无间地狱，粗说如是。若广说地狱罪器等名及诸苦事，一劫之中求说不尽。"

地藏菩萨禀白圣母："无间地狱里的情形，我就这样大略做个说明。如果要广泛地说明罪器名称，以及地狱罪罚的种种苦况，就算以一劫的时间都解说不尽。"

摩耶夫人闻已，愁忧合掌，顶礼而退。

摩耶夫人听了地藏菩萨的解说后愁忧不已。她担心众生刚强难化，无法听从佛菩萨的教诲，会继续造作恶业，而造业之后一定会落入痛苦的地狱中。

她除了担忧众生之外，还担心地藏菩萨的愿不知何时才能圆满。因为地狱不空，地藏菩萨就无法成佛；众生没有度尽，地藏菩萨就无法证入菩提。她又悲愁众生受苦无穷，众生若继续这样下去，将来的地狱之苦将无穷尽。

摩耶夫人非常慈悲，听完地藏菩萨述说地狱景况，感到十分悲愁。最后她合掌顶礼，表示恭敬地藏菩萨伟大的精神，景仰地藏菩萨任劳任怨而不退转的大愿，所以"顶礼而退"。

阎浮众生业感品第四

"阎浮"是娑婆世界的代称;"阎浮众生业感"即是指娑婆世界众生根据所造之业,感得的报应。

> 尔时地藏菩萨摩诃萨白佛言:"世尊,我承佛如来威神力故,遍百千万亿世界,分是身形,救拔一切业报众生。若非如来大慈力故,即不能做如是变化。"

"尔时"乃地藏菩萨回答摩耶夫人的问题之后。地藏菩萨禀白佛陀:"世尊,我秉承如来大威神力,所以能分身遍布百千万亿世界,随顺机缘行同事度,拔救一切应受业报的众生。若不是佛陀大慈悲的愿力,我也无法做如此变化。承蒙佛的鼓励与教化,我才能在六道中做救度众生的事业。"

这里的"威",指的就是佛的"四无畏":

一、一切智无畏。佛在世间,世出世法、一切的知识都通达无碍。不若凡夫众生,对世间的道理无法透彻了解,因而时常感觉惶恐窒碍。

所谓勇者不惧,对道理能透彻了解,自然无畏。佛的勇猛并不是凡夫众生的盲从蛮勇,而是智慧之勇,因为佛具有一切智无畏,所以能发狮子吼,说一切法。

二、漏尽无畏。漏就是烦恼;发心行菩萨道怕的就是有烦恼,有了烦恼内心迷惑,菩萨心容易退失,就会造作惑业,造业受报即脱不了六道轮回之苦。

然而,佛陀烦恼已尽,所以能倒驾慈航来回六道,往返于天、人、地狱、饿鬼、畜生各道之间,安然自在毫无恐惧,即使身处五浊恶世,也不会受浊恶世纷所染,一样是解脱自在。

　　就像监狱中都是监禁一些极恶者,假如是意志薄弱的人,处在那种环境,很容易就被带坏。但是一个有智慧的人,虽然身在地狱中,非但不为罪恶左右,反而能去教化其他人。佛是大智慧者,所以在如此恶浊的世界中,能来来回回而不迷失本性,这就叫做漏尽无畏。

　　三、说障道无畏,表示佛对任何非难皆能无所怖畏。众生时常受到邪见迷惑障碍道心,佛能以种种说法,开解众生的迷情与业障,排除邪教的障碍,使众生的邪见迷情得以转迷成悟。

　　四、说尽苦道无畏。佛不但能解开众生的迷惑,还能使众生转苦缘为乐根。众生身在苦中,却不知苦从何来,所以会迷迷糊糊自就苦因苦果,佛为众生讲说苦、集、灭、道四谛法,使众生能彻底认清苦本而不颠倒。

　　佛菩萨说法时,具足此四种无所畏惧之自信,勇猛安稳,因而使人信服。

　　威神的"神",是指神通。地藏菩萨依靠佛的四无所畏及神通力去实行教化,随类现形于六道中,若是到畜生道,就现畜生的形状;到了鬼道,又现鬼的形状;来到人道,当然也化为男子身或女人身来度众生,这就是菩萨四摄法中的"同事度"。

谈到菩萨的"四摄法",即是布施、爱语、利行、同事四者。布施,分为财施、法施、无畏施,可以按照众生不同的需求,给予适当的协助。爱语,就是柔和善顺的话语,使众生得到尊重与安慰。利行,则是实际利益众生的行为,"己欲立而立人,己欲达而达人",人人得救,我们的菩萨道才算完成。而同事,则是因应众生不同的形类,随类化形去度化。

过去在日本,有一个艺妓,虽然迫于环境身在欢场中,她的心却十分单纯。

有一次闲暇时,她来到高野山上,静静地坐在树下回想自己的身世,当她听到佛寺里传来的钟声,就不由自主地走到寺院外面。从玄关向里面望去,只见一位老师父正在诵经。

她一直站在原地听老师父诵经。眼前这种清净的环境和她工作的娱乐场所真是天壤之别,想到自己坎坷的身世,尤其在佛教圣地前,她感觉自己一身罪业,不禁悲从中来痛哭失声。

老师父诵完经,从里面走出来,这位艺妓立即拜下,请求老师父指引减轻罪业的方法。

老师父很怜悯她,就告诉她:"修行最重要的就是修心,你可以修习菩萨同事度的精神,去劝化和你同样身份,却一心拐骗金钱、破坏别人家庭的人;更应该去劝告那些流连欢

场的男人,使他们懂得珍惜自己的妻子儿女。你如果能做到这样,就是行菩萨道。"

艺妓听完,擦干眼泪、点点头,发愿照着老师父指点的方法去做。老师父怜恤她,也为她皈依,思及艺妓的生活,一天当中要换好几次衣服,因此教她福田衣咒。她含泪感恩老师父的教导。

回去之后,每当换衣服时就想起老师父教她的福田衣咒:"善哉解脱服,无上福田衣,我今顶戴受,世世常得披。"除了持咒,她也真的依照所发誓愿,以各种方法劝诱欢场中人。

后来往生到了地狱,阎罗王依她生前行业判定该受畜生之报,投胎为牛。当她接到牛皮时,觉得自己造业,理应受报,就把牛皮拿来穿在身上,口中也自然念着:"善哉解脱服,无上福田衣,我今顶戴受,世世常得披。"结果穿上身的牛皮竟然变成一件袈裟。

阎罗王惊觉有异,问明原由,知道艺妓有此善根,便网开一面,让她再生为人。这就是行同事度所得的善报。

> 我今又蒙佛付嘱,至阿逸多成佛已来六道众生,遣令度脱。

地藏菩萨说:"由于佛的大慈悲力量加持,使我能发深弘誓愿,于六道中,以众生的形类加以化导。现在又蒙佛不弃,将救脱众生的责任付嘱予我，一直到阿逸多(弥勒菩萨)成佛，我都要负起这个职责。"

佛将众生交代给地藏菩萨，因为菩萨具有刻苦耐劳的精神，能忍得辛苦，才能够担负重任。

唯然世尊，愿不有虑。

"唯然"是丝毫不假思索，能够立刻答应佛的交代与付托。这是因为度众生本来就是地藏菩萨的本愿，所以无论多么辛苦，地藏菩萨绝对不推卸责任。因此，地藏菩萨恳请佛陀不要忧虑。

尔时佛告地藏菩萨："一切众生未解脱者，性识无定，恶习结业，善习结果；为善为恶，逐境而生。轮转五道，暂无休息，动经尘劫，迷惑障难。"

地藏菩萨安慰佛不要忧虑，佛听了十分感动。地藏菩萨虽有大勇猛的魄力来承担度众生的责任，但是佛还是不放心，于是再次叮咛地藏菩萨："三界六道中尚未解脱的众生性识无定，今日发心，明天善心又退转。他们的恶习结成了恶业；如果种了善因，以后就会得善果，为善为恶都是随境而生。

"虽然为善能感得人天之报,造恶则是三途受苦,但是,不论人天或者三途,都还是轮转于天、人、地狱、饿鬼、畜生等五道之内(六道是多了阿修罗道,修罗遍居五道)。只要我们的业索不断,六道轮回就永不停息,动不动经历微尘劫的长时间,众生心迷惑沉沦,所以会遇到种种业障与苦难。"

我们平时唱念的回向文,第一句是"愿消三障诸烦恼",其中的三障指的就是障正道、害善心的三种障碍。

第一种是"烦恼障",即贪、瞋、痴等烦恼。众生心贪著五欲,总是瞋恚好怒,要不然就是痴迷、不明道理,因而善法难闻,善心难生,这都是引发烦恼,损害我们善念的障碍。

第二种是"业障"。承接贪、瞋、痴的烦恼,而造成五逆十恶等种种罪业。例如爱发脾气的人,遇到境界就表现于口,由心生怒,出口骂人造作口业,一旦业果成熟就要受报。

所以,第三是"报障"——业报的障碍。由于业的造作而障碍善道,于是累积地狱、饿鬼、畜生三恶道的苦报,使我们更没有机会求得佛法。地狱、饿鬼受苦无尽,畜生愚痴不明,无暇学佛,也没有佛法可听,这就是障碍。

又佛门早课的诵念中有一句"八难三途",所谓八难亦是见佛闻法的障难,包含地狱、饿鬼、畜生、北拘卢洲、长寿天、盲聋喑哑、世智辩聪、佛前佛后,如果落入这八种障碍,想要见闻佛法那就困难了。

地狱、饿鬼、畜生已经说过了。第四难是"北拘卢洲",四

大部洲中的北拘卢洲，其中人民寿命千岁，不会中途夭折，人民贪著享乐不受教化，所以圣人不会从中产生，当然就不得见佛闻法。

再来是"长寿天"，也就是无想天，以五百劫为寿，其中居住者心想不行，就如冬眠蛰伏的虫类，不思闻法。因此生在长寿天，也是闻佛法的障难之一。

第六种障难是"盲聋喑哑"，即是诸根不具之人，想要接触佛法就多了很多障碍。瞎眼的人，纵然佛在眼前也看不见，当然无法依靠眼睛阅读经典而学佛；耳聋者，无法借耳根听闻佛法，对分辨善恶难免有所偏差；喑哑指口不能言者，这样的人纵使听了佛法，心有疑问也无法发问，疑惑无法得到解决，学佛也就不能深入。

现代科技进步，虽然有许多方法可以帮助这些身体残障的人，但是除了不方便之外，总也有很多不尽完善之处。

所以，耳聪目明、口齿无碍的我们，应该善加珍惜身体的良能，多多吸收佛法，否则一旦老了病了，眼、耳、舌根受到损伤，要学佛就有很多障碍了。

第七难"世智辩聪"。有的人自视聪明，认为世间事无一不晓，恃才傲物，逞口舌之辩，这对学佛也是一种障难。太自大的人不懂得谦逊，所以不肯虚心求教亲近佛法。

八难者"佛前、佛后"。生在佛未出世前当然无缘见佛，无佛法可听；生在佛灭度后，末法来临，非但无法遇佛亲口说法,即使佛法流传世间,也已经遭到破坏。末法时期人心险恶,不尊佛法,不能好好依照佛的教法修行,这也是障难。

只要遇到八难中任何一项,都会障碍我们学道,如此,六道三途永无出期。

如鱼游网。将是长流,脱入暂出,又复遭网。

因为我们有了迷惑障难,所以佛把我们比喻为水里的鱼。捕鱼人以网子捕鱼,鱼儿只要落网,渔人一收网,此命休矣! 众生世界危险重重,就如鱼儿有时游在网边,有时游出网外,但是因为缺乏危机意识,不久又会落入网中。

佛将"鱼"喻指五道众生,"网"就如三界;"长流"则是指业果。众生造业好似水流不间断,水脏时就形成一股浊流;干净时还是一股清流,这就像众生造恶或为善的情形。

"脱入暂出"是比喻生死轮回。若是在生之时造善业,可以得到人天之报,等到福报享尽还是会堕落三途,像这样来来去去旋入旋出,生生死死轮回不歇。

钓鱼的人一定会在鱼钩上放置鱼饵,鱼儿贪食就会自己上钩。众生因为爱欲而入魔网,"一念无明生三细,境界为缘长六粗",爱欲不息,纠缠益深。

人就是因为习性不定,学习不专心,以致无法引发深切的信心。许多人问我:"师父,我怎么那么没有定心? 我不去

想它,杂念却一直来,要如何才能定心呢?"这就是因为我们学得不专,才会定不下心;若是心专行正,自然妄想不生,杂念也就消失于无形,道业即能成就。

人都是自投罗网,自己造业招来果报,然后受苦无穷。我们若能在听闻佛法之后,将追求真理的心巩固起来,始终不退转,这样要脱离罗网就很容易。很可惜,众生的信心不切、学法不专,所以就像鱼一样,常常游在网边,受到爱欲之网捆绑,有幸得以脱逃,不久却又再度被擒。

以是等辈,吾当忧念。

佛陀说:"众生心性不定,任你地藏如何教化,纵然他肯接受,信心却不坚固,好比落网的鱼不得出离。众生啊!怎不叫我忧虑呢?"

人身难得,六根难具,四无碍辩才、利根通达难有,长寿难获,明师难遇,忠言逆耳、直言难得,大菩萨心难发,佛法难闻,想要得遇佛陀住世,真是难中之难。

但是我们今生有幸已得人身,眼、耳、鼻、舌、身、意六根完具,谈论佛法、做起事来也有才干;生命尚在;听闻佛法后,也能发菩萨心,一心向前无退转;做慈济事但凭真心真意,不需与人虚与委蛇。许多的"难得"今已得,我们应当坚持信心与恒心,深入佛教,接引更多同志同道者发心行道。

我们能够这么幸福，这是因为过去生曾造福业，今生又能与许多善知识为伴，即如"从明入明"，在光明大道上，践履佛陀的遗迹。直心精进依照佛的教法去走，佛就在那里等着我们，总有一天我们能在佛的境界相会。

倘若不能依循佛的轨迹，信心不切，一旦失去道意，堕入三途动经劫数，时间久长无法得脱。众生到了这步田地，佛陀当然是忧念不绝。

金乌似箭，学佛者当勤精进，慎勿放逸，把握难得的因缘好好求取佛法，同时也要劝人学法；自己无法说法，多勉励别人，这也是一分心。众生若能体会佛心，便知世尊视众生如己子，既忧众生性识无定，重结善恶业果，又念暂出人天，复遭三途密网，因此殷勤付嘱地藏菩萨悯念救护，务使众生皆得解脱。

"知过能改，善莫大焉！"从前愚昧之过，知错就要立即戒除，不要三心二意，今天改过，明天又故态复萌。难得能接受佛法的陶冶与熏习，如果认识佛法之后，一有不如意的事情，还是对佛法生起轻视的心，那就枉费这么好的因缘了。我们的心性一定要稳定下来，慈悲的佛菩萨才不必为我们烦恼不止。

汝既毕是往愿，累劫重誓，广度罪辈，吾复何虑。

佛再告地藏菩萨:"菩萨啊! 你既然发这样的愿,从开始立愿一直到众生度尽,你的大愿才能圆满。就算再长久的时间,你还是不断立下深弘誓愿,于三界六道随类化度造罪众生,既然你已发下重誓承担重任,我又有什么好忧虑的呢?"

"罪辈"通指五道或六道。天与人虽是善道,但仍包括于罪辈之中,这是因为天福享尽,还是可能下堕地狱;而人道中有人迷于邪道,有的人则自恃聪明,杀、盗、淫、妄斗争不息。其实,这好比披着狮子皮的狗,其他野兽猛然见了虽恐惧后退,但是一发出声音,却非狮子吼而是狗吠声。世人颠倒,莫过于此,难怪不脱罪辈之身。

即使是佛的七众弟子,若不能除去邪见,一味妄执我见,同样还是在造罪,这不是罪辈是什么呢?

幸好有地藏菩萨的弘愿披被,地藏菩萨不舍六道,即使是罪辈众生,还是一样不辞劳苦地度化,也因为这样,佛陀才比较放心。

你我都尚在罪辈之列,千万不要以为身为佛弟子就能自命清高,也并非礼佛、拜忏就无罪;就算每天拜忏诵经,平常若不好好端正行为、清净修行,同样还是属于罪辈。因此,我们必须好好修行,不要妄执邪念。

说是语时,会中有一菩萨摩诃萨,名定自在王,白佛言:"世尊,地藏菩萨累劫已来各发何愿? 今蒙世尊殷勤赞叹。唯愿世尊略而说之。"

佛对地藏菩萨说:"地藏菩萨!你既然能发这样的大愿来度化众生,我将责任交给你之后,就能放心了。"

说完这些话,在忉利天宫的法会中,有一位菩萨名为定自在王,也上前来请示佛陀:"请教世尊,地藏菩萨从久远的时间以来,每次救度众生之后都再次发愿。而佛从开讲此经以来,就一再赞叹地藏菩萨,到底他曾经发了什么样的愿呢?只求世尊为我说明。"

尔时世尊告定自在王菩萨:"谛听谛听!善思念之!吾当为汝分别解说。"

佛陀就对定自在王菩萨说:"仔细听!仔细听!听过之后还要详加思考,我会一一为你解说。"

每一部经典中,当佛陀说到最重要的部分,一定会说"谛听谛听",这就是提醒大家仔细地闻、思、修。所以大家一定要集中精神,认真地听出其中的涵义。

佛法博大精深,包括世出世间的道理,菩萨修行发愿的行门广大,唯有信力能持,信力若切,自然行专。

《大智度论》云:"听者端视如渴饮,一心入于语义中,踊跃闻法心悲喜,如是之人应为说。"我们听法一定要有求法若

渴的悲切,心灵的沙漠干燥,必须有法水滋润才能得到解脱。听法之后心生悲喜,这是因为过去糊涂愚痴,犯了许多错误,如今所识之法这般微妙,除去内心的黑暗,感到法喜无限。像这样的人,说法者应该好好为他讲说。

听法一定要专心,心专,才能了解法师讲经的涵义。听法更要抱持欢喜、自动的心,有的人一知道有人讲经,无论多远的路途他都不惜辛苦,为的是要求法听法,这就是踊跃闻法的心。

佛要宣讲地藏菩萨的大愿,这是一件十分慎重的事。所以定自在王菩萨提出问题,佛陀不忘叮咛:既然请法一定要谨慎认真地谛听,听了之后更要仔细思考,不可以听过就算了。

谛听之后反省思惟,如此,信念坚切,心专行正,可得闻、思、修三加行之智慧。

乃往过去无量阿僧祇那由他不可说劫,尔时有佛,号一切智成就如来,应供、正遍知、明行足、善逝、世间解、无上士、调御丈夫、天人师、佛、世尊,其佛寿命六万劫。

在过去长久以前无法说的时间,那时有一尊佛,名为“一切智成就如来”,十号具足,寿命则有六万劫之长。

有关世尊的十号，"如来"即乘如实道而来，以成正觉也。如来以真如实性成正觉，非若众生迷失本性，因而堕落六道受报无穷；以如如不动之佛性，为愍念众生而倒驾慈航，于人间现八相成道。众生受业牵引而来，佛则乘清净本性而来，因称"如来"。

"应供"即应受诸天及世人之最上供养。佛之福慧具足，自觉、觉他、觉行圆满，所以堪得人天供养，因此称为"应供"。

"正遍知"为遍知一切世出世法。世人往往知其一不知其二，甚至落于偏执，佛则是世出世间一切皆知，见一知千百，一切因缘明明历历，因此称为"正遍知"。

"明行足"：明谓三明，以身业、口业清净随意行，故名明行足。三明者，宿命明知过去一切，天眼明见一切因果本末，漏尽明即烦恼断尽，能知过去、现在、未来一切事。

因为佛能透彻明了过去、现在、未来，所以身业、口业清净随意行。我们众生是身、口、意业不清净，心迷惑而受业缚，在五道中不得自由。但是佛能倒驾慈航来去六道，皆随意行而无阻碍，因此称为"明行足"。

佛所说的教法，一音圆演三根普被，上、中、下的根器都能接受。智识较高者听了感到深切微妙，能够欢喜信受；智识较低的人听了也觉得容易修行，一样欢喜信受，这就是佛的清净口业。

"善逝"亦译"好去"，以一切智为大车，行八正道而入涅

槃也。善逝即来去自由，佛以一切智为度众生的工具，就像大车通行无碍。所以，平时我们常看到的"大乘、小乘"即是以车乘作为比喻，亦即为教导众生的工具、方法。

"世间解"意谓知世间众生界，一切烦恼及清净也。凡是有生命的生灵皆称为众生，佛了解一切众生之性，众生的起心动念，是烦恼抑或清净都躲不过佛的眼睛，所以称为"世间解"。

"无上士"是称赞众生之中，佛为无上也。在一切众生中，智慧、觉性没有人比得上佛；佛的人格、觉悟与德行，一切皆为无上。所以称为"无上士"。

"调御丈夫"：佛时以柔软语，时以苦切语等等来调御众生，使入善道。众生顽劣，时而心猿意马，唯有觉者佛陀得以驯伏，有的人喜欢听奉承褒奖的话，佛会因机逗教，以柔软语来褒奖他，使之亲近熏修善法。僧团中，若有弟子不守规则，佛也会以刚直严厉的方式训示，因材施教，应机调治，因称"调御丈夫"。

"天人师"指佛为人天之导师也。

"佛"华译为觉者，即自觉、觉他、觉行圆满者也。觉行圆满之圣者具足以上如来、应供、正遍知、明行足、善逝、世间解、无上士、调御丈夫、天人师、佛此十号之德，为世出世间之所共尊，故名"世尊"。

这里经文中提到，过去曾有十号具足之一切智成就如来,出现在人间,这尊佛的寿命有六万劫。

　　未出家时为小国王,与一邻国王为友,同行十善,饶
益众生。

　　修行成佛必须经过三大阿僧祇劫的时间。这位一切智
成就如来,在他尚未出家时为一小国国王;他和邻国的国王
是好朋友,两个国王皆为仁王,不但照顾人民,还教导人民同
行十善。
　　提到"出家",我们可以来探讨有关"出家四料简"——
　　第一种是"身心俱出家",发菩提心,持具足戒,人出家心
也跟着出家,这才是真正的出家人。
　　大多数对佛教不了解的人,对出家人会有一种褊狭的看
法,认为出家是厌世,是受了刺激,这是一种误解。真正身心
俱出家者,在出家前就已有心理准备,是真正发了菩提心,为
荷担如来家业而出家。
　　佛陀慈悲倒驾慈航来人间,只为了救度众生。可惜众生
顽劣,不肯受教,如今佛已入灭,世间需要有佛陀的使者来教
化、弘扬佛法,这是传衣接钵,也就是佛陀的接棒人。身心俱
出家者,内心清净、志愿弘深,正是传承佛法、普度众生的中
流砥柱。
　　再来是"身出家而心不出家",指身虽出家而无道心者,

即是污道沙门。这种人多是为了贪图名闻利养而出家,道心薄弱,当然无法切实践行利益众生的志愿,反而招致在家人的疑惑与批评,这对佛教有很大的杀伤力,以后要背负的因果也很可怕。

第三是"心出家而身不出家",即是现居士身,而持出家戒者。这样的人虽然没有出家,但是影响也很大。像是李炳南老居士,对宣扬佛法不遗余力,可说是台湾佛教界的泰山北斗,影响深远,被喻为现代的维摩诘居士,是心出家而身未出家的最好代表。

所以在家的居士们也不要灰心。有的人说:"太迟了,我想出家,可是现在已经背负了家庭的责任,无法出家。"千万不要这样想,只要心出家,好好地行菩萨道,一样可以做救心济世的工作。

还有"身心俱不出家",身居俗家而又无出家之心愿者。一般的信众,虽然自称信佛,但是连在家的戒律都无法持守,这就是身心俱不出家者。

再来,又有三种出家:

一是"出世俗家"。有的人为了避开家庭的吵杂,或是遇到烦恼,受了情感的挫折,甚至意气用事而出家;这只是在逃避烦恼、逃避现实,不能真切地追求佛法,是身出家而心不出家的人。

二是"出三界家",此乃独善其身之修行者,他认为三界如火宅,为了了脱生死而出家。出家之后十分用功,但是他怕惹上烦恼,因此独善其身,不能兼利天下,就如小乘的声闻,只求出三界家不再来生死轮回。

三是"出二死家",即心形俱出家,能见佛性,出分段生死与变易生死二死之家,方名真出家。这样的大菩萨勇猛精进,漏尽镜圆,却还重返娑婆度众生,此之谓出二死家。

我们要在烦恼中断烦恼,不要怕烦恼,要在烦恼中接受磨练,将烦恼从生活中去除。一块玉石若想显出它的美,一定要经过琢磨,我们想要显现真纯的佛性,就不要怕接受磨练。因此学佛,一定要好好在烦恼中磨练,将烦恼涤尽,自度度他,这才是真正发菩提心的出家。

"同行十善,饶益众生",十善即不做杀、盗、淫(在家人不邪淫),不妄语、两舌、绮语、恶口,不生贪、瞋、痴,规过向善,勤修佛道,就能使众生远离灾厄,普遍获得安乐。

有一个实际的事例,是我们一位资深的慈济委员,透过她的介绍我们认识台北一位医师,为我们转介许多原本宣布残废的个案(按:当时花莲慈济医院尚未成立),使得案主家庭重现光明。俗话说善有善报,这位委员就曾经有惊无险地度过一劫。

她经营水果行的生意,每天打烊关上店门总是凌晨了,从店面走回住家还有一段距离。那一天,一位热心的客人特地为她叫了一部计程车,计程车司机也很好,载她到家门口,

佛门大孝地藏经

还以车灯为她照亮家门才离去。

当她拿出钥匙准备开门时，忽然间跳出两个年轻人，手持武士刀挡住她的去路。她吓了一跳，开口对他们说："年轻人，你们要吓死我这个欧巴桑吗？"年轻人说："你是欧巴桑吗？"她说："我的儿子都二十多岁了，怎么不是欧巴桑？"他们仔细瞧了一下才说："对不起，我们差点杀错人了。"

她就问："年轻人，我又没有什么值钱的东西，你们到底想要什么呢？"年轻人回答："认错人了，我们要找的是三楼的小姐，我们有些钱财上的纠纷。"委员松了一口气，便借机跟他们讲道理，她说："年轻人，你若杀了人，被你杀的人固然可怜，但是你们也难逃法律的制裁。逃亡是很可怜的，外面下着雨，我请你们到屋里坐一下好了。"

当他们进入屋内时，她的心里虽然也很害怕，不过还是为他们分析了一些道理，听完她的话之后，两个年轻人走了。回去之后，他们打电话来向她道谢："欧巴桑，谢谢你！我们幸好是碰到你，及时回头没有去杀人。回到家之后仔细想想，真是谢谢你告诉我们这么多话，我们不会再去杀人了，真是感激你。"

真的好险！假如她平时不守口业，当两个歹徒用刀指着她时，她一惊慌口不择言开口骂人，很可能会招来杀身之祸。由于她是一个佛教徒，除了处变不惊之外，还能以爱心化导两位年轻人，最后，不但自己逃过一劫，也救了楼上的小姐。

这就是佛教徒的慈悲与勇气,在生死关头还能把年轻人请到家里,做机会教育。

常行善者,冥冥之中都有善神护佑,自己遇到事情时,也能冷静地应付危机,这就是平时行十善的好处。

> 其邻国内所有人民多造众恶。二王议计,广设方便。

小国王邻国的人民多造十恶业。二位国王不但希望人民能和乐,还希望他们将来都能得到善果,因为人民一旦造了十恶,将来必定受到三途苦报。因此二位国王就一起商议,如何广泛地施设方便,以感化国内的子民,使他们去十恶、行十善。

> 一王发愿,早成佛道,当度是辈,令使无余。一王发愿,若不先度罪苦,令是安乐,得至菩提,我终未愿成佛。

有心救度众生一定要先发愿。于是,两位国王中,一位国王发愿早日修行,早日成佛,成佛道后必当度化这些十恶众生,使令众生将恶习改为善业。

另外一位国王则是发愿,我若不能先度这些罪苦众生脱离苦海,使他们早日得到安乐,一直到成就菩提的境界,我绝

不愿成佛。

佛告定自在王菩萨："一王发愿早成佛者,即一切智
成就如来是。一王发愿永度罪苦众生,未愿成佛者,即
地藏菩萨是。"

佛陀告诉定自在王菩萨："这位发愿早日成佛者,就是后
来寿命六万劫的一切智成就如来。另外一位发愿永度罪苦
众生,众生未度尽不愿成佛者,就是地藏菩萨。"

看看菩萨的行愿,怎不令人肃然起敬!地藏菩萨愿意先
度尽众生,然后才愿成佛,他的精神何其伟大,为了罪苦众生
不惜辛苦,地藏菩萨的精神实在值得我们效法。尤其现在是
末法时代、五浊恶世,更需要有地藏菩萨大无畏的精神,才能
使人心净化,社会祥和。所以,我们要多多提倡地藏菩萨的
法门。

希望大家不但要多多研究,切实践行地藏菩萨的精神,
也要多多鼓励其他人,来接受地藏菩萨的精神,使他们了解
地藏菩萨如何为众生受苦,如何精进修行。愿以此与大家共
勉,盼望每个人都能成为地藏菩萨的分身。

复于过去无量阿僧祇劫,有佛出世,名清净莲华目
如来,其佛寿命四十劫。

又在过去很久很长的时间以前，有一尊佛出世，名为清净莲华目如来，这尊佛的寿命有四十劫那么长。

每一尊佛都是以他的德来称名。清净莲华目如来就代表这尊佛常以慈眼视众生，众生在清净莲华目如来眼中，全都可爱如赤子，这就是这尊佛的慈悲。

像法之中有一罗汉，福度众生。

清净莲华目如来出现人间，灭度之后到了像法时期。就像两千多年前释迦牟尼佛出现人间，入灭之后正法时期已过，末法时期尚未来临，介于正法与末法之间，信众大造佛像塔庙，就称为像法时期。

在清净莲华目如来灭后的像法时期，有一罗汉广作众生福田，让众生供养植福。

罗汉，一般看作小乘极果的圣人，广义来说则通大、小二乘，指断尽三界见、思之惑，证得尽智，堪受世间大供养之圣者。华译为"杀贼"，表示破一切烦恼，化烦恼为清净。

又一义"无生"，即断六道生死，不必再轮回六道。又一义为"应供"，能让众生植福，堪受人天供养之谓也。我们若能供养一般出家人，功德已经很大；若能供养罗汉、辟支佛，那功德就更大了。

佛陀的弟子阿那律陀，他在过去生未修行前，曾是一位

贫穷的农夫。当时天下饥荒,农作物无法生长,有一位辟支佛在这个时期外出托钵,经常是空钵而回。

有一天,这位贫穷的农夫外出工作,身上只带了一点粗糙的食物,他看见辟支佛早晨出门时持着空钵,黄昏时仍旧空钵而回,看了真是很不忍心。

第二天一早,他倾其所有煮了一锅饭食,希望出门时能够遇到那位辟支佛。果真让他给遇到了,他便以十分虔诚的心,将所带的粮食供养了辟支佛,这位辟支佛得到农夫的一钵饭十分感激,当场就为这位农夫祝福。他说:"在此饥荒时期,难得你这样发心。我祝福你,令你于九十一劫的时间,生生世世不遇贫穷。"

果然,这位农夫生生世世出生于王府宰相之家,或者生为长者,这就是布施的功德。九十一劫富贵之余,尚有因缘与佛同世,所以他也随佛出家了。

出家之后的他一心精进,想要求得道果,只是他有个嗜睡的毛病,每当佛陀开始讲经,他便开始打瞌睡。

有一天,佛陀一再谈到精进,在座弟子们都精神饱满,听得十分欢喜。唯独阿那律瞌睡连连,佛陀见了就斥责他:"咄咄汝好睡,螺蛳蚌蛤类,一睡一千年,不闻佛名字。"佛法难遇,今日幸得人身,得闻佛法,为什么一听经就开始睡觉?若是真的那么喜欢睡,可以生为海底螺蚌之类,一睡一千年,再也无法听闻佛法。

人都有自尊心,阿那律在众人面前受到佛陀呵责,他感到万分惭愧,当下发愿从此不再睡眠;从那天开始就日夜精进,不再阖上眼睛,七天七夜之后竟致失明。

佛陀悯念他的决心与毅力,便教他"乐见照明金刚三昧"之法,获得天眼通,透视一切事物。追溯原因,就是因为他过去九十一劫前曾供养辟支佛的功德。

因次教化,遇一女人字曰光目,设食供养。

这位罗汉游化人间,一方面使人间的众生有机会种福田,一方面也依佛教的教法来度化众生。在他游化期间,遇到一位名叫光目的女子,光目女见到罗汉,认为福田难遇,所以虔诚恭敬地备办食物供养。

罗汉问之:"欲愿何等?"

罗汉接受供养之后,就问光目女是否有什么愿望?因为罗汉是福田僧,只要众生撒下种子,以后就有机会开花结果,所以罗汉说有什么祈求可以提出来。

光目答言:"我以母亡之日,资福救拔,未知我母生处何趣?"

光目女回答:"今日供养罗汉,就是希望在母亲的忌辰日,助我母亲冥福,盼望倚仗罗汉之力救拔。母亲往生已经年余,我不知道母亲生往何趣? 今天设福供养,就是希望知道我母生处。如若母亲生往苦趣,更希望借此机会拔除其苦。"

这就是孝女之心。父母生我、育我,这种恩德历劫难报,报亲之思,更是不可一日或忘。

《涅槃经》云:"知恩者大悲之本,不知恩者甚于畜生。"不思反哺的子女,连畜生都不如。这位光目女懂得报答母恩,尤其母亲往生年余,她还不忘探寻母亲的生处,可见得确实是位孝女。

《贤愚因缘经》佛告阿难:"出家在家,慈心孝顺,供养父母,计其功德,殊胜难量。所以者何? 我自忆念过去世时,慈心孝顺,供养父母,乃至身肉济救父母危急之厄。以是功德上为天帝,下为圣王,乃至成佛,三界特尊,皆由斯福。"慈心孝顺之人,功德殊胜,受天下人之所敬重。因此,反哺之者,乃人间大福人。

《大智度论》再云:"知恩者大悲之本,开善业之初门。"知恩报恩者具大悲心,即能开启善业之门。万善孝为宗,吾人发心行善必得由孝入门,孝顺之人人所爱敬,不孝之人人皆唾弃。

光目女心心念着其母生趣,因而诚心供养罗汉,希望以此功德回向她的母亲。

　　罗汉愍之，为入定观，见光目女母堕在恶趣，受极
大苦。

　　罗汉见光目女思母之情倍于常人，十分怜悯，为她入定
观察。不料，却见光目之母堕在恶道，受着极大的痛苦。

　　罗汉问光目言："汝母在生作何行业？今在恶趣，受
极大苦。"

　　罗汉接着问光目女："你的母亲生前曾有什么行为、嗜
好？现在她堕在恶趣，遭受极大的苦刑。"

　　光目答言："我母所习，唯好食啖鱼鳖之属。所食鱼
鳖，多食其子，或炒或煮，恣情食啖，计其命数，千万复
倍。尊者慈愍，如何哀救？"

　　光目回答："母亲在世时虽不曾特意造恶，但是她有个习
惯，就是喜欢吃鱼鳖的卵。"
　　一条鱼的鱼卵可以繁殖出无数生命，有的人嗜吃鱼卵，
不曾想到其中蕴藏多少生灵，殊不知一口鱼卵，就葬送了多

少生命,想想这种杀业有多重呀!

几年前,流行吃鳗鱼苗,一碗鳗苗二十万元,有的人两三口就下了肚。像这样杀害生灵的方法,往后真不知要受到什么业报。如果真的非吃鱼吃肉不可,吃掉一条鱼就已经造杀业了,竟然有人一次吃掉这么多生灵,吃的时候,恐怕都不曾思考因果可畏啊!

"恣情食啖"就是没有丝毫的不忍心,爱怎么吃就怎么吃,十分放纵的吃法。也曾听过有人吃鳖的手法很残忍,往往活生生地取血,认为喝鳖血有多营养,这根本是无稽之谈。这就是众生残忍冷酷的心,为了口腹之欲而杀害生灵,像这种杀害之业是很重的。

"计其命数,千万复倍。尊者慈愍,如何哀救?"计算她母亲所吃掉的生灵数目,有千千万万之多。光目女的母亲在生之时,虽然没有其他坏习惯,但光是喜欢食啖鱼鳖的卵,所损失的生命就已经数不胜数。所以,光目女请罗汉尊者慈悲哀愍,指引她如何救度母亲。

有些人都会说:"我又没有做什么坏事,怎么会有业呢?"其实,往往自己造了业还不知道,这就是前世、今生业力的牵引,使你在造业中却不自觉。所以说业力可怕,业加上业,难怪我们不容易解脱束缚。

佛教主张不杀生,出家人素食,就是为了培养慈悲心,同时也是不愿与众生结恶缘。光目女的母亲虽无其他恶业,只

因嗜食鱼鳖之卵就堕入地狱。

> 　　罗汉愍之，为作方便，劝光目言："汝可志诚念清净
> 莲华目如来，兼塑画形像，存亡获报。"

　　罗汉慈悲愍念光目女，就教她一个方便法门。他劝光目
女："你要发虔诚的愿，一心持念清净莲华目如来的名号，同
时雕塑描绘佛像。若能如此，不但你的母亲可以减轻罪报，
就是你本身也能得福。"

　　这虽然是个方便法门，但是只要虔诚恳切，功德自然就
大，如果是敷衍应酬的心理，那就没有丝毫功德可言了。

　　光目女恳切之心倍于常情，尤其她所供养的是有福德的
罗汉。所以，一方面仰仗罗汉的福力，另一方面则是内心恳
切的孝思，有了这样的福德，加上发愿虔诚，功德就更大了。

> 　　光目闻已，即舍所爱，寻画佛像而供养之，复恭敬
> 心，悲泣瞻礼。

　　光目听了罗汉的指示，随即舍其所爱。这表示光目女信
心真切，所以不假思索将所爱之物变卖，寻找技艺独到的工
匠来塑画佛像。之后又对着佛像虔诚供养，恭敬礼拜，每次
在她拜佛时，都忍不住内心的悲切，目不转瞬地瞻仰佛像。

忽于夜后，梦见佛身金色晃耀，如须弥山，放大光明，而告光目："汝母不久当生汝家，才觉饥寒，即当言说。"

她礼拜佛像的心很恳切，唯一的心愿就是希望能救母亲、报亲恩。这样一心不乱，忽然在一天夜里，她梦见佛身金光闪耀，大如须弥山，放出万丈光明，非常庄严殊胜。

这尊佛告诉光目女："不久之后，你的母亲就会出生到你家，一出生，才感到饥饿寒冷而哭啼时，就会说话了。"这已经是为光目女指出其母去处。

其后家内婢生一子，未满三日而乃言说。稽首悲泣，告于光目："生死业缘，果报自受，吾是汝母，久处暗冥。自别汝来，累堕大地狱，蒙汝福力，方得受生。为下贱人，又复短命，寿年十三，更落恶道。汝有何计，令吾脱免？"

因为光目女出生于富贵之家，一个富裕的大家庭势必有许多奴婢。奴是男仆，婢是女仆，奴婢结婚所生之子仍旧是奴婢的身份。

光目女梦见佛身后不久，家中的奴婢果然生下一子，这个孩子生下来未满三天就会说话。这在世间可以说是一大

奇闻,不过民间这样的传闻确实也不少。

有一位大陆人士,过去服务于军中,后来随公家机关来到台湾,据说他就记得自己的过去生。

他在前世是位农夫,但是收成有限,农闲时便得出外另觅财源,从事山石挖掘的工作。一次大雨过后,山上的土石坍崩,顿时他被滑落的土石掩埋。刹那间,只感到眼前一阵黑暗,身体变得轻飘飘的,他看看无事,爬起来后就回到家中。

回到家里太太正忙着做午饭,他大声地对太太说:"我今天差点就被山石压死你知道吗?"他的太太头也不抬,根本不理会他,他又站到太太面前:"我在和你说话,你听到了没有?"太太还是继续炒菜,没有反应。

他心里非常生气:"今天这么辛苦,险些丢掉性命,还不是为了这个家,现在竟然对我不理不睬!"他怒气冲冲地走出厨房,迎面看到儿子从外面回来,他立刻向儿子埋怨妻子的不是,没想到儿子却自顾自地向前走,他抱怨个不停,可是儿子一点反应也没有。他心想:这对母子今天怎么这么反常,是不是联合起来整我?

满腹的委屈无处诉,他只好走出家门,想到外面去透透气。一路上只要遇到熟人,他就向人诉说心中的不快,没想到所得的反应还是一样,根本没有人理睬他。到了黄昏他又回到家中,见到家人哭哭啼啼,仔细一瞧,自己的身体怎么躺

在那里？刹时才知道自己已经死了。

茫茫然走出屋外，正当不知何去何从，突然发现前方有一道泉水，泉水旁有一道红门。他一见心生欢喜，于是便往那道红门走进去。

刹那间，眼前一片黑暗，等到他张开双眼，一位妇人正在生产，大家手忙脚乱正在找寻剪刀，只听到有人说："怎么找不到剪刀，剪刀哪里去了？"他眼尖看到了，很自然脱口而出："剪刀挂在墙上。"这一出声，大家都吓坏了，刚出生的婴儿怎么会说话呢？大伙儿都认为他是妖怪，准备将他丢到茅坑里淹死，经过产妇苦苦哀求才将他留下来。

农忙时，母亲忙着工作，院子里晒着谷子，他就被放在院子旁的竹摇篮里。趁人不注意，成群的鸡鸭痛快地啄食稻谷，他看见了便大叫："有鸡吃谷子呀！"大人们一听，才三个月的婴儿竟然会说话，这肯定是妖怪，就商议要将他丢弃。好在祖父力争，才又将他留下。

从那个时候开始，他再也不敢开口了，一直到八岁都不曾说过话。他的祖父觉得很奇怪，这个孩子一切正常，为什么就是不肯开口说话？有一天，祖父就将他带到一座桥上，跟他说："我相信你一定会说话，是不是心中有什么委屈？你尽管说出来，我为你作主，这样一直不说话也不是办法。"

他终于开口了："我是会说话没错，但是只要一开口就有灾难，所以我不敢开口。"祖父又问他："为什么你一生下来就

会说话呢?"面对慈祥的祖父,他将自己所记得的经过和盘托出。

他说:"我还记得前生的事,一切就好像昨天才发生一样。我很思念我的妻子,也想知道儿子目前的情况,而且,我还有一桩心愿未了,我有一张田契,家人都不知道放在哪里。"

祖父为了验证他的话是否属实,就差人到他所说的地方探听,结果确实不差。于是祖父便带他回到前世家中,但是妻儿都不相信眼前这位八岁的孩子,会是死去的亲人。

为了证明他所言不虚,他说出放置田契的地点,果然,从天花板的夹层中取出了田契。这是一个舍此投彼,却能记得前生之事的传闻。

光目女之母再世为奴婢之子,出生三天就会说话,见到光目女就稽首作礼,悲泣痛哭,求告光目女:"生死的业缘,都是我自作自受,我就是你的母亲啊!自从与你分别之后就堕入地狱,如今仰仗你供养罗汉、塑画佛像与念佛的福力,才得以再生为人。虽然如此,却生为下贱之人,不但地位卑下,寿命也只能活到十三岁,十三岁之后仍要堕回恶道。看在母女一场,你有什么好方法,可以救拔我脱离苦道?"

光目闻说,知母无疑,哽咽悲啼而白婢子:"既是我母,合知本罪,作何行业堕于恶道?"

光目听了奴婢子所说的话,知道是母亲无疑。听到母亲受尽苦难,如今投生又是下贱、短命之人,她的心非常悲哀,痛苦得哭不出声音,哽咽地问奴婢子:"你既知前世今生之因缘,应该知道自己造作了什么行为与恶业,才会堕于恶道。"

婢子答言:"以杀害毁骂二业受报。若非蒙福救拔吾难,以是业故,未合解脱。"

奴婢子回答:"我在生时多造杀害与毁骂二业,因而死后遭受苦报。"

"杀生"之业,是在家五戒中第一重罪;"毁骂"也是万恶的起源,不守口业开口骂人,毁谤善人乃至三宝,后来的业报都非常重。开口动舌无不是业,口业有善恶,开口柔和善顺,劝人为善或是弘扬佛法,这就是善业。假如一开口就生毁谤,这就是恶业,好比掏人眼目,使人见不得真道,这种业是非常重的,我们一定要非常注意。

光目女的母亲在生之时,为了口腹之欲而造无数杀业,平时以凡夫心而贡高我慢,难免也造下不少毁骂的罪业。因为杀害、毁骂二业堕入地狱,时间应该非常久长,纵有孝女为其设福,但也仅有短短的十三年能暂脱地狱。

这就令人想到一般世俗之人,备办丧事往往是杀生、宴客,这实在是很颠倒。亲人往生了,我们应该为他多造福,千

万不要因为他的死而杀生,再次增添冤魂。所以佛教一再提倡,亲人往生时不但不要杀生,还要为他多做功德,包括救济贫困等等。

过去,曾经听一位平老太太,说起她婶婶的真实故事。她的婶婶八十多岁了,是大陆上的富豪人家,受过菩萨戒,是一位虔诚的佛教徒。

有一天她就跟儿子说:"我是一个虔诚的佛教徒,但是总有一天会往生,我死了之后,你们会如何料理我的后事呢?"

儿子回答:"看看母亲的意思如何,一切我都依照您的意思去做。"母亲说:"那我要你们为我赈济贫民,做四十九天的功德,这四十九天之内,每天要救济一百户贫困人家。"儿子说:"好,我一定照您的吩咐做。"

母亲接着说:"我要你现在就开始做,在我还没有死之前就为我做功德。"儿子觉得很讶异:"母亲身体还好好的,我要怎么做呢?"她说:"照着我的话去做,你就当作我已经死了,现在做,我能亲眼看到,否则等我两眼一闭,你们做些什么我也不知道了。"

她的儿子十分孝顺,依照母亲吩咐的话,设了一个坛场,场外每天放置一百包白米,四十九天布施贫民,每天济助一百户人家。

七七四十九天之后,她告诉儿子:"我很欢喜,这样已经很满足了,哪一天我死了,只要用棺材入殓,七天之后火化,其他都不必再做了。"这就是真正的功德,我们若真正孝爱长辈,一定不可造下杀业,要好好为他们造善积福。

　　光目问言:"地狱罪报其事云何?"婢子答言:"罪苦之事不忍称说,百千岁中,卒白难竟。"

　　光目问奴婢子:"地狱中既然那么痛苦,到底地狱的报应情形是什么样子?"婢子回答:"地狱中痛苦的形态是无法形容的,令人不愿想起。回想起来真是苦不堪言,若要详细述说,恐怕百年千年说不完,总之地狱中的痛苦无穷无尽。"

　　光目闻已,啼泪号泣而白空界:"愿我之母永脱地狱,毕十三岁,更无重罪及历恶道。"

　　光目女听到地狱的形态这么苦、种类这么多,想到母亲所受的苦,她的心非常痛切。流着眼泪号啕哭泣,内心肝肠欲裂,她向空中泣诉:"但愿我的母亲能永远脱离地狱,在十三岁的寿命完了之后,不再堕入恶道,能够消除以往所造的罪业。"

　　十方诸佛慈哀愍我,听我为母所发广大誓愿。若得我母永离三途及斯下贱,乃至女人之身永劫不受者。

光目女祈求十方诸佛能慈悲怜悯,允许她为母亲发愿。

一个深陷罪业的人,往往就是因为不懂得发愿助人,所以想要帮助他去恶从善,就代替他发愿、为他祝福,也不失为一个引导的方法。不过,最重要的还是要他自己能发愿力行。

光目孝女为引导母亲向善,因此代替母亲发愿。她祈求母亲能永远离开三途,不再堕入地狱;即使出生为人,也不要生为下贱之人或是女人之身。因为女人心多欲念,身业也重,生儿育女料理家事较为忙碌,所以没有时间可以修行。

"三途"即地狱、饿鬼、畜生三恶道,这是造了十恶业所感的果报。造了十恶业,除了三途果报,另外还有余业之报,余业即未尽之业,受报之处虽在人间,但是贫穷下贱、身体多病等等,过着人间地狱的生活。

一般生活富裕的人,家里拿来喂食猫狗的食物,往往比贫困众生所吃的食物还要好。贫困的众生劳苦饥寒,这和畜生道又有多少差别? 他们病痛时无人闻问,和在地狱受刑又有多大差别? 这就是余业之报。光目之母只能暂脱地狱,十三岁毕仍要再受余报,光目女心中万般不忍,因而为母亲发广大愿,希望以此救脱母亲永离诸苦。

愿我自今日后,对清净莲华目如来像前,却后百千万亿劫中应有世界,所有地狱及三恶道诸罪苦众生,誓

愿救拔,令离地狱恶趣,畜生、饿鬼等。如是罪报等人尽
成佛竟,我然后方成正觉。

光目女出生于清净莲华目如来的像法时期,自然会在其
佛像前发愿,她发愿说:"从今天开始,一直到未来百千万亿
劫的时间,所有的世界,包括在地狱、畜生、饿鬼三恶道中受
苦的众生,我都立誓要救拔他们,使他们能够远离恶道。等
到在恶道中受报的人全部成佛之后,我才愿意成就正等
正觉。"

她为了救母亲一个人,而立下救度众人的誓愿,像这样
的福力与功德才会大,这样的愿才是真正的大愿。我们要为
一个人祈福,一定要使令很多人都能得福,这样才有助益。

我一再鼓励大家,我们若想圆成菩萨道,一定要先使别
人身心得到安定;若想远离世间的灾难,首先就要去解决别
人的困难,这样灾难自然就会消除。每天致力于使人平安快
乐,时时起欢喜心,自己自然也能平安快乐。

光目女发愿,希望大家都能平安,因为大家平安,她的母
亲就能平安;如果大家都离开三恶道,她的母亲也不会落在
三恶道。我们一定要有"己欲立而立人,己欲达而达人"的胸
怀,我们想要得救,必先使别人得救,这样大家都能得救。光
目女的心意就是如此,在救自己的母亲时,连一切受苦的众
生都愿意同时救度。

发誓愿已,具闻清净莲华目如来而告之曰:"光目,汝大慈愍,善能为母发如是大愿。"

光目女发大誓愿之后,感动了清净莲华目如来,她清楚地听见清净莲华目如来对她说:"光目啊,你发了大慈悲怜悯之心,你能为母亲发这样的大愿真是太好了。"

"善"即表示嘉许之意,这表示光目女的大慈悲与大智慧,所以佛赞叹她的发心与智慧。

如果所发的愿只求救自己的母亲脱离三途,这样未必能如愿;因为光目女的智慧,能发先救众生的大愿,这样她的母亲就能一起得到救拔。所以佛嘉许她不但发心,同时又有智慧。

吾观汝母十三岁毕,舍此报已生为梵志,寿年百岁。过是报后当生无忧国土,寿命不可计劫。后成佛果,广度人天,数如恒河沙。

清净莲华目如来对光目说:"我再度观察,知道你的母亲经过人寿十三岁之后,舍弃下贱人的身份,将会转生为梵志,寿命百岁。过了百岁之后,则再生往无忧国土,寿命就更长了。继续修行终得成佛,广度人天众生,其所度者,数目就如恒河沙般不可胜数。"

"梵志"在印度是一种修清净行、求生梵天的婆罗门教徒。而"无忧国土",即是阿弥陀佛说法的"极乐世界",其中有许多一生补处的大菩萨,在那个地方好好修行,将来就能成佛。

这真是不可思议,本来是堕在大地狱中的一个罪女,因为有了孝顺的女儿为她发愿度众生,她也因此可以得到长寿与学法修行的因缘,最终成佛继续度众。这就是虔诚发愿,而后身体力行的功德。

佛告定自在王:"尔时罗汉福度光目者,即无尽意菩萨是。光目母者,即解脱菩萨是。光目女者,即地藏菩萨是。"

释迦牟尼佛告诉定自在王菩萨:"那个时候以福力度化光目女的罗汉,就是我座前的无尽意菩萨,光目女的母亲就是解脱菩萨,光目女就是地藏菩萨的前身。"

过去久远劫中如是慈愍,发恒河沙愿,广度众生。

地藏菩萨过去久远劫以来,就是这般慈悲悯爱众生,所发的度生之愿超过恒河沙数,时间非常长久,所做的事也很多。一件事情完成之后,又重新发另一个大愿。

我们想要修行，最初那一念所发的愿非常重要。想要消除罪业，唯有以"愿"力来对治业力，我们若不肯发愿、不肯修行，业是永远无法消除的。所以真正的修行就是重于愿力，若有愿力就能自度度他。

地藏菩萨所以被称为"大愿地藏王菩萨"的原因就在此，以其愿力慈悲深广，因此受到众生的敬仰。希望大家要向地藏菩萨看齐，我们要完成一件事情，一定要发大愿；要救一个人，一定要发救广大众生的愿。

> 未来世中，若有男子女人，不行善者行恶者，乃至不信因果者、邪淫妄语者、两舌恶口者、毁谤大乘者，如是诸业众生必堕恶趣。

地藏菩萨久远劫来为众生发愿，过去如此，未来也是一样，所以佛陀劝导我们后世的众生，要归敬地藏菩萨。因为娑婆世界的众生与地藏菩萨有着不解之缘，若能归敬地藏菩萨，依教奉行，我们的业就能解脱。

"未来世中，若有男子女人，不行善者行恶者"，这里是以"人"为对象，佛菩萨出生人间，所救度的对象大多数都是人。人有男人与女人，生而为人，有的人不但不肯行善，反而造作十恶业。

"乃至不信因果者"，有的人虽然不做恶事，却不相信因果循环的法则。所谓信而能入,真正的善道一定要依靠信力去实行,否则容易走入偏执,无法受到正法的熏陶。

"邪淫妄语者",万恶淫为首,邪淫就是在家人不守夫妇之道,在外与人有了不正常的关系;妄语则是不修口业,不守信用。"两舌恶口者",两舌是东家长、西家短搬弄是非;恶口即开口所言皆是恶语。

"毁谤大乘者",经中一再开示我们口业为重。开口动舌虽是一件简单的事,不过罪业却由此产生,妄言、绮语、两舌、恶口已不可为,如果昧着因果毁谤大乘教法,造业受报更是万劫难复。

《大智度论》中提到有一恶鬼,头若猪头,臭虫由其口出,但是他的身体却发出金色光芒。这位鬼头过去生中曾经为出家人,出家期间身戒清净,却有恶口的毛病,尤其若有其他比丘与他同住,他不是恶口待人,就是毁谤诸比丘。因为恶口之业,死后得猪头鬼身之报,但是他身业清净,杀、盗、淫皆不犯,所以身体能发出金色光明,这就是真正的因果不昧。

还有一个《百缘经》中的故事——

佛在世时,舍卫城中有一位婆罗门长者,他的妻子产下一个男儿,这个孩子肚子饿了要吃奶,但是母亲的乳汁一进入他的口中,都变成败奶,吃其他的东西也是这样,但是不吃又不行,于是,这个孩子就在这种半饥饿的状态下成长。长大后求佛出家,佛陀也慈悲应允。

出家之后,其他的比丘每天出门托钵都是满钵而回,唯独他每每空钵而返,他的心里十分慨叹。

有一天,他心想:我应该为三宝做些事,以身体的劳动来消除业障。于是发心清理精舍塔寺的周围环境,不可思议的,他努力地为其他比丘服务与劳动,第二天出门托钵就得到美食而回。因此他更发心为三宝服务,每天如此,每天都能得到食物。

有一天他睡过了头,舍利弗路过精舍,看到塔寺尚未清理,于是就顺手打扫起来。等到他醒来一看,精舍都已经打扫干净了。他十分懊恼地告诉舍利弗:"我就是因为清理环境才有饭可吃,你现在打扫干净了,我今天肯定没有饭吃。"

舍利弗听了说:"没有关系,我可以带你一起入城受请,不要担心,你一定可以吃饱。"结果他们到了施主家,恰巧施主夫妻正在吵架,根本没有心情供养,于是只有空钵而回。

第二天舍利弗又告诉他:"今天一定不会饿肚子了,因为有一位长者欲供佛及僧,佛陀会带着我们一起去。"到了长者家,每个人的钵中都盛满了食物,他虽然和大家坐在一起,但是唯独他的钵被遗漏掉。大家已经开始用饭,他看见主人在眼前走来走去,他告诉主人他的钵仍是空的,但是任他怎么叫,主人都没有听到。所以,仍是饥困而返。

阿难知道了这件事,心中十分怜悯,就自告奋勇说:"明天受供时,我会帮你带回食物。"阿难是佛弟子中记忆力第

一,不料这次却忘得一干二净,所以这个比丘已经三天没吃饭了。

第四天,阿难终于为他托了满满一钵饭食,正准备带回来给他,半路上又遭恶狗追逐,阿难被狗一撞,钵中的食物全掉落到地上,这一天又是无饭可吃,连阿难也无可奈何。

目犍连尊者也知道了这件事,就说:"好可怜,已经四天没吃饭了,明天就由我托钵回来给他吃。"第二天目犍连真的出门托钵,回程时就坐在树下休息,这时树上的小鸟全飞了下来,将那一钵饭吃得精光。目犍连尊者不禁叹息:"就算是神通第一,奈何他的业重,我也无从施展了。"这一天他仍旧不得食。

舍利弗心中十分不忍,因为事情是因他而起,如果不是他抢了打扫的工作,今天那位比丘也不会不得食。所以决定第二天非为他找到食物不可。第二天,舍利弗出门为他托到一钵食物,他端着钵回到门口,原本开着的门突然"砰!"的一声关上了,一钵饭就被门打翻在地,当然也是不能吃。

到了第七日,比丘仍是不得食。这位比丘痛哭流泪,极生惭愧,因此吃沙而亡。大众觉得不可思议,便一起来到佛前,请问佛陀这位比丘的因缘。

佛陀告诉大家:在过去帝幢佛的时代有一位长者,十分乐善好施,时常设斋供佛及僧。他有一个儿子也随喜而为,因为这时财产尚由父亲管理,所以他并不反对布施。

过了一段时间,长者往生了。儿子继承了产业,但是却悭贪不舍,认为财产拿来供僧将会逐渐消耗,因此非但自己不肯供僧,也不肯让母亲设施供养。

他的母亲承袭了丈夫供僧的好施,所以省吃俭用不忘供僧。有一天母亲告诉他:"我实在已经没有东西吃了,请你给我一点粮食好吗?"谁知他竟然顶撞母亲:"我给你的东西,你还拿去供僧,那你干脆去吃沙好了。"后来他的母亲因饥饿而往生。以此不肯供养及不孝之罪,长者子死后堕入地狱,经过无量劫的时间才回到人间,却还要受饥困之报。

因为过去生长者在世时,父亲供佛他没有反对,所以今生得遇出家因缘。但是不孝之罪深重,所以他在生时每多饥乏,最后亦是吃沙而亡。

这就是恶口之报,纵然他已出家,业报仍旧难逃,可见口业的罪报是多么可怕。

　　若遇善知识,劝令一弹指间归依地藏菩萨,是诸众生,即得解脱三恶道报。

"善知识"就是具有正知正见,能时时刻刻以忠言相劝的人。当我们有了错误时,能不怕拂逆我们的心意而劝谏,使我们在即将造业那一刻,迷途知返及时回头。

如果有人造了以上这些两舌、恶口、毁谤大乘、不行善而造恶的罪业,必定要堕入恶趣。假如得遇善知识,时时劝其为善向道,只要在一弹指那么短的时间中,能发心皈敬地藏菩萨,这些人就得解脱三恶道的罪报。

我们学佛,最要紧的是自己的信念、见解要坚固,不但自己的见解信念坚固,还要时时刻刻帮助他人成就道业。除了不阻碍他人行善,还能助人成就,这样,不但我们得救,对方也能得救。

地藏菩萨的行愿则是先救别人,后救自己。我们要知道,世人心思不定,错误的念头时时都在发生,若是一不小心,很容易走到错误的途径上。因此,一定要有志同道合的朋友互相规劝,只要有人引导,我们就有机会接受地藏菩萨的教法。

> 若能志心归敬及瞻礼赞叹,香华衣服、种种珍宝或复饮食,如是奉事者,未来百千万亿劫中,常在诸天受胜妙乐。

如果有坚定的志愿来皈依地藏菩萨——"皈"是反黑为白的意思——过去走入迷途善恶不分,很容易行恶,现在了解地藏菩萨发愿救度众生的心,就要赶紧皈依地藏菩萨,去恶从善迷途知返。

既然内心已皈依恭敬,身躯形态也要有所表示,在进入

寺院时要恭敬作礼、瞻视赞叹表达内心的敬重;不但礼佛还要敬僧,才能彻底除掉我慢幢。真正的学佛者,身行要恭敬,口也要赞叹,唯有赞叹与宣扬佛法,佛法才能昌盛。

除了身、口的恭敬赞叹之外,还有利的供养,例如香花、衣服、珍宝、饮食等。

以香供佛表示清净,香的数量不必多,好的香点起来会有安定心神的作用。花可庄严道场,以花供佛可以使人感到柔和的气氛,不过插花要记得换水,才能保持洁净清香。

衣服是御寒、蔽体的物品,修行人不做专门营生的事业,生活日用必须仰赖施主供给。若能以衣服供养僧众,使他们不受冻,功德也很大。珍宝则是装饰品,也是用来庄严道场。

"或复饮食",吃的东西就是道粮,修行者一样要生活,所以必须有饮食,饮食中还包括医药、卧具等等。"如是奉事者",像这样将所需要的东西供养三宝。

"未来百千万亿劫中,常在诸天受胜妙乐",志心恭敬供养地藏菩萨,或是赞叹瞻礼,未来能得到常生在诸天的福报,享受殊胜微妙的快乐。

　　若天福尽下生人间,犹百千劫常为帝王,能忆宿命因果本末。

假如天福享尽再来人间,虽然生在五浊恶世,但是他的

福报还是比一般人大,百千劫的长时间中常为帝王,并且能记得过去的因果本末。

这里所说的帝王,并非每个人下生人间都为一国之王,有的身为一国的领导者,有的则是道德昌隆的指引者。

所以,赞叹是口,礼拜是身,恭敬是心,我们一定要时时刻刻在身、口、意业上好好受持。身口意三业的恭敬供养,就是志心的皈依,以坚定的志向来归敬地藏菩萨,就可以得到这么大的福报。

定自在王!如是地藏菩萨有如此不可思议大威神力,广利众生。汝等诸菩萨,当记是经广宣流布。

佛告定自在王:"这位地藏菩萨有这么不可思议的大威神力。众生只要皈依恭敬地藏菩萨,礼拜供养就能转生天上,百千万亿劫的时间中,都能享受这么大的快乐与利益,等到再度下生人间,尚能生为帝王、领导者,同时还具有宿命通。这一切都是倚仗地藏菩萨的威神力,真是太不可思议了!"

地藏菩萨从开始发愿到现在,一直都是广利众生,这就是地藏菩萨所立之愿,所修之行。所以我们要学习地藏菩萨,时时刻刻利益众生,种下大福德因缘,将来自然能得到广大的威德神力。

"在座的这些菩萨们啊！要记得将《地藏菩萨本愿经》广为宣传流布。"我们要弘扬地藏菩萨的德范，就是靠佛所说的这部《地藏经》，若能时时介绍别人认识这部经，就能使众生了解地藏菩萨的大愿，了解之后，自然就能发心归敬。

> 定自在王白佛言："世尊，愿不有虑。我等千万亿菩萨摩诃萨，必能承佛威神广演是经，于阎浮提利益众生。"

定自在王禀白佛陀说："世尊啊！请您不必忧虑。在座这些大菩萨们一定会秉承佛的威神力，发心广泛地演说这部经，使令阎浮提的众生都能得到利益。"

这部经佛虽然是交代定自在王菩萨，以及千万亿菩萨广为流布，事实上也是在交代我们这些未来的众生。若能真正接受地藏菩萨的大愿，就应该继续辗转流布，介绍给更多人知道。果然如此，地藏菩萨与佛陀在人间，令众生得救的机会就多了。

> 定自在王菩萨白世尊已，合掌恭敬作礼而退。

定自在王菩萨禀白与安慰佛陀之后，就合掌恭敬作礼退下。

前面这段经文是定自在王菩萨于会中,听闻佛陀一再赞叹地藏菩萨的大悲愿力,为了使我们后世的众生对地藏菩萨更为了解,所以他出来替我们启问,请佛陀更为详细地介绍。

佛陀了解定自在王菩萨的心意,不但介绍地藏菩萨累生为了行孝道、救度众生所发大愿,还不断叮咛在座的菩萨众要好好流布这部经教。定自在王菩萨敬纳佛意与教旨,在启请之后恭敬地作礼而退。

尔时四方天王俱从座起。

定自在王菩萨退下之后,又有四位天王由座位上站起来,欲上前启问佛陀。

这四位天王,分别居于欲界第一层天的东、西、南、北四方,因与娑婆世界接近,于是负起护持娑婆世界之责。东方的持国天王能护持国土;南方的增长天王,能劝令世间的众生增长善根;西方的广目天王时时以天眼观察世间善恶;北方的多闻天王则能赐人福德,并且知闻四方。

合掌恭敬白佛言:"世尊,地藏菩萨于久远劫来,发如是大愿,云何至今犹度未绝,更发广大誓言?唯愿世尊为我等说。"

四位天王于是合掌禀白佛陀："世尊，地藏菩萨于久远劫以来，一再立下广大的誓愿，既然他一再发愿，而且时间也这么长久，为什么到现在众生还没有度尽呢？"地狱中还有那么多受苦的众生，在娑婆世界也仍旧有继续造罪之人。

地藏菩萨的大愿一直无法完成，就是因为众生的刚强，我们的意志不坚定，接受了好的教法，却又很快忘记，心常常被欲念所染污，在俗世中浮浮沉沉，所以无法得到真正的解脱。

也难怪四大天王会生疑。为什么众生如此，地藏菩萨却还要发更广大的誓言呢？四大天王有此疑问，因而请求世尊加以解说。

> 佛告四天王："善哉善哉！吾今为汝及未来现在天人众等，广利益故，说地藏菩萨于娑婆世界，阎浮提内生死道中，慈哀救拔，度脱一切罪苦众生方便之事。"

"善哉善哉"是赞叹的意思，第一个"善哉"是表示四天王能善巧发问。

发问也要看时机，前面定自在王菩萨起座请问世尊，佛为他说地藏菩萨救度众生的大愿。佛说完后，定自在王菩萨便退回座位，如果不是四天王把握时机继续启问，佛可能因而打住，我们就无法继续听闻地藏菩萨的教化事迹。定自在

王菩萨未尽佛意,四天王能利用这个机会继续请问,这就是佛赞叹他们善巧发问的原因。

第二个"善哉"是赞叹四位天王能够拥护世间。因为这四位天王与娑婆众生关系密切,他们希望娑婆世界的众生,对地藏菩萨的行愿有更深的了解,因此又代众生发问。我们若能深切体会地藏菩萨的用心良苦,也就能深深感动;能够真正感动,才有办法接受地藏菩萨的教法。

"善哉善哉"是说问得很好,我现在"广利益故",为了广泛地使令一切"生死道中"——于生、老、病、死中轮回的众生得到利益,将为你们以及未来、现在天人众等,解说地藏菩萨慈悲救拔罪苦众生的事迹。

四天王言:"唯然世尊,愿乐欲闻。"

四天王听到佛陀答应讲解,口称"唯然",即是表示欢喜、满愿之意,"世尊啊! 我们一定会欢喜地听。"

佛告四天王:"地藏菩萨久远劫来迄至于今,度脱众生犹未毕愿,慈愍此世罪苦众生。复观未来无量劫中,因蔓不断,以是之故又发重愿。"

四天王疑惑着,地藏菩萨发如是大愿,度脱那么长久的

时间,为什么众生尚未度尽? 佛告四天王:"地藏菩萨从长久的时间以前一直到现在,殷勤不懈地在娑婆世界度众生,部分众生虽能接受地藏菩萨的教法而脱离六道,但是地藏菩萨慈悲悯念其他的罪苦众生,同时也观想未来的众生。"

我们的发愿与修行都只是一时,一时之愿若完成就认为功德圆满,不再继续发愿。地藏菩萨就不是如此,他在功德圆满之后还想到未来未得救的众生。"未来的众生就像蔓藤一样,不断地生起、不断地造业,因为这个缘故,地藏菩萨一再重新发愿"。

> 如是菩萨于娑婆世界阎浮提中,百千万亿方便,而为教化。

地藏菩萨在娑婆世界阎浮提中,广设方便法应机逗教,众生有什么毛病,他都能以种种方法来教化。众生的毛病很多,一定要运用智慧仔细观察他的罪业与性质,然后再观机逗教。

> 四天王,地藏菩萨若遇杀生者,说宿殃短命报。若遇窃盗者,说贫穷苦楚报。若遇邪淫者,说雀鸽鸳鸯报。

四天王! 地藏菩萨若是遇到好杀生的人,就会为他说因

果的可怕,劝导他不要再杀生,否则将来会遭遇灾殃不断及寿短之报。

蠢动含灵皆有佛性,我们要有推己及物的心,既然爱惜自己的生命,就要爱惜、尊重其他动物的生命。凡是有生命的众生,一定有佛性的存在,所以我们要持守不杀生的戒。

"若遇窃盗者,说贫穷苦楚报。"窃取他人的钱财、珠宝装饰品等,将来要受生活贫穷困苦的报应;更有甚者,偷取三宝之物,夺人资生之物、断人粮食等,就要受堕落三恶道的罪报。

"若遇邪淫者,说雀鸽鸳鸯报。"在家人的夫妻生活纯属正常,但是正当的夫妻关系之外,女人如果不守妇道,男人身犯外色金屋藏娇,这就叫做邪淫。身犯邪淫之人,以后要受堕为孔雀、鸽子、鸳鸯等畜生之报。

若遇恶口者,说眷属斗争报。若遇毁谤者,说无舌疮口报。

如果是常出恶口骂人者,就告诉他以后会遭到眷属斗争之报。恶口包含妄言、绮语、两舌、恶口,学佛的人要多多培养善的口业,因为开口动舌无不是业、无不是罪,若以柔和善顺之心来说利益众生的话,这就是善口业。

假使动以恶口,所说的是不正当的话以及粗言劣语,像

这样很可能迷惑人心，破坏别人的感情，以后所受的报应就是眷属不和睦。父亲不信任儿子、儿子斗争父亲，亲人之间彼此猜忌，这就是眷属斗争的报应。

如果遇到出言毁谤者，就告诉他会得到无舌疮口报。毁谤是因为有嫉妒心或骄慢意，看到别人向善，心中就不平衡，不能跟进反而毁谤他人的人格道德，阻断他人善根。别人向上精进学佛，他自己既不能行又不肯随喜，反而心生毁谤，像这样的毁谤之业，以后会得到口生烂疮的罪报。

佛在《报恩经》中告诉阿难："人生世间祸从口出，当护于口甚于猛火。"人生在世间，祸患往往出于言语不慎，所以要谨慎地摄护口业，口的祸患比猛火还可怕；不适当的语言冲口而出，伤人造业之速甚于猛火。

佛说一切众生祸从口出，口出恶言是毁身之斧。口业不但如含火焰，能烧掉七种圣财（信、戒、惭、愧、闻、施、定慧），同时还像利斧，会杀伤我们的慧命，所以必须谨守口业。

若遇瞋恚者，说丑陋癃残报。

如果遇到爱发脾气的人，地藏菩萨会告知他来生将得长相丑陋及四肢残缺的果报。爱美是人的天性，美可以给人好感，不过美并无一定的标准，有人缘才是最重要的。这里所指的"丑陋"是人见人厌，一个爱发脾气的人，不但令人讨厌，来世还会遭到手脚残缺之报。

一个有爱心的人,自然有慈祥的面孔,因此人见人欢喜且乐于亲近。人生最幸福的并不是有钱的人,而是人见人欢喜的人。如果想要得好人缘,一定要修"慈心三昧"(注:成就慈、悲、喜、舍四无量心),我们如果有慈心观,自然可以时时欢喜。

若遇悭吝者,说所求违愿报。

如果遇到悭贪不舍的人,就提醒他会得到所求违愿的果报。有的人不但自己不肯布施,还看不惯别人行布施,这种人将会遭受想求什么都求不到的报应。

其实,世间财世间用,只要我们运用合理,世间财即能化为功德财;如果只懂得赚钱却不肯善加利用,会被人讥为守财奴。所以会赚钱也要懂得运用,以世间财来成就我们的功德事业,才是利人利己的选择。

若遇饮食无度者,说饥渴咽病报。

吃有吃的学问,基本上一定要有限度。人若不饮食,生命无法维持,但是一日三餐总要定时定量,才是养生少欲之道。

阎浮众生业感品第四

有许多人，一个晚上往往吃完一餐又一餐，由小餐馆吃到大饭店，一夜之间吃喝不停，这就叫做"饮食无度"。吃东西为的是维持我们的生命，晚上是休息的时间并非食时，如果像饿鬼般食不餍足，实在是严重的错误。因此我们在饮食方面，要有时间与数量的节制。

有的人一餐饭吃下来所费不赀，看看世界上多少饥寒交迫的人，如果一餐饭就要吃掉数千甚至数万元，真是非常浪费。所以，遇到饮食无度者，地藏菩萨就会告诉他，不要这样浪费，现在饮食无度，以后咽喉就会出毛病，遭受肚子饿、喉咙干渴食物却无法下咽的果报。

若遇畋猎恣情者，说惊狂丧命报。

如果遇到喜欢打猎、喜欢电鱼，任意杀害生命者，地藏菩萨会劝告他好好爱护生灵，否则以后所得的报应，就会和那些被杀的生灵一样惊怖发狂而死。

有一则现生地狱的故事。有个孩子非常喜欢打猎，除此之外，还喜欢去偷即将孵出雏鸡的蛋，然后活生生地用火烧烤，就这样吃了不少已经有小生命的蛋。

一天早上天未亮时，有人来叫门，他听到是叫自己的名字，就去开门了。门一开，外面来了两个人自称是县府的衙役，要他到县衙走一趟。他说："我进去加件衣服再来。"来人就说:"不必了,你只要跟着我走就对了。"

他随着两人一直走到城北一片宽广的稻田,稻子刚收割完,田里还有一些稻谷。突然间,稻田变成富丽堂皇的城郭,城中还有许多房舍。当他踏进城内,城门随即关上,他想往东门走,东门立刻关闭,想往南门走,南门也关上了,就这样在城里面东跑西窜,怎么跑都跑不出去;不但如此,脚上踩到的都是滚烫的烂泥,一踩下去就深及膝盖,他没命地跑来跑去,就是跑不出那个范围。

天亮了,只见那个孩子在稻田里跑来跑去,别人叫他,他都充耳不闻,他的父亲找不到孩子,就四处探问。邻居告诉他:"你的儿子在田里狂奔哀叫,我们怎么叫他都不应,好像发了狂一样。"

他的父亲赶到田里,叫了他的名字,他才醒过来。醒来之后他告诉父亲:"我被关在一座城里,双脚一直踩在火中,现在我的脚不能走了。"他父亲一看,儿子的脚确实像被火烧伤一样,于是就把儿子背回家并延医治疗,但是非但医不好,反而愈烂愈严重,皮肉逐渐剥离,最后只剩下两只脚骨。这可以说是活生生的地狱报,人还没死就落入了烧脚地狱。

地藏菩萨遇到什么众生就说什么教法,说明因果报应的可怕。过去文明未开的社会,众生大多潜居山林过着原始生活。后来开始种植农作物,由于山上的动物经常出来偷食,使得作物无法生长,所以人们才以打猎的方式除去兽类,以

保护作物。

但是，现在的人则完全是为了满足口腹之欲，或是为了玩乐而杀生，这种罪业就很重了。

记得从前有一位认识的人，是以杀牛为业。大家劝他改行，他就说："我们家世代传承杀牛为业，何况牛生下来，本来就是要为人工作，等到不能工作了当然要被杀掉。"后来有一天他睡觉时，突然从床上摔下来，跌下之后四肢跪伏在地上，哭号的声音就像牛被宰杀之前的惨状。这样的情形一直折磨着他，直到半年后才往生。

我们听了经之后，知道过去因为无知而造了业，现在就应该立刻改正过来，才能避免更造罪殃。俗话说"放下屠刀，立地成佛"，这是鼓励人立即改过，但是因果不爽，从前的罪业并非就此一笔勾销。

有的人误解了这句话的意思，以为杀生为业的人，只要听经之后改正过来，即可立地成佛，这么说每个人都可以去杀生，杀完之后听了经再来改，如此也可以立地成佛？如果把这句话误解成这个意思，那是极严重的错误！

过去我们愚痴不明，有了恶的行为，现在听经闻法之后能立刻反省，反恶行为善行，就是佛性现前的时候，若能将善念永远保持下去，离佛道就接近了一些；假如背道而驰一再造恶，则与佛道愈离愈远。我们应该要多多接触佛法，能够时时接触佛法，自然可以知道过去错在哪里，能够及时改过

才是最重要的。

若遇悖逆父母者，说天地灾杀报。

如果是忤逆不孝父母的人，就为他说天灾人祸致人于死的罪报。

百善孝为先，身为一个人，如果不知孝道，就违背了仁德，所以一定要尽孝。畜生都知道反哺之恩，何况是人呢！母亲十月怀胎忧欣倍尝，孩子生下后关怀备至，一旦孩子有了病痛，做父母的更是不眠不休地照顾。现代人知识水准提高，学业上的竞争激烈，为了孩子学业上的成就，做父母的总是费尽心思栽培，一切付出无悔无怨。

父母对待子女用尽心血，做子女的就应该知恩报恩，懂得反哺之道。中国人养儿防老，生子育子就是希望老来有所依靠，但是有些人不能依循孝行，反而忤逆父母，处处惹父母伤心。上天最不能容许不孝之人，所以只要有大逆不孝者，就会遭到天地灾杀的恶报。

从前有一位妇人十分不孝，侍候盲眼的婆婆总是百般不耐烦。她的丈夫十分孝顺，每当见到这种情形，就会生气责骂，但是她非但不检讨自己，反而将怨气出在婆婆身上。

有一天，丈夫买了肉回来，叫她煮给母亲吃，然后就出门工作去了。丈夫出门后，她把肉煮来自己吃掉，然后到外面

挖了一些蚯蚓煮给婆婆吃,还告诉婆婆是丈夫买来孝敬她的。

婆婆眼盲,看不见她煮的是什么,只是觉得味道很奇怪,吃不下就搁在一旁,她也不来收拾。丈夫回到家,像平时一样去向母亲请安,并且问母亲有没有吃到肉?母亲说:"有呀!不过吃起来味道怪怪的,我放在那里还没吃完。"

做丈夫的一看,碗里头竟然是蚯蚓,他非常愤怒,立刻将妻子扭送官衙;孰料半途中,晴天里起了一个大霹雳,这个妇人当场就被雷电击倒在地。

人类社会最宝贵的就是伦理道德,父母不辞劬劳抚育我们,我们当然应该回报、奉养父母,如此世世代代传承,这就是中国人最宝贵的家庭伦理。上有父母、公婆的人要以身作则,如果希望子女能够孝顺,首先要从自身做起;如果自己忤逆父母,又将以什么示范来教育子女呢?

俗话说:"草绳拖俺公,草绳拖俺父。"有一个人认为父亲老了不中用了,于是钉好一个木箱,将父亲放在里面,准备将老父送到山上任其自生自灭。

他叫儿子帮忙,用一条草绳把木箱拖到山上。两人将老人拖到山上时,只见儿子忙着收拾草绳,他就问儿子:"你收拾草绳做什么?"儿子回答:"你现在拿来拖阿公,以后我要用它来拖你上山呀!"这一听,太可怕了!以后自己老了也会被儿子拖上山。

他赶紧恭敬地将父亲迎回家,从此善尽孝道,做孩子的好模范。

从这个故事可以知道,你现在如何对待父母,以后孩子也就如何对待你。佛教徒常说父母是堂上活佛,不孝父母敬神无益,现前的活佛懂得好好孝养,才是真正的供养。

若遇烧山林木者,说狂迷取死报。

山林乃生灵栖止之处,草木旺盛的地方就有虫;树上有飞禽,地上有走兽,山林中到处充满了生灵。如果故意焚烧山林树木,势必枉杀许多生灵,这种人将来会得到发狂迷乱而死的报应。

过去有一位长者,唯独生育一子。儿子长大娶亲之后七天,和新婚妻子出外旅行,他们来到山边,妻子看到山崖上一朵美丽的花,心中非常喜爱,做丈夫的爱妻心切,就不顾危险去摘花。当他爬上山崖准备摘花,一不小心失足坠落山谷,当场一命呜呼! 做妻子的痛不欲生,长者夫妇更是肝肠寸断。

长者来到佛前请示:为何儿子年纪轻轻即遭此横死? 佛陀告诉他:"过去生中有一位少年很喜欢猎鸟,在他猎鸟时,旁边有三个人总是欢喜称赞,就是因为这个业因,今生才有这样的报应。那个猎鸟的青年就是你的儿子,旁边那三个称

赞的人,一个是他的妻子,另外两个就是你们夫妻。"

别人杀生时,我们如果站在旁边欢喜赞叹,杀生的人将受短命之报,欢喜赞叹的人一样要遭受苦报,这就是因果循环。

若遇前后父母恶毒者,说返生鞭挞现受报。

前后父母也就是为人继父后母者,或是有的人自己没有生育,领养别人的小孩,对于非亲生子女起狠毒的心,百般虐待者,将受现世业报。

在我幼年时,几条街道外的一户人家,女主人领养了一个小女孩。小女孩被放在木箱子里,从来不曾吃饱,由于营养不良,导致双脚不良于行。女人嫌这个孩子要死不活的,有一天竟然拿滚水烫她,小女孩被烫得凄惨哀号,邻居听到才赶过来解救,后来虽然保住一命,整张脸却已经面目全非。

经过三年,孩子在皮肉溃烂下死亡。小女孩死后,养母的精神也告失常,原来是一位很爱整洁的人,后来经常看到她披头散发,坐在家门口抓头虱,过了一段日子,就再也没人看见她了。

虐待非亲生子女,现在你打他、虐待他,来世就会反过来受他鞭挞以还这一世的债,这是一定的道理,也就是因果。

若遇网捕生雏者，说骨肉分离报。

如果遇到用网子捕捉鸟禽，或者破坏它们窝巢的人，地藏菩萨就告诉他，未来会遭受骨肉分离的报应。

雏鸟非常脆弱，必须由亲鸟出外觅食回来喂食，如果亲鸟被捕捉了，巢里的幼鸟势必饿死。捕鸟者拆散鸟禽的眷属，将来也会同样得到骨肉分离的报应。

若遇毁谤三宝者，说盲聋喑哑报。

地藏菩萨如果遇到毁谤三宝的人，就会提醒他："不要毁谤三宝，毁谤三宝的罪是很重的，将来要受盲聋喑哑之报。"

每个众生都有病，不是生理就是心理上的毛病，所以佛陀示现人间，解救众生的病痛以及六道轮回的苦趣。佛如医王、法如良药，医师开出药方，我们要善用药方不要丢弃；僧就像看护者一样，医师开了药方，还需要照顾病人的看护，这三项条件具足，病人才能治愈。

我们对于佛、法、僧三宝应该发心拥护，才是功德无量，也是救济众生的良方。如果不能拥护佛法，反而毁谤三宝，自己不能生出信心，又断别人的信根，这是业上加业。我们也千万不要认为毁谤三宝之后，只要请出家人诵经即可脱罪，这是不可能的。

自作要自受,将来辗转堕在地狱、饿鬼、畜生道中,刑满后再生为人,还要受眼盲、耳聋、说话不清楚的折磨,这就是过去生毁谤三宝的业报。因为三宝是救世法宝,能灭世间诸苦,如果没有佛法僧的救度,世间将永处黑暗;毁谤三宝就等于毁灭世间的明灯,罪报当然很重。

若遇轻法慢教者,说永处恶道报。

轻法即轻视佛法,对贤哲圣人的教化起贡高我慢心,对法轻视、对人贡高也就是"轻法慢教"。佛法乃救世良方,僧与贤人乃护世之人,我们应该起敬重心,如果对法不能尊重,对弘法的人又起贡高我慢心,这种罪业将使他常堕恶道。

若遇破用常住者,说亿劫轮回地狱报。

常住,这里指伽蓝,即是僧众所住的地方。十方之人来到寺院就是想要修行,出家人依靠施主的供养,施主也以欢喜心来供养出家人,所以来到寺院的人都应该好好爱惜物品,如果任意取用或毁坏,即是破用常住,以后要受地狱之报。

若遇污梵诬僧者,说永在畜生报。

如果对于出家修行者生起染污心、不清净念,甚至在行动上侮辱出家人、诬赖出家人,地藏菩萨告诉我们,这样的人会永远处在畜生道中。

佛陀成道后度了许多人,引起一些外道者的不满,所以欲破坏佛陀与弟子们的声名。

他们买通一个女孩,教她在腹部绑上木盆假装孕妇,然后在佛陀为大众说法时,当场指责佛陀与她有染。在座众生惊讶不已,佛陀却只是静默着不发一语,此时女孩腹部上的木盆忽然掉了下来,谎言不攻自破。类似这样的事件,都曾发生在佛陀与弟子们身上。

"污"即对出家人起了不清净心,"诬"即毁谤,莫须有的事都捏造出来毁谤。如果有污梵诬僧者,这种邪恶的人心比愚痴的畜生还不如,所以后来会受到永堕畜生道的报应。

若遇汤火斩斫伤生者,说轮回递偿报。

如果遇到以汤火斩斫伤生者,就告诉他不要如此,否则以后自己也必须回过头来接受这种报应。

汤火斩斫伤生,就像一般人杀鸡,首先将脖子上的毛拔掉,刀子往脖子上的血管割下去,让血流出来,等到锅子里的水烧滚了,就将整只鸡放进滚水里烫,准备拔毛。要是鸡只还没有死,有时还会拍动翅膀想要爬出锅外,做垂死的挣扎,这就是汤火斩斫伤生者。

也曾听说有人将整锅油烧热,首先丢入一整块豆腐,接着将活生生的泥鳅投入油锅中,泥鳅受不了热油,立刻钻入豆腐之中。这也是汤火斩斫伤生者,如果造下这种业,往后将会受到轮回递偿报,曾加诸其他生命的折磨,都会回到自己身上受报。

万物平等,并非只有人的生命才有价值,而畜生的生命就没有价值,只因为过去生它造了畜生的业,今生才会受畜生之报。一切众生皆是贪生怕死,所以我们应该有推己及物的心,好好爱护生灵,不要为了满足自己的口腹之欲,使其他生灵受尽痛苦;现在吃起来愉快,来日该我们被杀时,可就痛苦了。

过去既然已经吃了,现在要好好忏悔,今后就不要再吃。我们不要以强欺弱、弱肉强食,一切众生中最狞恶的非人类莫属,人类吃尽众生肉,没有什么不能下肚。看看兽类中最凶猛要算是老虎,但是老虎吃人的机会少之又少,人要吃老虎肉倒是容易多了。

若遇破戒犯斋者,说禽兽饥饿报。

我们既然学佛就要守戒,假如学佛却不守戒,后来会投生为禽兽,并且受到饥饿的报应。这里所说的包含在家五

戒、沙弥十戒、菩萨四百戒、比丘二百五十戒、比丘尼五百戒，凡是破了戒律与威仪者，后来会落入饥饿的禽兽之报。

"破戒犯斋"，斋是指过午不食之斋戒，而不该杀的我们去杀叫做破戒，不该食的时候我们去吃就是犯斋。若能保持"过午不食戒"当然好，不过现在很少人能够如此，因为现代社会步调紧张，精神上的负担也重，体力上的消耗自然就大，如果身体不堪负荷无法持斋，佛也是容许的。

若遇非理毁用者，说所求阙绝报。

非理毁用就是没有节制的使用。世间的一切物质皆应依照所需而使用，不需要的时候就不要浪费，不该用的就不要去用，不该吃的也不要去吃。我们是为了维持生命、维持道业而饮食，千万不要为了满足口欲而吃。

《食时五观文》有云："计功多少，量彼来处。"当我们端起一碗饭时，要想想这碗饭从何而来，要花费多少人的血汗才能成就，所以要量彼来处，心存感恩。同时还要估量自己的功德是否堪得受用这碗饭？修行人的饮食是为了维持生命，以成就道业，如果能这么想，我们就会好好爱惜食物，不浪费任何资粮。

世间的物品同样也有它的生命，称为"物命"，能够使用的期限就是它的寿命，我们如果任意毁损，等于是杀害物命。

有的人高兴时买了很多东西,但是一发起脾气就拿来乱摔,等到东西摔坏了才又后悔,这都是非理损害、非理使用,如果这样,将来就会受到所求不圆满、物资匮乏的果报。

若遇吾我贡高者,说卑使下贱报。

贡高我慢会障碍道业,一个人如果贡高将为人唾弃,有的人在名利双收时就得意洋洋,对下属没有丝毫爱心;做老板的不尊重员工,或者上司轻视部属,这都是属于贡高。

人无法永远处在权贵的地位,更无法保有永远的富裕。因此,一朝得意时,应该多想想未发达之前,更要想想以后的人生,当我们生活顺遂时,更应该拿出爱心来待人,不要有贡高我慢的心理。

地藏菩萨如果遇到贡高我慢的人,就会为他解说"卑使下贱"的报应。民间有句俗话"十年风水轮流转",在社会上,我们也曾看过职员变为老板,而老板却变成员工的例子。由此可见,人不一定永远都是意气风发,所以要待人以宽爱,不要有贡高我慢的心理。

若遇两舌斗乱者,说无舌百舌报。

两舌就是东家长西家短,颠倒是非破坏别人感情。我们应该知道"祸从口出",如果乱说话那是自招灾祸,有时候一句话就害得别人家破人亡,这就是造口业。

这种两舌斗乱者,未来会得到无舌或百舌的报应。"无舌"就是不能讲话;"百舌"则是讲话不清楚。

若遇邪见者,说边地受生报。

边地就是文化不发达,生活水准落伍又不开化的地方。我们的思想如果缺乏正知正见,以后纵然再出生为人,智慧还是不明朗,愚痴贫乏多所挫折,因此我们要求得正见莫附邪见。

如是等阎浮提众生,身口意业,恶习结果,百千报应,今粗略说。

前面所说的,如果遇到什么样的众生,地藏菩萨就为他说所造之罪,后来所感的报应。"如是等"指的是这些造业的阎浮提众生。

"身口意业"也就是身的杀、盗、淫,口的妄言、绮语、两舌、恶口,意的贪、瞋、痴等十种恶业,平时的不良习惯,造作了身口意的业因,结下未来的果报。因为每个人造业不同,所以有百千种的报应。

业因有强、弱,因此果报也有先报、现报、后报三种。"现报"是今生所做今生现报,像前面提到的不孝媳妇欺侮婆婆,今生不孝立刻遭到报应,这就是现做现报,大家都容易明白。

有些情况则容易令人感到迷惑,例如某些人多行不义、悖逆人伦,但是做起生意却一帆风顺,而某些人为人良善却处处不如意,这就要追溯他过去生所造的祸福。有的人过去造了大福,今生的善业还很大,福报还未享尽,所以今生造恶,现生未受报应,仍然继续享受剩余的福报,这就叫做"先报"。但是下一世是否还有福可享,那就不能保证了,一旦福报享尽,就是恶报现前之时,相对于现在就称为"后报"。

反过来说也是一样,有的人过去造了大恶,所以今生虽然行善,仍要受先前恶报的拖累,是为先报;而今生所造之善,则要等到来世以后才得善报,则是后报。

《慈悲三昧水忏》的造忏者悟达国师,就是经过十世之后才受报。十世之前的他身为西汉朝官袁盎,设计腰斩晁错,晁错死后怨恨难平,一直跟着袁盎伺机报复。

一直到第十世的悟达国师,因为得到唐懿宗的尊崇,并以沉香宝座供养,一时心生骄慢欢喜,上座时不慎撞了膝盖,从此化脓积秽形成人面疮,遍召名医都束手无策。悟达国师日日疼痛难忍,此时,突然忆起年轻时曾照顾过一位病僧,病僧痊愈离去前告诉他,日后如有灾难,可以到九陇山相寻。

原来这位病僧乃迦诺迦尊者的化身。悟达国师找到尊者之后,第二天尊者请一位孩童带着他到岩下,以三昧水清洗人面疮。

就在他即将掬水洗疮时,人面疮忽然大叫:"且慢洗,你可曾看过西汉史书上袁盎斩晁错的故事?"悟达国师回答:"我看过。"人面疮说:"过去的袁盎是你,晁错就是我。十世之中我都在找机会报仇,但是你十世皆为高僧,守戒严谨,所以我不得其门而入,十世的冤业无法可解。这回皇帝荣宠,因你'我慢心'起,业门开启我才趁虚而入,如今迦诺迦尊者既以三昧水解除你我冤结,我愿意与你了结这段恩怨。"

悟达国师听完毛骨悚然,随即引水洗疮,一时之间痛彻心扉昏死过去。醒来时,人面疮已经痊愈,至此悟达国师有所警悟,因而书造《水忏》,提醒世人忏过迁善。

由此可见,对于业报,有的人是现做现报,有的人是来生才报,更有人是隔了好几世才报,都要看各人因缘。悟达国师因为持戒精严所以屡报不果,但是并非就此消业,只要造了业,迟早都会受报。

我们学佛一定要有甘愿的精神,业报来临时要欢喜接受,欢喜受完了,苦报自然可以解脱。

"今粗略说",我现在只是简单地说明而已。

如是等阎浮提众生业感差别,地藏菩萨百千方便而教化之。

阎浮提罪业众生，他们所造的罪与应受的报应尽皆不同，地藏菩萨以其广大誓愿，开种种方便而为教化。按照众生所造之业，告诉他将来会受什么样的报应，使其心生警惕改过迁善，这就是地藏菩萨观时观机苦口婆心的教化。

是诸众生先受如是等报，后堕地狱，动经劫数无有出期。是故汝等护人护国，无令是诸众业迷惑众生。

众生如果造了不孝、忤逆、杀生、破戒犯斋等种种恶业，在受了应得的报应之后，还要堕入地狱，动不动就要经过数不清的长久时间，想要脱离恶道难如登天。

因此，佛陀叮嘱四天王："你们要好好拥护世间的人，保护世间的国土，不要让杂染的境界来诱引众生起惑造业。"四天王与娑婆世界的关系十分密切，所以佛陀殷切地交代四天王善加守护。

四天王闻已，涕泪悲叹，合掌而退。

四天王听了之后悲哀叹息。因为他们真正了解了佛心，感受到无缘大慈、同体大悲的胸襟，同时也将众生视同自己的亲属，看见亲属遭遇业报而受苦，自己又怎能不心痛呢？

四天王已经体会到佛菩萨大慈大悲的心，所以为众生悲

叹。因为阎浮提众生志性不定,就像最简单的发心吃素,试个几天就忍不住想吃肉,认为不吃肉会手脚发软。事实上素食者只要做好饮食调配,非但不会营养不良,同时医学上也证明素食者的身体健康,精神充沛。

众生学佛不能恒持别无理由,主要就是志性不定。所以佛为我们感到悲哀,四天王也为我们悲叹,悲叹地藏菩萨发此大愿,众生却无法体会。但是,众生不能体会佛心与菩萨的志愿,佛陀还是一再殷切交代四天王多加拥护,四天王既感动又为众生悲哀,因此涕泪悲叹,恭敬地合掌而退。

这部经从《忉利天宫神通品》开始,就已显出佛教的孝道精神。《分身集会品》中,佛陀正式宣告地藏菩萨与众生密切的关系;佛已经将众生交代给地藏菩萨,付嘱地藏菩萨在佛灭度后,一直到弥勒佛出世这段时间,好好地教化众生,使之解脱。

《观众生业缘品》中,摩耶夫人关心阎浮提众生所造之业,因而向地藏菩萨提出疑问。地藏菩萨为之分析众生所造诸业,所感之报有无间地狱、十八地狱、五百地狱乃至千百地狱,这是警惕众生切勿任意造业。《阎浮众生业感品》是说我们的身、口、意很容易造业,造业之后所受的果报实在很可怕。

这四品经文,大家若能反复思量,就能了解地藏菩萨的大悲心。我们是佛教徒,如果希望佛菩萨不舍离我们,能够

接引我们,首先就要制造被接引的机会。地藏菩萨说,只要众生有一毛、一渧的善念,就有机会得到救度;机会是自己创造的,学佛者千万不要自我逃避。

地獄名号品第五

尔时普贤菩萨摩诃萨白地藏菩萨言："仁者,愿为天龙四众及未来现在一切众生,说娑婆世界及阎浮提罪苦众生,所受报处地狱名号及恶报等事,使未来世末法众生知是果报。"

　　"尔时"是指佛为四天王讲完地藏菩萨在地狱,及阎浮提中教化众生的形态之后,这时,同时参与法会的普贤菩萨,接着启请地藏菩萨做进一步的解说。

　　普贤菩萨显发佛的理德,理即事理,此外还具有定德与行德,以定入圣,以大行为缘,因而称为大行普贤菩萨。当我们看到普贤菩萨就会联想到文殊菩萨,文殊菩萨所具备的是智慧,他的慧德完具、证德具备,所以称为大智文殊菩萨。

　　文殊与普贤二位菩萨合起来,则是理智双全、定慧双具、行证兼备。我们经常看到寺院佛殿中所供奉的,中央是释迦牟尼佛,左右分别为文殊菩萨与普贤菩萨,这称为"华严三圣"。若是阿弥陀佛立于中央,左边观世音菩萨,右边大势至菩萨,则称为"西方三圣"。

　　根据《悲华经》中的记载,普贤菩萨为阿弥陀佛过去因地为无净念王时的王子,他于宝藏佛前发愿,要在和娑婆世界一样不清净的国土,行菩萨道救度众生,以其行愿殊胜,宝藏佛为他更名为普贤。"普"乃普遍,指其度生之愿遍及一切世界;"贤"即贤德,以其发心之殊胜故名。

普为众人所知的四大菩萨,观世音菩萨代表"悲",文殊菩萨代表"智",普贤菩萨代表"行",而地藏王菩萨则代表"愿",四位菩萨的愿力能包含佛教所有的精神。

大智慧帮助我们深入经藏;大悲心的提倡,指引我们以慈悲的精神来救世。学而不行,无法到达圣地,犹如耕田却不撒种,结果仍是枉然,因此具备了智慧与慈悲心,接着一定要身体力行,普贤菩萨就是代表勇猛力行的精神。再者,地藏菩萨是大愿力的表征,虽肯力行若无大愿也无法持久,因此愿力亦是不可缺少。

佛在忉利天宫宣扬地藏菩萨的弘愿,以及种种地狱形相后,再来就由普贤菩萨请教地藏菩萨:"仁者,希望您能为天龙四众以及未来、现在的一切众生,解说娑婆世界及阎浮提罪苦众生,如果造了什么业,就会堕入什么地狱,受什么样的恶报,使大家心生警惕,注意自己的行为。"众生若不能详细了解地狱果报的可怕,很容易就疏忽懈怠,因此普贤菩萨慈悲启问。

地藏答言:"仁者,我今承佛威神及大士之力,略说地狱名号及罪报恶报之事。"

地藏菩萨于是回答:"仁者,我现在承着佛的威神力,略略解说各种地狱名号,以及罪恶众生受报的情形。"地藏菩萨十分谦虚,长久以来为了众生忍苦耐劳,但是当普贤菩萨请问他时,他就把自己度生的成就,全部归功于佛陀的大威神力,以及菩萨大士们的支持。

> 仁者,阎浮提东方有山,号曰铁围,其山黑邃,无日月光。

这里的"仁者"是地藏菩萨称呼普贤菩萨。广义的"阎浮提"即是指娑婆世界。娑婆世界的东方有一座山,名为铁围,其实也就是地狱,那座山又黑又深,日月光明无法照射进去,伸手不见五指。

> 有大地狱号极无间,又有地狱名大阿鼻。

在黑暗深邃的山中,有大地狱名为"极无间",极无间地狱中又有一个大阿鼻地狱。大阿鼻即大寒大热,痛苦毫无间歇之处。"阿鼻"是梵音,"阿"是无的意思,"鼻"是遮或救的意思,阿鼻就是无遮无救之意。

我们在娑婆世界,阎浮提内的一举一动,语默动静、开口动舌,所造的善恶皆逃不出因果业力;"无遮"即不能隐瞒之意,只要我们在阳间造下什么业,一到阴间绝对没有强辩与隐瞒的余地。如果在阳间造了五逆十恶之业,更是罪重难

逃,无法可救,舍此身形就直堕阿鼻地狱,所以说无遮无救。

五逆罪为人间极恶,杀父、害母、出佛身血、杀阿罗汉、破和合僧,此五者称为五逆罪。经中一再提倡要孝养父母,也要恭敬三宝,只要犯了五逆罪其中一项,四大散坏时即堕阿鼻地狱。

《佛说观佛三昧海经》提到:"阿鼻地狱纵广八千由旬,七重铁城,七层铁网,刀林剑林等各各七重,各有十八寒冰等狱。"戒备森严非人间牢狱可比拟,罪人一入此中,脱逃无门。

复有地狱,名曰四角。

复者,乃阿鼻大狱之眷属地狱,其类甚多,故以"复有"二字来说明。

有的人在阳间时,非真出家却自称出家,甚至在家人也自称出家,其实根本毫无修行,对世间的娱乐歌舞、戏笑等等样样具备,所以心中爱染、淫乐而不清净。这种人死后要堕于众合大地狱,地狱的四周都是铁造的墙壁,四面有火由上面往下烧,熔化的铁汁从上面滴下来,罪人的身体随时被烧灼燋烂。

除了实非沙门自称沙门者会入四角地狱之外,过去在人间斩斫众生手脚鼻耳、割其背肉,或者叫别人去做的人,将来也会受生于四角地狱中。

一般世俗人都曾杀过鸡鸭,过去我们无知时犯了错,现在听了法,就不要愈陷愈深,要及时回头,从现在开始不再犯,否则以后堕入四角地狱可就痛苦了。

复有地狱,名曰飞刀。

飞刀者,即是刀轮地狱,其中四面都是刀山,众山之中尖刀堆积如砖,在虚空中尚有刀轮上下转动,刀剑就像雨水般落下来。罪人来到这里当然身首异处,布散狼藉,就像一般人到肉摊上,看到肉贩在制作绞肉一般,一下子就粉身碎骨。

这些罪人都是过去在人间指挥别人打仗,或是在社会上惹是生非打架斗乱,或者供应刀杖武器让人打斗者,等到一下阴间就是这样的下场。

如果进入刀轮地狱,遍地都是分散的尸体,而且并非死一次就了结了,在血肉模糊之后,若是业未尽者还会回复原状,继续经历刀轮地狱之苦,一日之中万死万生,是极痛苦的地方。

所以我们要好好警惕自己,并非大恶不做就好,就算再小的恶事都不要去做,而且也不要怀疑人死后是否真有地狱,真的有轮回?现实的世界中即有如同地狱中的惨况,所以因果循环丝毫不差,绝对没有侥幸。

复有地狱,名曰火箭。

　　火箭地狱即五百亿铁机地狱,到处充满铁制的机关与刑具。有一张铁床长宽四百由旬,上面设有万亿个铁制弹簧弓箭及镞头,更有百亿锋利的刀刃。受罪的人死后生在铁机之上,无量的铁弓同时俱发,每一枝箭都射中罪人的心,一日一夜之间要受六百亿次的生死。

　　会堕在火箭地狱的都是一些不明事理的愚痴众生,一味沉溺于贪欲之中,不孝父母,不敬师长,不能依循善法而行,恣意杀害众生,这种人死后就会来到火箭地狱。

复有地狱,名曰夹山。

　　夹山地狱即众合地狱。由于地狱中的狱卒十分凶恶,所以罪苦众生看到狱卒都惊慌而逃,奔逃到两座山之间,两座山就自然合起来,然后像石磨般开始研磨,其中罪人血流成河,骨肉皆烂。生在这个地狱的人,就是平时从事研磨众生行业的人。就如很多人喜爱吃肉酱、瓜子肉,现在你研磨众生,来日落入夹山地狱,其中的狱卒就来磨你,这就是因果。

复有地狱,名曰通枪。

据说罪人在度过粪屎地狱之后，接着来到通枪地狱，见到剑叶地狱心生欢喜，就会不由自主地走入剑林中。这是业力的牵引，一入其中发现遍地刀剑锋刃，进退不得之际，双脚及身体备受钻刺之苦，两脚溃烂不已。

什么人会走上这个地狱呢？就是喜爱杀生者，不但杀生且喜战斗、心无慈悲之人，死后就会来到通枪地狱。

复有地狱，名曰铁车。

《楞严经》云："思报结息，则为火车。"思报结息也就是人不要有怨恨心，只要有怨恨心，时时刻刻都会生起报复的心念，这样就难免造罪受报，堕入铁车地狱受苦难尽。

铁车地狱即是将纯铁铸造的车子以火烧红，令罪人以手拖车，以身挡车。在《贤愚经》中提到释迦牟尼佛在未修行前，也曾下到这个地狱，当他看到一位老人拖着火车受于极苦，不由生起一念慈心，发心代替老人受罪，狱卒见到他替老人拖车，持着棍棒喝斥他："你自己是个罪人，怎么可以代替其他人受罪？"狱卒发怒了，一棒敲碎了他的头，他就此脱离地狱，转生为人之后开始修行。

他在过去生中曾在苦中尝苦，于铁车地狱内发了这分慈心，因而消除了业报，可见慈悲心的功德有多么大。但是慈悲心不只是发那一念而已，更要持续发心，他从那时开始保持慈心不断,因此不但脱离三途苦报,最后并且成佛济度众生。

我们要向佛陀学习慈心,坏的事情一点也不能做,好的事情则要好好提倡,如此才能避开地狱苦果。我们要相信地狱之苦,更要避免地狱之业,若是以身试法,一旦落入地狱将万劫不复。

复有地狱,名曰铁床。

铁床地狱中的铁床很大,铁造火烧,前面也说过了铁床地狱的景象,实在是非常痛苦。在生之时多邪淫者,死后要受卧铁床、抱铜柱的罪刑,全身烧烂,受苦不绝。

复有地狱,名曰铁牛。

罪人若生在铁牛地狱,将以滚烫的铁绳缠绕罪人,再由烧红的铁牛拖拉罪人,受苦的情形悲惨难堪。这就是在生时蛮横无理,扰乱国家、社会及一切有情,死了之后就堕入铁牛地狱。

在世为人应该要好好守法,仁、义、礼、智、信缺一不可。我们若不守法,光做一些扰乱社会的坏事,将来就有铁牛地狱等在后头。

复有地狱，名曰铁衣。

生在铁衣地狱里，狱卒凶恶骂詈罪人，使罪人畏惧，接着命令罪人站起来不可乱动，这时就有无数火红的铁衣从空中飞下，只听到受罪的人叫着：衣服来了，衣服来了！铁衣各各飞下缠缚罪人，罪人立时皮开肉绽。等到罪人皮肉焦烂，铁衣又自然脱去，如此反复不断。

这就是过去在人间时没有慈悲心，用鞭子笞打一切众生，使众生皮肉受苦，如今自己也要受报。所以，一切生灵我们都要拿出慈悲心来爱护，否则死后将会落入铁衣地狱。

复有地狱，名曰千刃。

我们能够知书识礼，一定要从师而学。尤其是佛法，想要知道生从何来、死往何去，想要了脱生死，一定要皈依宗教。既然皈依就要承受师教，依教奉行，如果皈依却不肯依教奉行，绝对无法得到利益，仍旧在世间继续造业，根本没有进入善门。

有的众生不顺师教，更加兴起恶逆心，不能体会师长的恩泽，还盗取师长、三宝所有物，或对法师起了毁谤的心理；任意污染法师的饮食，坐法师所坐的座椅，动用法师所使用的钵、碗、杯子等不尊重的举动，甚至骂詈毁谤师长，打杀伤

害师长等等,死后都要入千刃地狱。

做了以上非法之事而没有惭愧心者,或是杀害父母、兄弟姊妹的人,如是罪人命终之后即入地狱,坐于大剑床上,百亿剑刃俱出,猛火烧刺其身,受苦无穷。

我们都是佛教徒,对出家人一定要起恭敬心,进入寺院大殿,中央那块拜垫不能使用,那是方丈所使用的,任意乱用就是不恭敬。进入大殿,只要在两边礼拜即可,这才是合于规矩又表示尊重。日常之中虚心接受师长教导,绝对不可存有恶逆之心,否则千刃地狱可就有份了。

复有地狱,名曰铁驴。

铁驴地狱是热铁所成,只要罪人一接触,身心俱烂、五脏六腑破裂。这大多是由触报所招感,也就是在人间时,夏天喜欢穿细软的华服,冬天喜爱皮毛制品,因为皮毛均取自兽类——为了人类的虚荣,不知牺牲多少兽类的生命——因此喜爱穿着皮衣而伤害生命的人,将来要堕入铁驴地狱。

《楞严经》云:"触报招引恶果。"此狱是不顾其他生灵,伤生所招引的恶果。这些人在临命终尚未断气时,业障现前,神识会先见到一座大山从四面合来阻断去路;死后神识便会来到大铁城,看到火蛇、火狗、虎、狼、狮子、牛头狱卒、马头罗刹等等恐怖景象。

复有地狱,名曰烊铜。

烊铜地狱又称饮铜地狱,饮铜地狱有一千二百种杂色铜车,每一铜车上有六千粒火烧的铜丸。

若有众生在世之时,悭吝不肯布施,自己有钱却不肯让父母妻子使用,做一个守财奴;悭贪之外更有嫉妒的心,嫉贤妒能,自己不能做还毁谤他人;邪见不教善之外,还恶言拆散人家,败坏风气。见到别人得到利益,他就愤恨难消,好像万箭穿心,这种人在命终之后,将会生在铜车之上。

生在铜车上,肚子饿了喝的是熔化的铜汁,喝下铜汁后痛得昏死过去,醒来之后又叫肚子饿,这时狱卒会以铁钩拉开罪人的嘴巴,将铜丸置入口中,一共吞十八丸。当铜丸由喉咙进入时,全身每一寸骨肉都像火在燃烧一样,非常痛苦,这种罪人千万亿岁不知道什么是食物,因为他口渴时喝的是铜汁,肚子饿的时候则吞铜丸。

所以做人千万不要有悭贪的心理,人与人之间相处一定要有恭敬心,要赞叹贤人,别人有成就,我们要起随喜的心,如果能够这样,烊铜地狱我们自然就不会去。

复有地狱,名曰抱柱。

世间有愚痴众生,身心不清净充满爱染,命终之后就会

生在铜柱上面,猛烈的火焚烧他的身体。当罪人由上向下看时,男人会见到下面的铁床上有很美的女人,女人则见端正的男人,心里一起爱染就忘记自己身处险境,从铜柱上往下投身,转眼间铜柱贯穿其身,落在铁床上有焰火猛烈烧灼。这就是邪淫者的报应,一日一夜之间,死去活来有九百亿次之多。

由此可见淫欲心之可怕,佛戒出家人一定要断淫,在家人则要守好夫妇之道,绝对不去贪染外色,免得受报时痛苦难堪。

复有地狱,名曰流火。

流火地狱又称雨沙火地狱,众生到底造了什么业而生于流火地狱?这是因为在生时喜爱杀生、偷盗、邪淫、饮酒、妄语,而且充满邪见,有了这种恶因,命终时即堕此狱,空中落下滚烫的沙土掩埋罪人,使其遭受极大苦恼。

所以学佛的人要守持五戒,不杀生培养慈悲心,不偷盗守正义,不邪淫守礼节,不饮酒守智,不妄语守信。五戒就是人生的五常,若能将五戒守持得好,就不用向地狱报到了。

复有地狱,名曰耕舌。

落入耕舌地狱的罪人,是世间智慧不开的愚痴众生。他们被世事迷惑,搬弄是非、恶口两舌,是法说非法、非法说法,真正的正法他不能接受,当然不能以知识来劝导众生走入正途。

对人只说谄媚的话与不义语,现时造了口业,死后神识一投到地狱苦趣,舌头就会被牛拉开,接着用锐利犁具来耕,这是一种很痛苦的报应。

愚痴的众生对道理不透彻,有时妄说是非。明明知道自己所说的有所疏漏却又强辞夺理;明明知道别人受到冤枉,但是为了恼乱他人,却昧着良心去冤枉人。

或是"说经典过、毁论议师",这也都是造口业。我现在讲《地藏经》,有的人或许会认为:为什么每天都在谈地狱?这部经这么浅显,实在没有什么价值。殊不知经中所述无非是要唤醒我们的心,防止我们一步之差陷入苦境。

为此,地藏菩萨苦口婆心地讲说地狱形态。有的人却认为自己所学的比这个高深,自以为了解真空妙有的道理,地狱只不过是心所造作的,所以地狱是空的。如果是这样,就抹杀了这部经典规过向善的作用,这是错误的观念。

若是犯了以上种种罪报,命终之后会堕至犁耕地狱,舌头被拉出来以牛拖犁耕开,这是很可怕的事。所以希望大家要记住我们常说的,"开口动舌无不是业,无不是罪"。

复有地狱,名曰剉首。

过去喜爱杀害众生的生命,对畜生起虐待的心理,喜好打破众生的头,对于含毒的生灵,例如蛇、蝎、蜈蚣等更是不肯放过,有了这种罪业,日后将会受到剉首碎头之报。

精舍这里经常发现蛇类,我们通常都是小心地把蛇赶进布袋里,然后带到后山人迹罕至的地方放生。有的人说打死一条蛇胜过吃三年清斋,为的是怕它伤害人类,其实,我们怕蛇,蛇看到我们更害怕,众生若是互不伤害,就能相安无事。

复有地狱,名曰烧脚。

烧脚地狱又名热灰或灰河地狱,烈火燃烧后将铜铁烧得熔化了,既烫又浓稠,就像热灰形成的河流,用以烧灼罪人。

每次看到这段经文就使我想起日据时代,当时美机轰炸,炸弹击中一座糖厂,厂内的糖经过高温熔化成糖浆流到外面,整条街道上覆盖了厚厚的糖汁,许多人走避不及,两只脚被烫得皮开肉烂。当时我八岁了,已经晓事,所以每当看到这段经文,就会想起当时的情景。

烧脚地狱中镇日里都有烈火燃烧,而地狱刑具无非是铜是铁、是石是火,铜铁熔化之后就好像糖厂流出来的糖浆一样。

罪人刚从其他如耕舌地狱、剉首地狱等,受毕罪报出离,看见外面的热灰就好像平坦的空地,心中起了欢喜心,随着业力牵引,不由自主地往前走去,当他两脚一踏,皮肉便被烫得碎裂溃烂。

来到烧脚地狱的罪人是因余业未尽,在其他地狱受报之后,又来到烧脚地狱继续受罪,两脚踏下去,热灰的深浅视其罪业而定,有的人到膝盖,有的人深及肚脐,有的人就到肩膀,甚至有的连头都没入其中。这就是过去做人的时候,将其他生灵放在火中烧烤等等,例如:烤活鱼、烤小鸟,活埋蟋蟀、蚱蜢、昆虫幼虫等等,将来就会遭受热灰地狱的报应。

复有地狱,名曰啖眼。

受罪的人如果来到啖眼地狱,会进入一座剑树铁林中,浑身被剑树刺伤。铁林之中又有铁鹫鸟在空中飞翔,时而飞下来啄破罪人的眼睛,饮其眼汁。

受这种罪报的人,就是在生时不但自己喜爱喝酒,还要拿酒给别人喝,劝人喝酒使人迷醉,这种酗酒成性的人,将来就会堕入啖眼地狱。

复有地狱,名曰铁丸。

堕在铁丸地狱的众生,肚子饿了就食热铁丸。世间的愚痴众生,每每毁谤布施的功德,劝人将钱财尽作已用,这是妨碍别人造福行善。佛法多劝人布施种福田,现在勤于布施,来生才能得福;愚痴的众生不但自己不肯布施,还耻笑布施的人:"真傻,赚钱不会留着自己用。"一再阻止别人布施、谤无功德,劝人多积蓄多悭贪。

这种人命终之后会生在铁丸地狱,其中满布铁蛇,无论罪人走到哪里,都有铁蛇吐出毒气,凶猛恶毒地缠住罪人的身体,使他每一处关节都像火在烧烫一般。这时他就会哀求天降甘霖,为其浇灭身上的热苦,结果不是降下甘露,却是降下无数的大铁丸,一一往罪人的头顶投入,再由脚下窜出,受罪众生痛苦哀叫,万毒并至。

所以,我们一定要培养随喜赞叹的好心念,千万不要有阻止别人布施的心态,否则堕入铁丸地狱,那是难以想象的痛苦。

复有地狱,名曰诤论。

此中罪人在世时,每喜与人争论,凭着世智辩聪唯恐人不知己,到处与人争辩,强辞夺理。不知反省自己,只知论人长短,口业过失再加上贪念嫉妒,为了讨好别人却又绮语、妄语,殊不知妒贤嫉能一样造下罪业。

因此,在临命终时就好像风刀在切割身体一般。一般刀子切割时只是身体部分的疼痛,但是风刀解体,则是全身疼痛难忍,罪人尚未断气就已感到痛苦不堪。断气后堕入诤论地狱,续受锐利的刀剑一块块宰割其身。

复有地狱,名曰铁铁。

铁就是刀斧。《长阿含经》中称铁铁地狱为剉斧地狱,长宽有五百由旬,罪人一入此狱,瞋怒的狱卒就将罪人抓起来摔在热铁之上,以热铁铁砍斫罪人的手、脚、耳、鼻、身体,使罪人痛苦悲哀地惨叫。倘若余业未尽,就算受尽极苦也不会死亡,罪人被剁碎的身体很快又会长出来,而后再经千刀万剐。

复有地狱,名曰多瞋。

多瞋和诤论虽然分成两个地狱,但是皆出于同一个业因。诤论是起于贪心与嫉妒,论人长短造了恶业,贪嫉之人亦多瞋恚,见不得别人好就多加毁谤,死后即堕多瞋地狱。

子曰:"爱之欲其生,恶之欲其死,既欲其生又欲其死,是惑也!"我们爱一个人的时候,什么都好,就算是错误的事情也会加以袒护,但是若讨厌一个人,即使对方没有错也要鸡

蛋里挑骨头,这种情形皆由贪嫉而起。

有了贪嫉多瞋恚的因,感得果报之后就要生到多瞋地狱中。又因为喜爱道人长短、阻碍别人布施的恶因,生到地狱时手脚自然生出铁爪,锋利得像半月形的刀子,罪人之间互相看不顺眼,便以铁爪相互攻击,斗争不息。

我们应该知道,一切恶业的报应,都是因为我们的心有了虐待生灵的恶念。如果我们有爱心,自然就会保护生灵,彼此相敬、谨慎言行,看见贤者能起欢喜心,随喜赞叹,就不会被瞋恚喜虐的业因所驱使,以致杀害众生堕落恶报。

以上叙述了二十多个地狱,其实还不只这些。前面由第三品开始即进入地狱苦状的引述,我们一定要深自警悟,人生中造业的机会很多很多。因为外面的境界会诱引我们的心,结下贪瞋痴的罪业,结业连仇,连仇造业,这么一来地狱之报可就难逃了。

地藏白言:"仁者,铁围之内有如是等地狱,其数无限。"

地藏菩萨介绍完上面二十二个名号地狱之后,他又接着向普贤菩萨说:"仁者啊!铁围山里面的地狱,不只以上提到的那些而已,后面还有许多附属的小地狱,数量不可称说。"

更有叫唤地狱。

为什么会堕入叫唤地狱呢？这是因为在生时爱发脾气，心中又常怀毒念。不但发了脾气还计量在心，时时计谋着恶事，所做的都是恶毒的行为，有这种心行的人，以后就要堕入叫唤地狱。

不但瞋恚怀毒必须堕入叫唤地狱，有的众生信奉邪法，更以偏思邪行诱引众生走向迷途。自己受了五欲的牵绊，所做的都是不正当的行为，并且显异惑众，这种人将来要堕入大叫唤地狱。

这个地狱的狱卒脾气很坏，因为他们所针对的就是脾气恶劣的众生。狱卒看到造罪的众生一来，便凶恶地将罪人丢入滚烫的油锅中，使罪人接受最痛苦的煎熬，在锅中声嘶力竭地号叫，罪刑却毫不停歇。

拔舌地狱。

即是前面叙述过的耕舌地狱。经云："彼妄语人，罪业力故舌受大苦，不能入口。"常出恶口、两舌、绮语、妄语之人，由于罪业的缘故，舌头会受很大的折磨，像是痛得食物无法入口等等，这都是由于平时多妄语的缘故。

粪尿地狱。

世间最不净的东西都出自人的身体,粪是大便,尿是小便。粪尿地狱中粪尿如泥,滚烫热沸,烟焰俱出,烧烫罪人的手足耳鼻、头目身体,宽五百由旬,罪人如果来到粪尿地狱会不断下沉,一直到咽喉处,只露出一个头,全身都沉在滚沸的粪泥之中。

这种人在世的时候多傲慢,认为自己有钱有地位,对条件不如自己的人生轻贱心;对比自己贤能的人,则生瞋恚嫉妒的心。有了这种心理就容易造恶业,造了恶业就会堕入粪尿地狱。

慈济的委员们经常会与贫困众生有所接触,看到大家都能放下身段,卷起裤管衣袖为人打扫脏乱的环境,这就是做到没有轻贱心。除此之外,在委员们的活动配合中,也要避免瞋嫉的心理,大家和乐共处,才能发挥最大的良能。

孔子的弟子子贡曾经提出问题:先生时常教我们不要骄慢,我可以做到贫穷而不谄曲,富有而不骄傲,先生觉得这样好吗? 夫子便回答,富而不骄、贫而不谄固然是好,但是比不上"富而好礼"更来得圆融啊!

富有的时候不但不骄慢,反而严守礼仪规矩,不轻贱他人;贫困的时候不会刻意谄媚别人,还能自得其乐,这就是我们应该学习的地方,不轻贱也不瞋恚。

铜锁地狱。

铜锁地狱即是铁绳地狱的眷属狱,彼此之间有连带关系。黑绳地狱中,设有八百个铁锁,八百座铁山,竖立大铁幢,绳子两头系在罪人的脖子上,狱卒罗刹就驱逐呼喊罪人,命令罪人行走在铁绳上,没有走好由上面落下来,就会掉入滚烫的大铁锅中。

在滚烫的热汤中受苦之后,罗刹就把罪人拉起来,罪人痛苦哀叫后口渴了,狱卒就令其喝铁汁、吞热石,一日一夜经历这种苦达九十万遍。

这是愚痴的众生,七众弟子——比丘、比丘尼、沙弥、沙弥尼、优婆塞、优婆夷、式叉摩那等等,非法说法,法说非法,或是犯了轻戒却久不肯忏悔,就会种下铜锁地狱之报。

我们不要以为皈依三宝即可不落恶道,皈依佛不堕地狱、皈依法不落饿鬼、皈依僧不落畜生,以为皈依之后就可以胡作非为,这是万万不可能的事,造业受报是不变的道理。

"皈依佛不堕地狱",意思是说过去我们的心地在黑暗中,常因无明而造恶,今天开始皈依佛陀,就要反黑归白、改邪归正,如果能这样,去恶从善之后,自然就不会堕入地狱。

假如我们在皈依佛之后,仍旧执著过去黑暗的路途,依旧邪思邪见,日后仍旧要堕入地狱。

我们进入佛门之后,应该多忏悔过去所造之业,改过向

善才能不落三途。假使入了佛门却无惭愧心,继续犯戒,以后就要堕落铜锁地狱,即使是佛也无法救我们,一切罪业自作自受。佛是开路的人,指引我们朝正道去走,才能得到安稳;众生若是不听指引,危险堕落在所难免。

火象地狱。

在《佛说因缘僧护经》中有一段佛与僧护的对话。僧护看见一只白象被烈火烧身,痛苦地号叫着,因而请问世尊是何因缘?佛陀告诉他:"你所看到的大象,其实并不是白象,而是落入地狱的人。""这个人为何堕入地狱呢?"

原来在迦叶佛的时代,有一位出家人在寺院中担任典座(厨师)的职务。某日,一位在家施主来到寺院要供养出家人,但是时间已经超过中午,寺僧们都用过餐了。

这位在家人虽知已经过午,但还是对典座僧说:"现在午时刚过才进入未时,可以打犍椎请师父们用餐。""打犍椎"就像我们的敲板声,用来通知大众。

结果典座师一听,随口发出恶言:"你以为这里的出家人都像大象一样吃不饱吗?既然已经吃过了,这些留着以后再吃就可以了!"就因为恶口的因缘,将其他出家人比喻为白象,因而堕入地狱,自己受白象身之报,烈火烧身,一刻都不能停息。可见口业的可怕。

我常常说,杀、盗、淫可能比较容易注意,但是口的妄言、绮语、两舌、恶口却很难预防,但就是因为难,才要更谨慎。我们所说的地狱形态,有很多都是口业所造,所以说话应该要慈言爱语,人与人之间更要彼此和气。世人往往仗势欺人,迫害异己,这样的人死了之后要堕火象地狱,或自受象身,或被狂象践踏。因此,做人一定要有爱心,不要有欺凌人的心理。

火狗地狱。

热沸灰河地狱中皆是铜铁熔汁,热烫难当。在河的两岸有地狱铁狗,身体被烈火熏得焦黑,污垢可怕,叫的声音也很难听,专门吃地狱众生的肉。

罪人在地狱中所受的苦非比寻常,堕在火狗地狱的罪人,皆是因为生前任意杀生;喜爱吃肉的人,死了之后也要被火狗生吃活啃。

火马地狱。

火马地狱中的罪人,大多数在生时多杀众生,命终之后就受火马践踏身躯的痛苦。或是有的人多瞋嫉,偏爱加害他人,时常开口恶言骂詈,最后就会堕入火马地狱,身形如马,

承受地狱猛火燃烧的苦恼。

火牛地狱。

火牛地狱就像前面说过的铁牛地狱。

火山地狱，火石地狱。

此二狱，即《起世经》中所谓的"众合地狱"。

众生到了此处，由于狱卒凶残暴恶，罪人一惊恐便逃入两山之间。不料前方起火、后无出路，俟罪人进入，两座山便挤压密合，将罪人磨碎，使他脓血外流，肉碎骨存。这时罪人受极大苦，但是怎么折磨都不死。

火床地狱。

火床地狱也就是前面说过的铁床地狱。

火梁地狱。

地狱中，铜梁、铁柱无非是铜、铁、石、火等物所成，有时将罪人吊在梁上用火烧烤，或以铁梁压在罪人身上燃烧，使

罪人全身烧得焦烂。

火鹰地狱。

火鹰地狱即是铁鹰地狱,也叫金钢铁嘴鸟地狱。其山火焰高达五千由旬,内中布满铁树,树上伏满铁鸟,鸟身火焰炽然。罪人一到了那里,焰鸟便啄破他的头,取出他的脑、眼、耳、鼻、舌等,还把他的心、肺、肝、肠一一啄拉出来。

受苦的时间长达百千岁,时时为铁鸟所啖。这就是在生时造了杀生、偷盗、邪淫、妄语、饮酒种种恶业,死后就堕入火鹰地狱。

锯牙地狱。

守狱者将罪人捉起来,丢向热铁所成之地,热铁上面充满锐利刀剑,火由下往上延烧罪人,接着以铁锯锯罪人身,纵横交错一块一块锯下来,锯完身体之后再锯牙齿。这些罪人是在世时,造下口的四种恶业所致。

剥皮地狱。

由于众生在人间造了恶业,果报成熟堕入地狱时,就有

猛热的大黑绳自空中降下，紧密地缠绕在罪人身上。

等到一阵风吹来，解开了身上缠绕的绳索，随着绳子松脱，身上的皮肉也跟着剥落，甚至连筋骨也抽痛破损，就是精髓也被吹落散尽，受极重的苦楚。

过去我住在台东时，有一次路过市集，无意间看到有人杀蛇，回到住处病了好几天。一条蛇活生生地被剥皮，当皮完全剥下来后，蛇的尾巴还不住地扭动。人的心真是残忍，就是因为残忍的心，才会感得地狱残酷的报应；地狱中的狱卒对罪人没有一点慈悯心，那也是因为众生太残忍了。

过去在人间时，如果以屠宰为业，为了自己的生活而屠杀羊、猪、牛、鹿，或者捕鱼捉鸟等等，由于这个业因，后来就会受生于剥皮地狱中。

饮血地狱。

饮血地狱即脓血地狱。《长阿含经》中描述脓血地狱，纵宽五百由旬，之前有锯牙地狱，火山、火石地狱等将罪人磨碎，罪人血流成河，地狱自然就有脓血。脓血流到饮血地狱变得滚烫，地狱中的罪人无水可喝，自然取脓血来喝，一喝下去，从口、舌、咽喉一直到腹部，无一处不溃烂，苦毒辛酸难以忍耐。

这就是众生残酷的心所招感，才会受此报应。我们若是多看多听、多了解这部经,就能彻底改头换面,了解造业受报是如此痛苦,应该好好警惕自己。

很多人听了这部经之后,不但不杀生,进一步还能吃素。因为他了解现在好吃肉,以后自己到了地狱,也要受同样大的折磨与痛苦,倒不如在人间就少与众生结怨。素食已足以养身,而且可以培养慈悲心,降低我们的瞋恚念,更不会和众生结怨连仇。

烧手地狱,烧脚地狱。

由于过去为人时,捶打践踏众生,以成此报。有的人走在路上,只要看见虫蚁就要践踏杀害;只要是故意伤害众生,命终之后堕入地狱,即受烧手烧脚之火炎苦报。

倒刺地狱。

倒刺地狱即铁刺地狱或刺林地狱。《起世经》中说,灰河的河底皆是铁刺,锋利无比,灰河两岸还有剑林,众生若堕入灰河地狱,动辄受尽火烧剑刺之苦。

狱中一切都是铁成,昼夜燃烧不停。每株树高一由旬,上面的刺有十六寸长。狱卒捉起罪人的手臂,强拉到铁树上面再强拉下来,当罪人往上时刺就向下,罪人往下时刺则朝

上,将罪人的皮肉刺刮殆尽。

这都是过去做人的时候,邪淫别人的妻女,或者以花言巧语来拐骗纯洁的少女,抑或妇女背着丈夫做出不守妇道的行为,这种邪淫心重的人,后来就会堕入倒刺地狱。还有其他恶知识的增上缘,结交了不好的朋友,引诱他堕落,有了这些业,将会受生于倒刺地狱。

火屋地狱,铁屋地狱。

火屋、铁屋地狱虽为二名,其实是同一座地狱。火屋是热铁所成,铁屋整幢皆为大火所燃烧,受罪的人在火屋中受极大苦。

我们人间在夏天时,天气闷热虽然辛苦,但是怕热的人可以去避暑,现在的人更为享受,热的时候可以打开电扇、冷气机,逍遥自在。但是一造恶业,到了火屋地狱或铁屋地狱时,想躲都躲不了。所以业不能造,造了业受苦的是我们自己。

火狼地狱。

火狼地狱即狐狼地狱,《起世本因经》说狐狼地狱亦五百由旬,如果有众生入此狱中,由于恶业的果报,于此狱中将生

为狐狼。地狱中的狼皆是铁身,但是罪人受生的狼却是肉身,肉身被火灼烧,同时还要被狱中的铁狼咬食其肉。

罪人除了出生为狼,被火狼咬食之外,同时所面对的铁狼状极凶恶,发出的声音十分恐怖,心理上所负担的苦也是难以形容。

以上共有二十二种地狱,前面说过的也有二十二种地狱,再往前也有二十多种地狱,合起来有六十多种地狱。并非这样就介绍完了,因为前面佛陀已经说过,地狱之中有五百地狱,其中更有千百地狱,可见众生所造的业真是千形万状,所受的罪报也因刑具的种类而有所不同。

　　如是等地狱。其中各各复有诸小地狱,或一、或二、或三、或四乃至百千,其中名号各各不同。

我们前面说过的地狱,其中每个地狱都有附属的小地狱。有的附属一个、有的二个、有的三个、有的四个,乃至百千个附属小地狱,地狱的名号都不一样。

　　地藏菩萨告普贤菩萨言:"仁者,此者皆是南阎浮提行恶众生,业感如是。"

地藏菩萨告诉普贤菩萨:"仁者! 地狱中的罪人,来自十

方造业众生,但是其他地方的众生只占极少数,大多数都是南阎浮提(如今世人所居之处)的众生,他们招感的业报就是这样。"

想起来实在很悲哀,我们这个世间的众生,可以说是造业的种子,大多数人都在造恶业,所以地狱中受罪的众生大多来自娑婆世界。

感得地狱报应的人,应该是十方一切造罪的众生,然而地藏菩萨特别指出阎浮提众生,是因为阎浮提众生志性不定,纵使今天听了道理发心向道,但是意志却很薄弱,很容易受外境影响而退失道心。

人都有求平安而学佛的心理,就算是行善也有求福的心态,总是希望在人间多多行善,以便求得随心如意的福报。要是抱着这种心理进入佛门,意志通常十分薄弱,因为人生不如意事十常八九,所求不得便归咎佛菩萨不保佑,这是信心不足的人常有的借口。

因为不如意所以要求取佛法,而得意的时刻更应该求取佛法。得意之时深入佛法,能预防我们心生骄傲;当不如意时,有了佛法的鼓励,无论面对恶劣环境或坎坷人生,只要我们真心求取佛法,什么样的业力与环境,对我们都莫可奈何!若能以这样的心理来学佛,意志必能坚定不移。

业力甚大,能敌须弥,能深巨海,能障圣道。

须弥山是娑婆世界最高的山，但是众生业力之大能敌过须弥山，也比所有的海洋都深，大大障碍圣道。

我们学佛向道，唯有自己的心会阻碍自己，别人是阻碍不了的。有的人一开始学佛时热诚十足，即使半夜三更都愿意拜佛；尽管眷属极力反对，都愿意为了求法而努力，但是等到眷属能够认同，不加阻挠了，他的心力却减退了。这就是心的无常，心念无常，造业即不断。

第二次世界大战时，日本的广岛与长崎都被投掷了原子弹，一直到现在还存有许多后遗症，例如一些怪病与畸形的孩子等等。这虽然是原子弹的威力使然，但是原子弹也是人制造出来的，人心的造作就是这么可怕。

"业"有善恶业；"力"者力用也。善业与恶业的形成，一定要有一股力量去推动，业与力合在一起，力量就大了。佛言："业力不思议，虽远必相牵，果报成熟时，求避终难脱。"又言："假使百千劫，所作业不亡，因缘会遇时，果报还自受。"就如前面说过《慈悲三昧水忏》的造忏因缘，袁盎与晁错的仇怨即累积了十世的时间，才有机会得以释结。

目犍连尊者是佛弟子中神通第一，尽管神通广大，还是难逃业报。尊者过去生中曾以捕鱼为业，杀生无数，但以供养辟支佛的因缘，后来得遇释迦佛出家。但是因果丝毫不差，过去杀生的业仍须受报，不过他多生的业可以在一生之中报完，于是大石碎身一生报尽。可见只要造了业，想要逃

避果报是不可能的。

业力起自于心。故佛言："一切壮无过心。心是怨家，常欺误人，心取地狱，心取饿鬼，心取畜生，心取人天。作形貌者，皆心所为，能伏心为道者，其力最多。"世间没有任何一种力量可以胜过心力，心力不但会取地狱、饿鬼、畜生，还会障碍三种圣道。

一者能障圣道有漏业。一般的布施与持戒就是有漏的福业，世间一切有漏的善业都会受心力的障碍，既想往善的方向走，心念却又常常使我们的行为背道而驰。

二者能障三乘圣道无漏业。三乘乃声闻、辟支佛、菩萨，三种已离烦恼垢染的修行境界。因为我们的意志不坚定，也会障碍自我趋向圣道的精进力。

三者能障佛性中道。"三世一切佛，一切唯心造"，心可以使我们趣入佛道，也可以使我们下堕地狱，心力若能行于中道不偏废，佛道即可成就。世间就像个大洪炉，我们就是丢入炉中的铁，铁被烤红之后，还要经过千锤百炼，每烤一次就是成就的前兆，铁被锤打之后就是器具完成的阶段。希望大家能深深体会这句话。

阎浮提这个世界就像一个漩涡，一旦被卷进去就容易迷失自己。因此地藏菩萨特别指出，阎浮提众生的业力，比其他地方的众生来得大，这是在警惕我们，要在恶劣的环境中，锻炼出高洁的意志来。

是故众生莫轻小恶，以为无罪，死后有报，纤毫受之。父子至亲，歧路各别，纵然相逢，无肯代受。

"水滴虽微，渐盈大器"，水滴虽小，拿个桶子来接，滴久了也会滴满。所以日常生活中，不要以为些微罪业对我们没有影响，长久累积下来，小罪也会成为大殃；只要种下一念罪业的因，后来罪业的果报仍旧要受。

当然，积少成多也能成就大善，就像我们功德会，每一位会员点滴的爱心加起来，就能完成许多助人的工作。"莫以善小而不为，莫以恶小而为之"，我们要有正确的观念，行为必定要正正当当，丝毫都错不得。人生在世，举止动作皆在种因，因一种下，日后必有收获。

众生切莫轻视小小的恶行，以为小恶无伤大雅，可知"死后有报，纤毫受之"，即使是再微细的起心动念，罪报都要自受。到时候哪怕是"父子至亲"，也是"歧路各别"，各人要走各人的路，各人要受各人的业。"纵然相逢，无肯代受"，纵然知道对方在受苦，也无法代他受罪减轻痛苦。

父母子女有血统之缘，因此世间至亲莫过于此。然而，造善者生天受乐，造恶者堕落受苦，异路殊途，想要相逢绝无此理，纵然可以相遇，享天堂之乐者岂肯换取地狱之苦，纵使愿意代为受苦，业力也不允许。

人在世间，日日为了生活而奔波，由生到死都是被社会

的欲念牵引着，使我们没有反省的时间与机会；不知道人生无常，从来不曾想过，有一天无常也会到来。因此荒唐度日，逸惰以终，哪知业力可怕，到时候可就无人代受了！

我今承佛威力，略说地狱罪报之事，唯愿仁者暂听是言。

地藏菩萨虽然懂得很多事，也做了很多事，却仍旧非常谦虚，举凡说一句佛的教法，都归功于佛的教导。这种谦虚的美德，很值得大家效法。

地藏菩萨对普贤菩萨说："我因承受佛的威神德力与教导，所以了解了许多事，接着就大略说明地狱罪报的情形。唯愿仁者耐心地听我说下去。"

普贤答言："吾已久知三恶道报，望仁者说，令后世末法一切恶行众生，闻仁者说，使令归佛。"

普贤菩萨回答："我在久远之前就已知道三恶道的罪报等事。不过，我希望由您口中说出。因为前面佛一再推崇表扬您在地狱教化众生的善举，若能由您来解说，更能取得未来众生的信赖。使令末法时期一切恶行众生，能够反恶归善，归依佛、法、僧，了解地狱的痛苦后，知道回头是岸。"

佛门大孝地藏经

地藏白言："仁者，地狱罪报，其事如是。"

地藏菩萨告诉普贤菩萨："仁者，地狱里的罪报，就如以下所说。"

或有地狱取罪人舌，使牛耕之。

在阳间时口造四恶，任意毁谤三宝的人，死了之后即入地狱。狱中的鬼又会将他的口撬开，拔舌犁耕，再以烊铜灌口，使其求生不能，求死不得。众生最容易犯的就是口业，千万要非常谨慎。

或有地狱取罪人心，夜叉食之。

罪人命终后，生于烊铜灰河地狱之中，两岸剑树，每一棵剑树都有一位罗刹，手持利剑欲害罪人。罪人一见罗刹到来，心中大为惊恐，于是跑入烊铜流出的灰河中。灰河不但滚烫，河中又充满锐利的刀剑，当罪人双脚踏进去再拔出来，就会被刀剑刺得全是伤口。

这时候罗刹鬼等，便以铁叉取出罪人的心给夜叉吃。夜叉乃食人之鬼。这些罪人就是生前非但不供养，反而偷取师长、父母之物，使父母师长增添苦恼，有了这种因缘，所以堕

入地狱,一日一夜间经历五百亿次的生死,如此轮回不息。

因此,我们做人首先要守口业,其次心地要纯正。心若不纯,不仅偷盗父母、师长,要堕入夜叉食心的地狱,其他一切造恶的行为,都要堕入此狱。

或有地狱镬汤盛沸,煮罪人身。

《佛说观佛三昧海经》中,佛陀告诉阿难,为何名为十八镬汤地狱?"镬"即是大鼎,十八个锅鼎皆四十由旬之大,其中盛满滚沸的铁汁,有五百个夜叉守在灶边添加大石炭,以大石为炭来烧热铜镬,火焰一点燃可以保持很久都不熄灭。滚沸的铁汁溅出火星,一个个就像火轮一般,溅出之后还会再掉回鼎中。

下到这个地狱的罪人就是在生之时,自己非但不持戒,还要毁谤持戒之人,谤无功德,使人破戒,或是为了祈福而杀生祭祀鬼神,想要以畜生的生命来换取幸福,这样的人心行颠倒,死后便入此狱。

看看我们人间做醮,往往先吃三天清斋,三天之后就杀生大拜拜,诸如此类是不是很颠倒呢?你想求得吉祥,反过来却会招来灾殃。人间之所以不得太平,就是因此而起。有的人并不是为了祈福拜拜而杀生,却是为了爱吃肉、爱喝畜生的血,还要分别什么肉才好吃,众生真是太残忍了!

因为生前忍心杀害众生,煮汤、干炒,恣情食啖的结果,下到地狱中一样要受干炒、煮汤的报应。镬边的罗刹鬼将罪人投入镬中,罪人皮肉迅速消烂,只剩下骨头。罗刹便将骨头捞上来丢弃在地,铁狗随即上前啖食,吃完之后呕吐在地,罪人又立刻复活过来。这时候狱卒再次将他驱入镬中,使其重复受苦。

或有地狱赤烧铜柱,使罪人抱。

人间最注重伦理道德,要是不守夫妇之道就是邪淫,社会上如果犯邪淫的人多,这个社会一定混乱,家庭也会因此遭受不幸。所以自古以来,我们的社会对于夫妇之道即十分重视。

佛法中也一再提到邪淫的罪报,不但在人间受人轻视侮辱,后来堕入地狱,所受的罪报更是痛苦难堪,必须卧铁床、抱铜柱,狱鬼还要点火烧身。

现在的人对伦理已不再重视,结婚、离婚,甚至邪淫也不再认为是一项耻辱,难怪现在的社会秩序大乱,不幸的家庭比比皆是。人之所以为万物之灵,夫妇之道一定要好好守持,否则就失去万物之灵的价值。

或有地狱使诸火烧,趁及罪人。

阿鼻地狱中的众生皆因造了不善业的缘故,常受大火烧灼,直到皮肉焦烂,痛苦辛酸无穷,历劫不息。

或有地狱一向寒冰。

《楼炭经》中提到受罪的众生,从嚎狼野干地狱出来后,由于余业未尽,必须再进入寒冰地狱受报。寒冰地狱长宽二万里,罪人由嚎狼野干的热火地狱中出来,进入寒冰地狱之后,强风由四边吹起寒冰,风刀冰剑刮入罪人的皮肉筋骨,接着又侵入骨髓,罪人至此便死。

或有地狱无限粪尿。

粪尿地狱或谓粪屎地狱。《地狱经》云:"入泥犁沸屎中,周匝数千里,屎则热沸有气,走趣行之,人入其中,身自然熟,毒痛不可忍。过恶未解,故不得死。以不净业故,受此罪报。"

粪屎地狱中,热沸的粪屎分布范围有数千里,产生出滚沸的热气,由于既热且臭,人只要进入其中,身体自然热熟,毒痛难以忍受,因为罪人恶业尚未消解,所以受尽折磨仍不得死。这就是在人间时,破戒犯斋,或以不正当的方法赚钱,谋取利益,又或犯邪淫等不可告人之不清净业,死后则入粪

尿地狱受报。

或有地狱纯飞钑镤。

罪人落入地狱黑暗处,有尖嘴铁鸟从山上飞来,以利爪捉攫罪人,或用尖嘴咬啄罪人。罪人痛苦万分急于走避,结果头上脚下皆有满布尖铁的刺球飞射而来,穿透骨节贯彻脊髓。

"纯飞"是指充满狱中。空中不但有嘴尖爪利的铁鸟,底下又到处充斥铁钑镤,使罪人无从遁形。

或有地狱多攒火枪。

火枪地狱即是前面说过的通枪地狱,不过又加上猛火的折磨,因此比通枪地狱还苦。

或有地狱唯撞胸背。

狱卒处罚罪人时,有时以铜柱撞胸,或以铁棍捶打罪人腹背。这就是做人的时候欠缺慈愍心,死后才会受此酷刑。

或有地狱但烧手足。

即如烧手烧脚地狱，也称函量地狱，宽五百由旬，罪人一入其中，狱卒便分给每个罪人一个铁袋，命令他去称火的重量。于是火焰虽无重量，但是铁袋一称，火舌自然焚烧罪人手脚，使之焦烂痛苦。

地狱之中处处皆火，铁床地狱、铜柱地狱……只要罪人受刑，一定会皮肉焦烂，但是烧手烧脚地狱却只烧其手脚，这是他的别业。因为他在生时，只有手脚不干净；手喜欢偷取别人的财物，或是损害物质、欺负众生，脚则是残忍地践踏众生，死了之后就要落入烧手烧脚地狱。

或有地狱盘缴铁蛇，或有地狱驱逐铁狗。

此与前面铁蛇地狱及铁狗地狱相同。

或有地狱尽驾铁骡。

迦叶佛时有一位出家人，为僧众掌厨，分配僧人饮食，由于职权之便，若有美食经常预留两三人份。当时持戒严谨的比丘，知道这个僧厨违背因果，这样做是造业的行为，就对他严加劝诫。僧厨却答："我当僧厨辛苦备至，你们不知我的恩惠，简直就像骡子一样。看你们整天不做事，还是顾好自己的肚子就好了，没有你们说话的余地！"就是这个因缘，后来堕入地狱受骡身之报,至今痛苦不息。

他自己犯了过错,当持戒的比丘纠正时,就应该拿出惭愧心忏悔认错。但是他非但没有惭愧心,还恶口骂人,为了这个因缘,必须受此报应,长久的时间都无法消弭罪业。

现在所说的尽驾铁骡,是将铁骡烧红使罪人骑乘,火烧其身,以致全身焦烂。

仁者,如是等报,各各狱中有百千种业道之器,无非是铜是铁,是石是火,此四种物,众业行感。

地藏菩萨告诉普贤菩萨:"仁者啊!如上所说的报应,每一处地狱之中,尚有百千种业力所招感的地狱刑具。"

"如是等报",总括以上种种,皆是由于一切众生,于日常生活中生出三种不善的思想。

一者思惟五欲,乖违心行。因为对财、色、名、食、睡五种欲念的贪爱,所以在日常生活中,很多的行为都是违背良知。

二者思惟瞋害,怒火烧心。平时喜爱发脾气的人,凡事都不肯忍耐,处处斤斤计较;愈是计较,心中就愈痛苦,因此生出加害别人的心念。

三者,思惟欺诳而埋没人性,无法与人坦诚相待。我们往往嫉妒别人的贤能,对于自己的恶行却一再隐藏,对自己是隐恶扬善,对别人则是隐善扬恶,自欺欺人而泯灭人性。

有了五欲的思惟,加上瞋害、欺诳等各种不善因,自然会表现于身形而造业。等到临命终时,舍此投彼堕于恶趣,即遭受极大苦恼。

"业道之器",地狱中的刑具无非是铜、铁、石、火这四种元素所构成,这些都是极冷、极热或极硬的东西。为什么会由这些东西组成呢?因为众生本性刚强,心念亦冷酷残忍,对一切众生恣意杀害,在世之时残酷刚硬,所感的地狱景象当然也是如此。一切都是众生自造十恶,因而招感千差万别的罪报。

> 若广说地狱罪报等事,一一狱中更有百千种苦楚,何况多狱。我今承佛威神及仁者问,略说如是。若广解说,穷劫不尽。

若要广泛地说明地狱罪报、刑具等事,每一处地狱中更有百千种苦楚的情状,何况还有许多其他的地狱。我现在是承佛之威神,以及普贤菩萨您的提问,因此简略做个说明,若要详细解说,就算以一劫的时间来说也说不尽。

讲到这里,只是简单的说明而已,若要详细说明地狱罪报,真是惨状横陈,穷劫难尽。可见众生所造的行业实在太多了。

大家听经闻法,就要能生起警惕。有的人听了地狱名相及苦状之后,感到十分恐惧,因为日常生活中难免犯错,想到犯罪受报真是十分恐怖,这样不如不知道这些造业受报的事,那就不用怕了。其实这是错误的想法。

学佛就是过去不知道,误造了罪业,现在既然已经知道,就要忏悔改过,不再造新殃,这才是积极的想法与做法。如果还是一味逃避,不肯悔改,总之是自作自受,他日谁也救不得谁。

我们学佛就是要培养慈悲心,除了人与人之间要互爱之外,还要去爱一切万物,这样才堪称真正的万物之灵。

地狱名号品第五

如来赞叹品第六

尔时世尊举身放大光明,遍照百千万亿恒河沙等诸佛世界。出大音声,普告诸佛世界一切诸菩萨摩诃萨,及天、龙、鬼神、人、非人等。听吾今日称扬赞叹地藏菩萨摩诃萨,于十方世界,现大不可思议威神慈悲之力,救护一切罪苦之事。

　　"尔时"是指佛宣扬地藏菩萨之德,然后普贤菩萨接着又请教地藏菩萨地狱名号以后。

　　世尊于地藏菩萨与普贤菩萨对答之间,静坐于会场中,静观两位大菩萨互相阐扬教义,心中欢喜而全身放光。心地之光"遍照百千万亿恒河沙等诸佛世界",这表示佛的威神德力,释迦牟尼佛虽然示现于印度,但是德光却能普照天下;除了人间之外,还能普遍诸佛世界。

　　佛除了身上发出光明之外,而且"出大音声",使遍虚空、尽法界的众生都能同时听闻佛法。

　　佛的声音清净微妙。我们若能修清净的口业,将来就能得到清净和雅,使人悦意又普遍远播的音声,在和雅中能发深远雷震声;距离近者感受到那一分柔和,距离远的人也能听得清晰分明。另外,佛的音声还有五种特质:

　　一是"其音正直",佛陀的音声不但柔和善顺,所说的教法亦不偏不倚,能正确地发挥宇宙人生的教法,不谄媚,不歪曲事实。一般人为了讨人欢心,往往隐藏真理,尽说些谄媚

的话,佛陀却不如此,非但不隐藏真理,还能使人听了起欢喜心。

二者"其音和雅",佛以正直的教法来教导众生,众生却一点儿也不感觉受到违逆。一般人若去劝导人,往往是"忠言逆耳",不但无法令人欢喜,还会使人反感,这就是凡夫。佛以忠言劝告众生,却能令众生感到温暖,不逆众生的心意,这就叫做和雅音。

三者"其音清彻",佛的声音清晰又透彻。印度地区幅员广阔,语言、腔调庞杂,唯有佛的口音清楚又标准。

四者"其音深满",佛的每一句话都包含深远的道理,每一个道理也都十分圆满。我们一般人说话,道理太深,悟性低的人听不懂;道理太浅,知识高的人又不满意,唯有佛能使不同根机的人皆大欢喜。佛陀三根普被,一音圆演,道理深秘而圆满,上、中、下根器的人都能接受。

五者"其音遍远闻",佛的音声普遍于众生界,即使时间多么久长,距离多么遥远,只要有因缘的地方,就能接纳佛的教法,所以说其音遍远闻。看看佛在当时说法,除了当时的人可以听得到,就连现在全世界的人,都同样能得到佛的教法。佛一再要我们发愿生在中土,不要生在边地,所谓的"边地",就是文化水准低落的偏远地区,生活落后困苦,对佛法就无心理解。

佛的身德可以普遍照耀很多世界,佛的声音也可以遍及

法界,可以向诸佛菩萨的世界,以及天、龙、鬼神、人、非人等宣告。菩萨是弘扬者,天龙鬼神则护持佛法;佛法要普及,一定要靠十方菩萨继续弘扬,并且要有天龙鬼神护持,佛法才能长久流传人间。

所以佛出大音声,普告诸佛世界、一切大菩萨,以及天龙鬼神人非人等,仔细听我今日称扬赞叹地藏菩萨的广大行愿:"地藏菩萨并非只在娑婆世界或地狱中教化众生,他能现不可思议威神慈悲之力,普遍化度十方。"他的力量、精神无法估计,所救护的事迹也非我们所能议论,凡是罪苦的众生,地藏菩萨均以慈悲心设法救度。

释迦牟尼佛一再称扬地藏菩萨的大愿力,每一次都特别提醒大家要仔细听,这就是圣人的用心。

吾灭度后,汝等诸菩萨大士及天龙鬼神等,广作方便,卫护是经,令一切众生证涅槃乐。

"广作方便",方便法门是菩萨教化众生的利器。工欲善其事,必先利其器,有了菩萨的发心,也要有方法,教化的方法就是方便法,这是很重要的。若能善加利用,即使几句佛法,对于人生就能受用无穷;如果不懂得利用,即使佛法摆在眼前,你也不知道它的宝贵,如此一来,佛法对众生就没有什么作用。

前面《分身集会品》佛将众生交代给地藏菩萨。现在佛又交代一切菩萨及天龙鬼神等,要大家拥护地藏菩萨,宣扬地藏菩萨的教化,希望自己灭度后,十方诸佛菩萨大士及天龙鬼神等,能发大慈悲,广设方便来卫护这部《地藏经》。

因为这部经得以宣扬,一切众生才有接受的机会;接纳了地藏菩萨伟大的精神,众生才能得救;能够入佛门,才能证得涅槃寂静、不生不灭的境界。否则地狱的刑罚是那么苦,众生又容易因为志性不定而堕入地狱。

佛陀慈悲将众生交代给地藏菩萨,地藏菩萨也已经发心接受这个责任,但是佛希望地藏菩萨负起这个艰巨的工作之后,能够有人来拥护他。因为孤掌难鸣,这么多罪恶的众生,只有地藏菩萨的发心还是不够,一定要有很多菩萨来宣扬地藏菩萨的宏愿,才能提起众生的信心。

> 说是语已,会中有一菩萨,名曰普广,合掌恭敬而白佛言:"今见世尊赞叹地藏菩萨,有如是不可思议大威神德,唯愿世尊为未来世末法众生,宣说地藏菩萨利益人天因果等事,使诸天龙八部及未来世众生,顶受佛语。"

佛陀交代与会大众流通这部经之后,会中有一位普广菩萨又上来禀白。佛在交代菩萨时,一定要有人代替当时及未来众生启问,否则佛交代之后,大家也默默地接受,接下来就没有下文了。还好，会中有一位普广菩萨起来做"当机者"，应众生的根机来请问佛。

普广菩萨恭敬合掌，禀白佛言："我现在来到忉利天宫，一再听到佛陀赞叹地藏菩萨，有这么不可思议的大愿力。希望佛能再度宣说地藏菩萨的威神德力、发愿利益人天的种种事迹，令未来末法时代的众生明了因果，使天龙八部及未来众生皆得以此为鉴，切实践行佛法。"

尔时世尊告普广菩萨及四众等："谛听谛听！吾当为汝略说地藏菩萨利益人天福德之事。"

"尔时"指的是佛听到普广菩萨起来当机启请之后，佛便告诉普广菩萨以及比丘、比丘尼、优婆塞、优婆夷等四众弟子："请仔细地听啊！我会大略地为你们解说。"

"略说"是因为地藏菩萨的行愿深远宏大，他的威神德力非一时所能说尽，因此佛仅大略解说地藏菩萨利益人天福德的事迹。

所谓"福"，在世人的眼光中不出寿、富、贵、康、宁等五事具足。寿即长寿，寿命长、时间多才能多闻佛法，利用时间受持佛法。富是富有，富有者可以随心所欲，获得享乐；贵即崇高的地位；康、宁则是指身与心的健康，这是人生快乐的泉源和根本。

想要这五事具足，最重要的是要有善良的心，多做善事，自然能够得到天神的护佑。善神总是拥护善人，只要顺应天道，就能一团和气，自然不会有恶神恶鬼对我们不利。我们要多做善事，有了善业才能得到福报，否则没有种下善因，福报当然不可得。

过去曾听到这样一个故事：有一位生意人，做买卖时必须使用很大的秤。他将秤杆挖空，在里面装入水银，水银可以流动，每当他卖东西时，就把水银往前倒，秤杆往上翘，东西看起来就显得特别重，买东西的人贪小便宜，以为他的斤两很足，所以特别喜欢向他买东西。看他生意兴隆，事实上，他也占了别人许多便宜。

在他买东西的时候，则是将水银往后移，东西便显得斤两不足，卖主在家里明明称好了重量，但是一到他这里却斤两不足，只好再添足重量。由于他小斗出、大斗入，因而积聚了许多财产，但是却损了自己的品德。

这个生意人只有一个儿子，等到他病重临终时，就将儿子叫到床前，把秤杆中的秘密告诉他，吩咐儿子只要照着自己的方法去做，将来一定可以永保富贵。

儿子听了之后，心里非常难过。他想：父亲已届临终，贪念尚且如此重，原来是这种欺蒙的手段，才使父亲发了大财。

不久，生意人死了，儿子请来出家人为父亲做功德，又为父亲广开布施，举办四十九天施粥大会，使贫穷的人都能吃

得饱。四十九天功德圆满之后,他拿着秤对天说道:"父亲所造的业,我将尽力做功德回向给他;从今以后我将毁掉这杆秤,以消灭父亲的罪业。"对天发誓后,他就将秤杆折断丢入火中,结果有两道黑烟直冲上天,就像两条黑龙一样。

孰料父亲往生后不久,他的两个儿子也死了。他心想:父亲为人虽然有失道德,但是我一生中自认行为端正也守仁义,为什么一下子让我丧失两个儿子呢?为此他深感痛苦。

当天晚上睡眠时,梦中出现一位白髯老人来告诉他:"善人不要恼怒!你的父亲过去生造了福业,所以生了你这个福子;但是他今生做了失德的事祸延子孙,使你生下两个败家子,只要你继续他的行业,不久你的儿子就会败光所有家产。现在因为你有大善心,造了福德,所以天神将这两条孽龙召回,将重新赐你两位福星。"

等他醒来梦境依然清晰,经过两三个月后,他的妻子发现怀了身孕,后来生下一对双胞胎,这对双胞胎自小乖巧聪明,长大之后双双考中科举,一家富贵祥和。这就是善有善报的故事。

至于"德"字,《论语》则指出温、良、恭、俭、让五种品德。孔子"温而厉,威而不猛",待人恭敬虚心,没有我慢骄奢的习气;日常生活节俭而不奢侈,待人又谦让,他以这五种品德来感化人,因此使人爱敬。

一个人要得到别人的恭敬,最低限度要做到温、良、恭、俭、让的程度，这五个字若能切实做到，才是真正的有德者，也才能得到别人的尊重。

　　普广白言："唯然！世尊，愿乐欲闻。"佛告普广菩萨："未来世中，若有善男子、善女人，闻是地藏菩萨摩诃萨名者，或合掌者、赞叹者、作礼者、恋慕者，是人超越三十劫罪。"

　　普广菩萨白佛言："是的，世尊！请您为我们解说，我等将欢喜聆听受持。"

　　"善男子善女人"即修十善的男子或女人。未来的世界中，若有修十善业的人，只要听闻地藏菩萨的名号后能生起恭敬心，或双手合掌表示尊崇，或是以口赞叹恭敬，或者以身作礼，抑或内心恭敬恋慕。如此，身、口、意三方面皆表达恭敬的形态，此人即可超脱三十劫的罪业。

　　我们若能恭敬地藏菩萨，自然就能行地藏菩萨的愿，去救拔众生，这样的功德是很大的。一般人光是用口念，就要地藏菩萨赐福灭罪，这并非真正发自内心的恭敬，只是一种有代价的祈求；真正的恭敬供养，是以地藏菩萨的人格为表率，恭敬地藏菩萨，进而学习地藏菩萨的大愿。我们学佛的重点，就在这里。

普广，若有善男子、善女人，或彩画形像，或土石胶漆、金银铜铁作此菩萨，一瞻一礼者，是人百返生于三十三天，永不堕于恶道。

普广，如果有行十善的人，能够彩绘刻镂菩萨的形像，或者以土石胶漆、金银铜铁等材质来造立地藏菩萨塑像。

佛像有许多种制造方法，有手绘的，有印刷的，有陶土、瓷土捏制，也有木头雕刻或是金属塑造的等等，只要是清净的东西都可以造佛像。有的人为了表示恭敬，更以纯金打造佛像，或是以纯玉雕刻玉佛，全视经济能力许可而发心。

造佛形像的功德很大，因为一尊佛像可以使无数人生出信仰心，所以造佛像可以得到十一种功德：

一者世世眼目清洁，眼睛光亮明洁。

二者生处无恶，常常生在纯善的地方，家庭、邻里皆和睦。

三者生尊贵家，出生在名望尊贵的家庭，求学、立业等皆能如愿。

四者身如紫磨金色，皮肤光滑细柔。

五者丰饶珍玩，出生之地物产、珍宝丰饶，一生之中不虞匮乏。

六者生贤善家，长于书香门第，学问丰富贤达精进。

七者生王中最胜，生为社会上具领导能力的贤者。

八者为金轮圣王,领导太平治世。

九者生梵天,寿命长而生活清净。

十者不堕恶道。

十一者后生还能敬重三宝。

我们最怕的是,出生在人间虽有福报,但却迷失了过去的善念,远离了三宝。若能造立佛像,瞻视顶礼表达恭敬,将来纵然生于尊贵之家,我们的意志也不至于迷失,依旧能够敬重三宝,深入佛法,就能避免很多灾殃。

"是人百返生于三十三天,永不堕于恶道。"若是雕塑地藏菩萨像,并且虔诚礼拜者,一瞻一礼——"瞻"是瞻仰,有的人进入寺院,虽未礼拜佛像,但是仰望时就能生起欢喜心;"礼"则是见到佛像能起恭敬心,身体虔诚礼拜。这样一瞻一礼所付出的代价虽然少,但是有了这分善根,渐渐累积功德,因小果大,将来也能常生天界享受天乐,不堕入恶道中。

这就是地藏菩萨对众生的恩泽,只要你肯礼拜瞻仰,即能得到如此大的果报。

假如天福尽故下生人间,犹为国王,不失大利。

乘着雕塑地藏菩萨像,以及瞻礼地藏菩萨像的功德,得以百返生于忉利天。但是天福总有享完的一天,天福享尽之后,同样要生到人间,不过下生人间后,还能转生为国王,不

失去前面所说的十一种利益。

　　若有女人厌女人身，尽心供养地藏菩萨画像，及土
石胶漆铜铁等像，如是日日不退，常以华香、饮食、衣服、
缯彩、幢幡、钱、宝物等供养。

　　有的人认为生为女人真好，可以穿着漂亮服饰，跟随时
代流行，现在更有男人假扮女人，这就是人生的颠倒。

　　佛为玉耶女讲了一部《玉耶女经》，玉耶女是给孤独长者
的媳妇，因为自恃貌美过人，所以贡高骄慢不守妇德，对公婆
不懂得孝顺，还经常欺负丈夫。给孤独长者见到儿媳如此，
有一天就来到世尊座前，请教佛陀如何是好？

　　佛陀慈悲，决心亲自教化，第二天即来到长者家应供。
骄傲贡高的玉耶女见到相好庄严的佛陀，竟然收敛起高傲的
气焰，虔诚地顶礼佛陀，并谦逊地领受佛的教法。

　　佛陀便为玉耶女讲说女人的十种恶事，包括托生父母甚
难养育、怀妊忧愁、初生父母不喜、养育无味、父母随逐不离
时宜、处处畏人、常忧嫁之、生已父母离别、常畏夫婿、不得自
在。这就是生为女人身的十种忧心障碍，从小到大时时不得
自由，遭到许多不公平的轻视与待遇。

　　接着佛陀又为她说"七辈妇"，即母妇、妹妇、知识妇、妇
妇、婢妇、怨家妇、夺命妇；前面五种是作为一个妻子应有的

典范规矩,后面两项则千万不可为。玉耶女听完女人十恶及七辈妇的形态后,对佛陀心悦诚服,至此改掉从前的坏毛病,成为内外兼美的孝媳贤妻。

女人之身确实有很多的限制与障碍,所以就算对女人身不生厌恶,也不必太过执爱,为了这个身体殚精竭虑。

但是,若有女人厌弃这个女人的身形,只要能尽心恭敬地藏菩萨,日日不生退转,常以种种香花等庄严道场,又以财宝等物行布施,即能得到所求圆满的功德。

> 是善女人尽此一报女身,百千万劫,更不生有女人世界,何况复受。除非慈愿力故,要受女身,度脱众生。承斯供养地藏力故,及功德力,百千万劫不受女身。

供养地藏菩萨的善女人,由于厌弃女人身,而以虔诚的信心供养,尽此一生的女人身之后,百千万劫都不生在有女人的世界。除非发了慈悲的愿力,自愿受女人身以方便度化众生,否则皆能依靠供养地藏菩萨的功德,如愿脱却女身,百千万劫亦不再受。

> 复次普广:"若有女人,厌是丑陋、多疾病者,但于地藏像前,志心瞻礼食顷之间。是人千万劫中所受生身,相貌圆满。"

佛继续对普广菩萨解说。生为女人已经很可怜了,假使又丑陋多疾病,必定更为痛苦。不过,如果能在地藏菩萨像前立下志愿,坚定心念瞻礼地藏菩萨,在很短的时间内,就能改变丑陋的形态,以及多疾病的体质;以后千万劫的时间,都能相貌圆满,人见人爱。

事实上,人的美丑并不只是在外表的形态上作分别,重要的是人的心。一个女人如果形态长得美,但是却不得人缘,往往是行为上有所偏差;相反的,有的人虽然长得丑,人缘却很好。

到底为什么人会有美丑的区别?原因就在过去生中是否造了丑陋的业,以下要谈到十种业,即是属于丑陋的业因。

好行愤怒——这种人很喜欢生气,只要一不高兴就气愤于内,怒形于外,将愤怒表现于行动中。

好怀嫌恨——心中时常对别人产生厌烦与恨意。经常发脾气的人,已种下人不欢喜的因,如果自己再种嫌恨的因,来生同样要受别人嫌恨。

诳惑于他——过去生待人不诚实、欺骗、迷惑别人,不以诚实语、诚实行来待人。因为前世种下令人不信任的因,今生就长得丑陋又不得人信任。

恼乱众生——我们应该以众生的利益为利益,如果时常恼乱众生,使令一切众生迷惑烦恼,将会感得丑陋与苦恼的果报。

对父母无敬意——孝顺是身为人子的本分,一个不孝父母的人,当然不义于朋友。一个不孝、不义的人,已经种下人人厌弃的因,所以今生感得丑陋、令人厌弃不理睬的结果。

对贤圣不生恭敬——我们应该恭敬尊重圣贤人,"三人行必有我师",应该见贤思齐,才能开启智慧。有的人外貌虽然长得不美,但是能以知识弥补外在形态的不足。然而,不恭敬贤圣的人,非但外形丑陋,连内心也缺乏知识。

侵夺贤善资生田业——供养三宝、供养贤圣的心不可缺少。如果不愿供养,反过来还要侵夺他们赖以为生的田业,使他们断绝生活来源,无法安心向道与修行,这就是种下恶因,将得丑陋的报应。

于佛塔庙断灭灯明——于塔寺内点灯,庄严佛前的光明,以后才会开启光明的知识。如果将别人供佛的油拿走,断灭佛前的光明,这样的人以后将得到皮肤粗糙的报应。

见丑陋者毁訾轻贱——我们看到生得丑的人要起怜悯心,如果反而以贡高我慢之心轻视他,今生轻贱他人,来生就会得到相貌丑陋、人人轻贱的报应。

习诸恶行——世间有许多方式可以维生,有的人偏偏选择不好的行业,恶业足以伤害众生。例如:杀害生灵的生意、色情行业、赌博等等皆是无益人生的恶业,前生若造此业,今生即得丑陋之报。

一个人长得丑陋已经是很大的障碍,如果又体弱多病,景况更是难堪。健康就是幸福，一个人如果不健康是很苦恼的事，提到多疾病的原因，就是过去生曾造下十种疾病的业——好打拍一切众生、劝他令打、赞叹打法、见打欢喜、恼乱父母、恼乱贤圣。

再来是"见怨者病苦心大欢喜、见怨病愈心生不乐、怨病授非病药"，看见自己不喜欢的人生病，就幸灾乐祸；看见讨厌的人病愈或脱离险境就不欢喜；更有甚者，对自己不欢喜的人，故意授以非药，令其病情恶化。这都是为未来种下疾病之因。

还有一种是"蓄食未消而复重"，刚刚吃饱饭不久，食物尚未消化完毕，又不停地吃东西，贪食的结果当然疾病丛生。

若有女人厌弃自己长得丑陋又多疾病，只要能在地藏菩萨像前志心瞻礼，哪怕只在吃顿饭这么短的时间内，虔诚礼拜地藏菩萨，就能达成相貌圆满的愿望。

"志心"是意志坚定的意思，一般人礼拜的形态大约有七种：

我慢礼：上殿时间到了，如果不能准时入殿，或是身体虽然礼拜，心中却充满杂念，这样散漫地礼拜即是我慢礼。

求名礼：有的人拜佛为的是求佛保佑开智慧，早日能够讲经说法，得四无碍智；心中有着无数的祈求，这就是求名礼。我们应该知道，礼拜修行并非为了名，而是为了去掉自己的我慢幢，清净自心。因此，为了表示恭敬一定要身心俱

礼,这才是真正的礼拜。

身心礼:礼拜的时候身心一致,身在斯、心在斯,才是我们应该有的态度。

智净礼:运用我们的智慧来观想空的道理。

遍入法界礼:当一个动作拜下去,同时观想十方一切诸佛遍一切法界,此即遍法界礼。

正观修诚礼:礼拜的时候,能入于正观想之中。

实相平等礼:观想心、佛、众生三无差别,即实相平等礼。这样的境界我们虽然无法全然做到,不过最低限度也应该做到身心礼,整肃仪容,身心一致虔诚礼拜。

> 是丑陋女人,如不厌女身,即百千万亿生中,常为王女,乃及王妃、宰辅大姓、大长者女,端正受生,诸相圆满。

丑陋的女人,如果不厌弃女人身,只要志心礼拜,即可于百千万亿生中,常为王者女。例如波斯匿王之女胜鬘夫人,不但出生在王家,还嫁为王妃,相貌也生得十分端庄,必定是前生虔诚礼佛所得之报。

来生若想生得端正,所生的家庭尊贵,应该好好地恭敬礼拜地藏菩萨。同时也要小心谨慎,千万不可触犯前面说过的二十种恶业,否则将得到丑陋多疾病的报应。如能避免这

二十种业,同时志心恭敬礼拜地藏菩萨像,自然可以得到富贵与端正的福报。

> 由志心故,瞻礼地藏菩萨,获福如是。

由于志心瞻礼地藏菩萨像,自然可以获得种种福报。

> 复次普广:"若有善男子、善女人,能对菩萨像前作诸伎乐,及歌咏赞叹、香花供养,乃至劝于一人多人。如是等辈,现在世中及未来世,常得百千鬼神日夜卫护,不令恶事辄闻其耳,何况亲受诸横。"

如果有善男子善女人能以音乐供养,在菩萨像前作诸伎乐及歌咏赞叹、供奉香花等,凡是以此供养,并且劝人供养者,无论是劝得一人或者多人都有功德。这些人在现在世及未来世,常能得到百千鬼神日夜卫护。

这是我们自己所造的功德,不必特意请人消灾,只要我们亲自供养、恭敬地藏菩萨,并且行地藏菩萨之愿,即可得到一切鬼神的卫护。不但不会听闻一些不好的事,更不会遇到恶鬼的扰乱,这就是恭敬礼拜地藏菩萨的福。

> 复次普广:"未来世中,若有恶人及恶神恶鬼,见有

善男子、善女人，归敬供养赞叹瞻礼地藏菩萨形像，或妄生讥毁，谤无功德及利益事，或露齿笑；或背面非；或劝人共非；或一人非；或多人非，乃至一念生讥毁者。"

未来世之中，如果有恶人及恶神恶鬼，看见善男子善女人恭敬皈依、供养、赞叹、瞻礼地藏菩萨像，妄加讥笑与毁谤；当别人拜佛时笑人家迷信，或者在人背后，指称拜佛修行没有功德，自己不肯拜佛修行，还要诱使别人和他有同样的看法，生起讥毁的念头，这样的人日后将会受到极大的恶报。

如是之人，贤劫千佛灭度，讥毁之报，尚在阿鼻地狱受极重罪。

如果阻碍别人信仰佛法及供养地藏菩萨，此人一直到贤劫千佛都灭度后，之前讥毁所致的报应仍未受尽，还继续留在阿鼻地狱，承受极大的罪苦。

佛法中分为过去庄严劫、现在贤劫及未来星宿劫。庄严劫已经过去了，现在是属于贤劫时期，贤劫中有千佛出世，释迦牟尼佛即是千佛之中的第四尊佛，后面尚有九百九十六尊佛尚未出世。由此可见，讥毁别人皈依尊重地藏菩萨的罪报是多么重，一直到千佛出世之后，他还在阿鼻地狱中受苦，永无出期。

过是劫已,方受饿鬼。又经千劫,复受畜生。又经千劫,方得人身。纵受人身,贫穷下贱,诸根不具,多被恶业来结其心。不久之间,复堕恶道。

过了贤劫,千佛出世灭度之后,讥毁之人才能离开地狱。离开地狱之后还要生为饿鬼,时间历经千劫之久。受完饿鬼再受畜生,亦达千劫时间,千劫之后才能重得人身。

纵使能够生为人身,也只能投生在贫穷下贱的家庭,并且眼、耳、鼻、舌、身、意六根多不具足。因为没有机会听闻正法,不知反省今日的贫穷与残缺是过去生所造的恶因,在贫穷下贱的环境中,还时常受到诱引,再造许多恶业,在心魔的驱使下,不久就再堕入恶道。

是故普广,讥毁他人供养尚获此报,何况别生恶见毁灭。

所以说,讥毁别人供养就会得到这种恶报了,何况再以行动来毁灭,罪报当然就更大了。

复次普广:"若未来世有男子女人,久处床枕,求生求死了不可得。或夜梦恶鬼乃及家亲;或游险道;或多魇寐,共鬼神游,日月岁深转复尪瘵,眠中叫苦惨凄不

乐者。"

若是未来世中,有人经常生病,久卧床榻,痛苦得想要一死了之,但是病苦的情形却使他想好好不了,想死却也死不了。

或是病魔缠身,只要闭上眼睛就会梦见恶鬼或是已经往生的亲人,有时梦见自己走在很危险的地方,或是自己被鬼魅拖着走。长时间累积下来,整个人一直消瘦,"尫瘵"是痨伤病的一种,病人会一直干瘦下去,精神愈来愈萎靡。

"眠中叫苦惨凄不乐者",晚上睡着之后,突然大吼大叫,叫声十分凄惨,睡眠不得安稳。

此皆是业道论对,未定轻重,或难舍寿;或不得愈,男女俗眼不辨是事。

这些人求生求死了不可得,因为他们的业报尚未定案,还在业道上徘徊,无法舍寿,病也无法痊愈。这些都是我们一般世俗人无法了解的。

但当对诸佛菩萨像前,高声转读此经一遍。或取病人可爱之物,或衣服、宝贝、庄园、舍宅,对病人前高声唱言:我某甲等,为是病人对经像前舍诸等物,或供养经

像;或造佛菩萨形像;或造塔寺;或然油灯;或施常住。

　　我们如果能在诸佛菩萨像前,高声转读此经一遍。诵经时能大声读诵,虔诚地观想:我在诵经犹在佛前,如同佛以宏亮音声为众生说法。声音发自口中,回入耳间,以清朗的声音诵出来,可以让虚空中的魑魅魍魉也得到法益。因此,诵经时清楚明晰、朗声诵念即有功德。

　　有一则这样的事例,可以让大家作为参考:

　　一位信佛虔诚的罗居士,平日就时常持诵《地藏经》,信仰地藏菩萨。他的母亲多年来,因为严重风湿痛不良于行,有一回实在痛得死去活来,不知如何是好。

　　为了母亲的病,他十分苦恼。某日当他持诵经文,读到"或取病人可爱之物,或衣服、宝贝、庄园、舍宅,对病人前高声唱言:我某甲等,为是病人对经像前舍诸等物,或供养经像;或造佛菩萨形像;或造塔寺;或然油灯;或施常住"这一段经文,他突然领悟了:母亲长年无法行走,病况如此凄惨,一定是业报病。

　　他立刻劝说母亲,将最心爱的东西布施出来,这样病情或许能有转机。他的母亲听了也认为有理,就舍出一颗珍藏已久的宝珠,是她母亲的遗物,为了纪念母亲,始终不曾离开她的身边,现在她愿意施舍出来,塑造地藏菩萨像。罗居士将宝珠变卖之后,就请人雕塑地藏菩萨像,雕塑师傅从来不

曾如此得心应手,很快就完成了,塑像非常庄严。塑好的菩萨像请回了罗居士家。

罗居士入内告诉母亲:"地藏菩萨像塑得十分庄严,您要不要出来看一看?"他的母亲起了欢喜心,为了表示恭敬,她走下床来换好衣服,然后来到外厅礼拜地藏菩萨。多年来不良于行的两只脚,在不知不觉中竟然好了,从此宛如无病之人,直到高寿才往生。

这真是不可思议,她舍弃了自己心爱之物,供养雕塑佛像的功德竟是如此之大。

> 如是三白病人,遣令闻知。假令诸识分散,至气尽者,乃至一日、二日、三日、四日至七日以来。但高声白,高声读经。是人命终之后,宿殃重罪至于五无间罪,永得解脱,所受生处,常知宿命。

如果能在病人面前告诉他,已为他将心爱之物施舍、造何功德,使病重之人入耳闻知。假如诸识分散已经往生,气尽之后,从一日、二日、三日直到七日之间,每一天都这样高声对亡者讲说,并且高声诵读此经,使亡者的心灵得到安慰。

这个往生的人,过去如果造了重罪,或者必须堕于五无间大地狱,可以因此得到解脱。将来投生之后,也能记得过去的因缘,以之为诫,不再造业。

何况善男子、善女人自书此经，或教人书，或自塑画菩萨形像，乃至教人塑画。所受果报，必获大利。

何况有善男子善女人，自己发心书写此经，或者教人写，如此所获果报必得大利。写经的功德很大，因为过去的印刷文物很缺乏，必须由人工书写，愈多人书写，就有机会使愈多的人接触佛经，所以抄经的功德很大。

抄经之外，自己雕塑、摹画地藏菩萨像，或者向人提倡，将来也一样会获得大利。

是故普广，若见有人读诵是经，乃至一念赞叹是经，或恭敬者，汝须百千方便，劝是等人勤心莫退。能得未来、现在千万亿不可思议功德。

所以说普广，如果见到有人默读或诵念此经，心中生起一念欢喜来赞叹这部经，或是对这部经表达恭敬的人，你应该施设百千方便来劝导这些人，千万不要退失这念精勤之心。如此，现在及未来都能得到千万亿不可思议的大功德。

罪与福都在我们的一念间，只要见人归敬供养、赞叹瞻礼地藏菩萨，心生讥毁谤无功德，仅此一念，就要在贤劫千佛灭度的时间中，受阿鼻地狱之罪。反之，若生起一念恭敬赞叹，功德之大则可获得多生的福报。

复次普广："若未来世诸众生等，或梦或寐，见诸鬼神乃及诸形，或悲、或啼、或愁、或叹、或恐、或怖。"

　　"梦"是睡着之后的梦境。梦，有时是身体不适引起，有时是日有所思夜有所梦，当然也有业报预兆的梦，在佛教中又有四种梦——

　　无明习气梦——无明即烦恼，无始以来所积存的烦恼影像，使人心神颠倒所致的梦境；白天多烦恼，夜晚就会做梦。

　　巡游旧识梦——旧识即过去曾接触过的境界，这个境界在我们的意识上留下深刻印象，平时虽然不去想，但是睡着之后，就会浮现在梦中。

　　四大偏增梦——四大即地、水、火、风，身体中任何一种元素偏盛时，表示身体出了状况，四大不调便会有梦。

　　善恶先征梦——有的人在梦中可以预卜吉凶。不过"圣人无梦"，真正的圣人没有放不下的执著，在不执著间，也就不必挂意于梦境。

　　若是做了噩梦，就督促自己赶快修身，能好好修身，灾祸自然消除，因此不必执著于梦境。

　　"寐"是指半睡半醒之间，在梦寐中见到鬼神等等形体，或是悲哀啼哭，或是忧愁叹气，或是十分恐怖的种种形态。

此皆是一生十生百生千生过去父母、男女弟妹、夫妻眷属,在于恶趣,未得出离,无处希望福力救拔。当告宿世骨肉,使作方便,愿离恶道。

　　梦寐之中见诸鬼神悲啼愁叹,或令人生恐怖者,这些都是我们前世或是十世、百世、千世之前的父母、兄弟姊妹、夫妻眷属等。我们从无始以来,生死、死生,当然有着百生千生的父母,这些在梦中现形的过去亲人,都是目前处在恶趣而未能出离者。

　　他们造了恶业,但是自己既无福力又无人拔救,所以才会在梦中现形,希望我们念在过去的骨肉之情,为他们广作方便,使他们得以离开恶道。

　　普广,汝以神力遣是眷属,令对诸佛菩萨像前,志心自读此经,或请人读,其数三遍或七遍。

　　普广,你应该以神通方便之力,使令梦见过去生眷属的人,能在诸佛菩萨像前,一心一意没有杂念地读诵此经;自己若是无法读诵,就请有修行的人为他读,读诵三遍或是七遍。三遍、七遍均属阳数。

　　如是恶道眷属,经声毕是遍数,当得解脱,乃至梦寐

之中永不复见。

若能自读或请人读经,这些在我们梦中悲啼恐怖的眷属,听到读诵经文,一定可以得到解脱。不但处在恶道中的眷属可以得到解脱,就是经常梦见这些眷属的人,也永远不会再有恐怖的梦境。

因此常做噩梦的人,可以多多读诵《地藏经》。一来可以安定我们的心,再来,对自己过去生的眷属或是恶道中的一切众生,也都有所助益。

> 复次普广:"若未来世,有诸下贱等人,或奴或婢乃至诸不自由之人,觉知宿业要忏悔者。志心瞻礼地藏菩萨形像,乃至一七日中念菩萨名,可满万遍。如是等人,尽此报后,千万生中常生尊贵,更不经三恶道苦。"

若未来世中,有这等地位低下的人,男者为奴、女者为婢,或是诸般不自由的人,自己知道今生出生人间,所受的不自由都是过去之业,因而生起惭愧忏悔的心。

这样的人,只要专心一志,生起虔诚的意念来瞻礼地藏菩萨像;要是环境不允许他以身礼拜,可以在七日内专心持念地藏菩萨的名号,每天专心称念一万遍。如此,尽此一报身之后,来世千万生中,都能常生尊贵之家,并且不会经历三

恶道的苦难。

　　复次普广:"若未来世中阎浮提内,刹利、婆罗门、长者、居士、一切人等及异姓种族,有新产者,或男或女。"

　　若未来世中,在我们生活的世界内,不同的阶级或种族中有刚出生的男女婴孩。

　　"刹利"即印度四姓阶级内上等阶级的人;"婆罗门"则是崇高的宗教者;"长者"是社会上具有影响力的人;"居士"则是一般在家修行者,这一切人等,还有其他不同族姓的家庭。

　　七日之中,早与读诵此不思议经典,更为念菩萨名可满万遍。是新生子,或男或女,宿有殃报,便得解脱,安乐易养,寿命增长。若是承福生者,转增安乐及与寿命。

　　这个孩子一生下来,无论是男是女,家人若能于七日中,为他读诵此不可思议的经典,再为他持念地藏菩萨名号一万遍以上,如果曾在过去生中造了恶业,由于为他持诵此经及诵念地藏菩萨名号的功德,这些殃报都能解脱。

　　有的孩子出生不久即告夭折,或者不好养育,这就是他过去生曾经造业,今生带着业报而来所致。我们若能为他造

福,读诵《地藏经》,持地藏菩萨名号,业报自然得以消除,并且安稳快乐容易养育,寿命也能增长。

要是这个孩子过去生已经累积福业而来,我们再为他诵经持名,即可继续增福,在人间的生活安然快乐,寿命亦长。

大多数不懂佛法的人,孩子一出生时就为他杀生,母亲坐月子的一个月时间,吃了三十多只鸡,这是为孩子增添冤业,真的是大错特错!如果想要孩子平安寿长,就不要为他杀生,应该多为孩子布施,才是真正为他造福。

> 复次普广:"若未来世众生,于月一日、八日、十四日、十五日、十八日、二十三、二十四、二十八、二十九日乃至三十日,是诸日等诸罪结集,定其轻重。"

若未来世众生,能于每个月的一、八、十四、十五、十八、廿三、廿四、廿八、廿九、卅(大月时为廿八、廿九、卅,小月则是廿七、廿八、廿九),在这些日子里持斋修福。因为这些日子中有四天王天审察人间,定其罪福轻重。

> 南阎浮提众生,举止动念,无不是业,无不是罪,何况恣情杀害、窃盗、邪淫、妄语百千罪状。

南阎浮提的众生,在日常生活的举止动念中,无不都在

造业造罪，身、口、意业无时暂停。何况还有其他任意杀害、偷窃盗取、夫妻之间彼此不忠实、妄语恶口等种种罪状。

能于是十斋日，对佛菩萨诸贤圣像前，读是经一遍，东西南北百由旬内，无诸灾难。当此居家，若长若幼，现在未来百千岁中，永离恶趣。

如果能于每个月十斋日中，过午不食，持八关斋戒，对佛像前读诵此经一遍，可以感得方圆百由旬内不生任何灾难，风调雨顺、国泰民安。只要人人行善，人人守戒持斋，自然风雨顺时谷稼成熟，家中上下和气平安，现在及未来世中都能永离恶趣。

能于十斋日每转一遍，现世令此居家无诸横病，衣食丰溢。是故普广，当知地藏菩萨有如是等不可说百千万亿大威神力，利益之事。

如果能于这十个斋戒日中，每日诵读此经，并且依经而行，现世就可得到家中没有横逆及各种疾病，衣食方面也丰饶无虞。因此普广菩萨，你应当知道地藏菩萨有如是说不尽的百千万亿大威神力，所以能达成许多利益众生之事。

阎浮众生于此大士有大因缘。是诸众生闻菩萨名,见菩萨像,乃至闻是经三字五字,或一偈一句者,现在殊妙安乐,未来之世百千万生,常得端正,生尊贵家。

娑婆世界的众生,和地藏菩萨有大因缘。释迦牟尼佛在忉利天宫将未来众生,也就是现在的我们,交代给地藏菩萨,地藏菩萨便担负起这个责任,一直到弥勒佛出世,实在是任重道远。所以娑婆众生与地藏菩萨的因缘很深,众生是否能得救,就要依靠地藏菩萨来做济度因缘。

阎浮提众生,听闻地藏菩萨的圣号,见到地藏菩萨的圣像,或是接触到《地藏经》的内容,就算只有三字五字,或是一句一偈,当下就能得到欢喜安乐,未来百千万生中,更能经常得到相貌端正,生长在尊贵之家的利益。

千经万论无非是要我们向善精进,舍弃烦恼修清净心。因为众生都有与佛同等的自性,我们应该要提起向上的心,只要听经能听得入耳,听得入心,同时实践于行动中,这样,即使只是一句经文或一首偈子,对我们都能受用无穷。

尔时普广菩萨,闻佛如来称扬赞叹地藏菩萨已,胡跪合掌复白佛言:"世尊,我久知是大士有如此不可思议神力,及大誓愿力,为未来众生遣知利益,故问如来,唯然顶受。"

"尔时"指佛为普广菩萨解释地藏菩萨的威德,普广菩萨听闻佛称扬赞叹地藏菩萨之后,他便右膝着地、双手合掌禀白佛陀:"世尊,我早已知道地藏菩萨有如此不可思议的神力,以及广大的愿力。只不过为了使未来的众生,能够了解其中的利益,所以必须为他们介绍地藏菩萨的愿力。但是,由我来介绍恐怕力量不够,因此敦请佛陀亲口宣说,这样未来的众生就能信服接受。"

地藏菩萨从初发心见到师子奋迅具足万行如来开始,接着投生为婆罗门女、光目女等,生生世世都是为救度众生,发愿再发愿,唯一的心愿就是度尽一切众生,这就是他的弘誓愿力。

"唯然顶受",普广菩萨说:"我们一定会依照佛所说的教法,广设方便,使令众生得知利益,以弘扬地藏菩萨的行愿。"

　　世尊,当何名此经,使我云何流布? 佛告普广:"此经有三名:一名地藏本愿,亦名地藏本行,亦名地藏本誓力经。"

普广菩萨发愿广宣流布这部经之后,想要进一步确定此经之名,以方便将这部经流传世间,因而再向佛陀提出此问。

佛即告诉普广菩萨:"此经有三种名称,一名《地藏本愿经》,亦名《地藏本行经》,亦名《地藏本誓力经》。"现在一般最

常见的全名为《地藏菩萨本愿经》。

> 缘此菩萨久远劫来,发大重愿利益众生,是故汝等
> 依愿流布。

地藏菩萨长久以来,一直不断发出深重誓愿,每次完成一段因缘,就继续再发利益众生的愿。因此佛陀对法会中的大众说:"大家应该依照地藏菩萨的本愿而流布,使这部经能恒久流传在人间。有了这部经,众生依照这条路去走,就能得到解脱。"

> 普广闻已,合掌恭敬作礼而退。

普广菩萨听法完毕,以恭敬的形态作礼,然后退回原位。

·佛门大孝地藏经

利益存亡品第七

尔时地藏菩萨摩诃萨白佛言:"世尊,我观是阎浮众生,举心动念无非是罪。脱获善利,多退初心;若遇恶缘,念念增益。"

　　因为地藏菩萨时时都在南阎浮提这个地方,来回救度众生,他对众生十分了解,更有一种无可奈何的感叹。地藏菩萨禀白佛陀:"世尊说的我非常了解,我每每观察阎浮提众生的心性,发现他们的起心动念真的满是罪业。"

　　"脱获善利,多退初心",因为阎浮提众生志性不定,所以容易受到环境左右,致使所发善心不能持久,每当得到一点利益之后,很快就退失了初发心。

　　发心如初,成佛有余。修行人若能坚持初发的一念心,成佛一定指日可待,信佛的人也是一样。

　　一般人开始学佛时往往精进不懈,每日拜佛、念佛,求法的心念丝毫不间断,但是第一年佛在眼前,第二年佛在天边,第三年佛已不见,这就是信心愿力不能坚持。因此,一定要做到学佛如初,不要认为自己是老修行,须知佛法如大海,永远学不尽,所以不要退却初心。

　　"若遇恶缘,念念增益",恶缘源于我们平日的烦恼、习气,受到外界色、声、香、味、触等六尘的诱引,即造作恶业。很多人开始学佛时,知道六尘是使人堕落的恶缘,应该及早远离,但是不久退失初心,外境一诱引,很容易就受境界迷

惑,遇到好人就引发好的因缘;遇到坏人,习气就容易发作。

恶缘就像恶贼一样,"六根门头有六贼",六根乃眼、耳、鼻、舌、身、意,外面有六个贼——色、声、香、味、触、法,里应外合将会搬光我们的功德善财。六根缘着外面的境界,心无法控制,八识的主人翁被迷乱了,造成了颠倒人生,这就是恶缘令人心不安定,念念增益,烦恼中再添烦恼。

南阎浮提众生的根性不定,杂念心重,无法转变恶的习气,也无法坚守善念,因此地藏菩萨十分慨叹。

是等辈人如履泥涂,负于重石,渐困渐重,足步深邃。

"是等辈人"指脱获善利,多退初心的人。他的善念一退,恶缘立即增长,就像两只脚陷入烂泥一样。人人本具清净的心,却容易受外面的境界动摇;心性一动摇,痴念就会生起,痴念一起造业不断,所招感的就是三途苦报。

人生道上处处埋伏着危机,稍一不慎,就像一个人深陷泥沼一样。世间本来就充满险阻,我们若再愚痴造恶,即如背上负着重物,脚步愈陷愈深,终将无法自拔。

若得遇知识替与减负,或全与负。是知识有大力故,复相扶助,劝令牢脚。若达平地,须省恶路,无再经历。

若是幸运得遇善知识,他能发心替你拿下重担,甚至代你担负起全部的重量,这位善知识一定有不可思议的大神力,否则无法替人减轻负担。他除了为我们减轻负担之外,还伸出手来扶助我们,教导我们如何忏悔灭罪;我们若能接受教导,好好受持忏悔,就能减轻业力。

地藏菩萨的大愿是负起救护众生的责任,除了代众生受一切苦,还要救度众生离开六道轮回,这就是大菩萨。这样的人一定具有大力量,也就是信力、精进力、念力、慧力、定力,五力具足之后,要救度罪苦的众生就能得心应手。

"劝令牢脚",菩萨救起众生之后,会劝大家有了成就之后要好好精进,并且谨慎站稳脚步,好好坚定自我的信念与志愿,不要大意又重堕泥淖。人生道上一定要好好地走,否则一失足成千古恨。

"若达平地,须省恶路,无再经历",走到险要的地方要好好地走,过了险地之后,在平坦的路途上仍然要时时反省,过去曾经堕落一次,不可再有稍微的疏忽。凡夫难免会做错事情,重要的是不能再犯,若能时时反省过去,才能有所成就;要是一犯再犯,就无可救药了。

世尊,习恶众生从纤毫间,便至无量。

众生一旦撒下恶的种子,恶的习气很容易就现形。所谓恶的种子,就是过去生中造了恶的因缘,有了恶因恶缘,除了三途苦报之外,余业未尽还要来到人间。来了人间因为缺乏善的因缘,所处的环境皆容易诱人堕落,这就是恶习结业。有了恶的习惯,自然会再造恶的因缘,种下恶的种子之后再去受苦,受苦之后再积恶习,如此周而复始无有出期。

"从纤毫间,便至无量",纤毫是指恶念一现形,在短暂的时间内,心念引发动作,很快又产生许多无明种子。

> 是诸众生有如此习,临命终时,父母眷属宜为设福,以资前路。

恶习众生,身、口、意常造杀、盗、淫等等恶业。有此恶习的人,命终后一定会堕落,所以父母或眷属一定要设法为他植福,才可能引导他投向光明的道路。

> 或悬幡盖及燃油灯。或转读尊经,或供养佛像及诸圣像,乃至念佛菩萨及辟支佛名字,一名一号,历临终人耳根,或闻在本识。

在佛堂悬幡盖、点油灯,使佛前得以光明,或者反复读诵大乘经典,或供养佛菩萨像、诸圣贤像,乃至持念佛菩萨的名号及辟支佛的名字,使这些名号能进入临终者的耳根里。

在临终者尚未断气前为他念佛,使他的灵魂有所依靠,才不会心生恐怖。安定了他的神识,再倚仗佛菩萨的威德,远离恶的业道,加上念佛、供佛的功德,善的种子提升上来,就有善缘再转世为人。有了这样的因缘,又得遇善知识,得救的机会就很大。

> 是诸众生所造恶业,计其感果必堕恶趣,缘是眷属为临终人修此圣因,如是众罪悉皆消灭。

这些造恶业的众生,本来所造的业,应该招感报应堕落恶趣。因为有他的眷属为之悬幡盖、燃油灯或转读佛经、供养佛像、持菩萨名号,安定临命终人的心,有了这个殊胜因缘,才使他过去所造的罪业得以消灭。

> 若能更为身死之后七七日内广造众善。能使是诸众生永离恶趣,得生人天受胜妙乐,现在眷属利益无量。

我们除了为临命终人造善因之外,若能在四十九日内再为亡者多做善事,乘此功德,造恶众生得以永离恶趣得生人天,享受种种殊胜妙乐。为他做功德的人,也可以得到无量利益。

这就是造福的好处,利益亡者之外,尚可利益在生的眷

属,当然这必须仰仗佛菩萨的力量,才能将他过去的恶业暂时覆蔽。所以,功德最好是自己做,自己做的话分分己获;别人为我们所做的功德,利益极为有限,必须有大的因缘,才能得到大的善因。

在人生道上,处处都是陷阱,我们一定要十分谨慎。有时发了心,起一个修善的念头,但是信念不坚定,就容易受到境界左右,如此善根就会转小,以致退失了初心;退失了一念善因,恶缘很快就增长起来。因此,我们的善念一点也不能退转,要坚定固守,不要让六贼于六根门头搬走了我们的功德善财。

是故我今对佛世尊,及天龙八部人非人等,劝于阎浮提众生,临终之日慎勿杀害及造恶缘,拜祭鬼神,求诸魍魉。

因为此经是佛在忉利天宫所讲,所以道场里有天、龙、鬼神、天人等。地藏菩萨希望大家共同来劝说南阎浮提的众生,在亲人临终时,千万不要再造杀害众生的罪业,为了延长亲人的生命,因而杀生以拜祭鬼神、祈求鬼魅,这种侥幸的心理根本毫无用处,只是为临终者多结恶缘而已。

我们应该知道,一个人的身体健康,并不是由杀害其他生命而得。人的年纪大了,身体衰弱是很自然的事,我们要是为他杀生祭拜,等于是招来恶道鬼神,引他堕落鬼道,岂不是弄巧成拙,得不偿失。人的生死本该视为自然,希望亲人在临终时能够远离鬼道,就不要再多杀众生,更不要为他祭拜鬼神,最好能为他念佛及读经。

　　何以故?尔所杀害乃至拜祭,无纤毫之力利益亡人,但结罪缘,转增深重。

　　为什么不能杀害与拜祭呢?因为为临终者杀生或拜祭,丝毫无法利益亡者,只是多结罪缘,并且加重罪业。

　　人的生命长短,取决于自己的业,并不是由鬼神来操纵。过去生如果没有慈悲心、多造杀业,所招来的就是短命的报应。因此,拜祭鬼神既不能添福,更不能免除人的厄运。

　　个人的福业,都是过去生中勤于布施、持戒所得,我们造了罪,鬼神也无法免去我们的祸端与业报。过去生既然造业,今生就应该受报,鬼神是无法替我们遮盖的。

　　学佛最重要的是心力坚定,心力定,衰气就不会靠近。当我们内心生起烦恼,心中的自障魔就会障碍自己,所以不是鬼神诱引我们作恶造业,大部分都是自我障碍,自招灾殃。

　　假使来世或现在生,得获胜分,生人天中。缘是临终被诸眷属造是恶因,亦令是命终人殃累对辩,晚生

善处。

这个亡人因为在生之时曾造善因,原本乘此善因,来生或是现生之中,即得皈依三宝入佛门,或是得生天界乐报无穷。现在因为临终眷属为他杀生,增添他的罪业,于是连累他命终时,还要到阎罗王面前说明这些情形,为此延误了投生善处的机会。

我们要为临终的亲人造福,绝对不能再为他造杀业,因为亡者或多或少都曾造恶,眷属再为他结下恶缘,无异是罪上加罪。至于平时行善修福的人,眷属若在生死关头为他造下恶因,不啻本末倒置,将会拖延他往生善处的时机。

由此可见,自己修行固然重要,眷属们更是不可疏忽,真正的亲缘应该要互相规劝,彼此祝福。学佛不只是自己去学,还要带领家属一起来深入,才能建立共同的正确信仰,相互扶持,增长道业。

何况临命终人,在生未曾有少善根,各据本业,自受恶趣,何忍眷属更为增业。

在生行善造福的人,都会因眷属的杀生、祭拜鬼神而被拖累,更何况在生时未曾种下善根的人,将依生前所造行业自受恶趣,哪里还禁得起眷属再为他杀生,多添杀业。

人间的众生，身、口、意总是多恶少善，贪瞋痴等意业会使我们的身与口去造罪。世间人没有几个不具私心，一有私心就会有贪念；有了贪念就会造恶业。生前没有丝毫善根，不了解生命的可贵，也不知追求真理，只是劳劳碌碌虚度一生，所造的业已经要堕入恶趣了，现在眷属又再为他增业，怎不令人为他捏一把冷汗！

> 譬如有人从远地来，绝粮三日，所负担物强过百斤，忽遇邻人更附少物，以是之故转复困重。

譬如有人从很远的地方来，走了很远的路，既无水又无粮食，已经饿了三天，身上所挑的担子又超过百斤。一路行来，饥渴难耐几乎不胜负荷，忽然间邻近的人又托付他一些东西，因为这个缘故，更增加他的负担。

这是一个比喻。我们由无始劫来，生生死死、死死生生到现在，过去生什么都没有带来，唯有带业而来，可悲的是，生生世世又一直造业，变本加厉一直到现在。

"绝粮三日"指的是我们原本就缺乏善根福德，不曾求法修行，没有法水来滋润慧命，亦不常造福布施，只知悭贪。长久以来，已经迷失了本心，上无法求取佛法，下无法利益众生，便像远行中又断了水谷的人一般。

"所负担物强过百斤"，意思是说一个人没有修行，身上

担了很重的罪业还不自知。"忽遇邻人更附少物，以是之故转复困重"，自己所造的业力，已经承担不起了，邻近的亲戚朋友，或者子孙眷属再为我们增加业力，所以担子愈挑愈重，路就愈走愈远了。

我们平时不造福业只造罪业，临终时眷属却更为杀害，自己造业已经够可怜了，眷属再为我们杀生拜祭鬼神，业力更是深重。因此，我们要好好注意，生死大事千万不要忽略了。

334·佛门大孝地藏经

> 世尊，我观阎浮众生，但能于诸佛教中乃至善事，一毛一渧，一沙一尘，如是利益悉皆自得。

世尊，我仔细观察阎浮提众生，若能于诸佛的教法中精进，立志布施行善，即使善行像一根头发上的一滴水，或像一粒细沙、一粒微尘，这一点一滴的善事，只要是我们自己做的，于佛法中为善所得的功德，都是分分己获。

修行要靠自己，无法依赖别人；要自救，不要依靠别人来救我们，只要我们肯自修自救，毫厘的功德都不会遗漏。"各人吃饭各人饱，各人修行各人了"，画饼不能充饥，我们不要自认为是个念佛的人，如果光是念佛，却不能真心学佛修行，不肯修养自己也是无可奈何，终究无法得救。

我们听经学佛，一定要身体力行才能真正得到法益。

说是语时，会中有一长者名曰大辩，是长者久证无生，化度十方，现长者身。合掌恭敬，问地藏菩萨言：“大士，是南阎浮提众生命终之后，小大眷属为修功德，乃至设斋造众善因，是命终人得大利益及解脱不？”

　　地藏菩萨与佛的对话告一段落后，法会中有一位大辩长者，长久以来已证得涅槃寂静的境界。

　　这位大辩长者，无始劫来即已深入佛法，身体力行精进向道，所以能达到法、义、词、辩四无碍的境界，乃以此德见名。他了彻真理证得无生，发心于十方世界中现长者身，以方便度脱众生。

　　大辩长者在会中，合掌恭敬请问地藏菩萨：“大士，南阎浮提众生命终之后，晚辈子孙或长辈眷属为命终人所做的功德，或设斋供僧造布施善因，抑或庄严佛前，悬幡盖、点灯、供佛等等，这样亡者是否能得到大利益及解脱？”

　　地藏答言：“长者，我今为未来现在一切众生，承佛威力，略说是事。”

　　地藏菩萨回答：“长者，我现在承佛的威力，将为现在、未来一切众生，大略说明您所提出的问题。”

> 长者，未来现在诸众生等，临命终日得闻一佛名、一
> 菩萨名、一辟支佛名，不问有罪无罪，悉得解脱。

大辩长者啊！现在及未来所有的众生，往生前若能亲耳听闻一句佛的名号、一菩萨名、一辟支佛名，无论生前有罪无罪都能得到解脱。

我们最好也能经常持念佛的名号。假如过去不曾听闻佛名，也不曾念佛，临终时心中缺乏依靠，就容易生出惶恐，前途茫茫不知何去何从。这是紧要关头，此时如果有人能为他念一声佛号，临终者在恐怖无助之间，听到佛号可以安其神魂，使他在恐怖中得到安宁。

临终时情况危急，在这紧要关头为他念佛，他的心神专一，接受力就强，便可得到利益、得到解脱。除了持念佛名之外，念菩萨名或者辟支佛名，同样可以得到心灵安定的力量。

> 若有男子女人，在生不修善因，多造众罪。命终之
> 后，眷属小大为造福利一切圣事，七分之中而乃获一，六
> 分功德生者自利。

若有男子女人，生前不学佛、不修行，多造十恶五逆之罪。往生后，他的父母眷属为他备办一切佛事，请法师诵经，为他布施贫苦等等，为他所做的这些功德，若是分为七分，亡

者只能得到其中一分利益,其余六分功德则由眷属自身所得。

功德必须自己做,别人为我们诵经、布施等等,功德即使再大,我们所能得到的也很微薄。因此佛一再为众生说法,要我们戒除十恶,还要我们行布施,多造善因福业,能够持戒又布施,将来才能往生善处;如果不肯布施还造恶业,后来就要堕落,这是自种因、自得果。

以是之故,未来现在善男女等,闻健自修,分分己获。

别人为我们所做的功德,我们得之甚微。所以现在、未来的善男女等,只要有行善布施的机会,知道之后就要赶快把握,这样一切功德都是自己获得。修行要靠自己,不要等别人替我们做,就算肚子饿了,也必须自己吃饭才会饱,才有体力做事;如果不肯吃饭,饥饿困乏,连路都无法走了,怎么有体力做事呢?

这段经文浅显,只是不知道大家能否切实去做?要做善事,必须放下小我,为大我的利益设想,如此才能真正实修,关键就在肯不肯去做,一切只在一念间,我们如果有毅力,做起来自然不困难。

> 无常大鬼不期而到，冥冥游神，未知罪福。七七日
> 内，如痴如聋，或在诸司辩论业果。审定之后，据业受
> 生。未测之间，千万愁苦，何况堕于诸恶趣等。

人的生命一直在生灭中，没有一刻暂停，生命无常，只要地水火风四大一不调和，一口气出去不再进来，生命就结束了。因此，我们一定要与时日竞争，不要懈怠，必须时时存有无常观。

无常大鬼铁面无私，无论你在世间的地位多高，家中门禁多森严，时候一到，照常将你从人间带走。其实，个人的死期并无法预知，大家千万不要以为自己现在还年轻，往后日子还很长，身为佛教徒应该要有"今日过后，明日是否安然"的警惕。生命只在呼吸间，我们要常做将死的准备，这样才会加紧修行。

"冥冥游神，未知罪福"，冥冥就是黑暗。我们一旦一口气不来，四周一片黑暗，神识做不了主，就会感到惶恐不安，不知何去何从，这就是"冥冥游神"。

"未知罪福"就是不知道自己到底会得福，抑或受罪。

"七七日内，如痴如聋"，人在死后七七日内要经过中阴身，所谓中阴身即是舍了此身之后，还未投生到彼处的这段时间，一般人称为灵魂。在这七七四十九天之内，自己做不得主，神识飘飘忽忽，期间如果没有人为他做功德以资超拔，

等到七七日后即随业受生。

"或在诸司辩论业果。审定之后,据业受生",诸司即是判断我们善恶罪业的地方,有的人对自己造的业会加以辩驳,论断者则根据其生前善恶,清楚分判。善有善报,恶有恶报,善恶业果判断分明之后,即依各人不同的业缘分别受生,强的业先现形,弱的业后受。恶因多善因少,首先要受地狱之报;善因大恶因小,则先受福业,不过福一享完,过去的恶业仍旧要受。

"未测之间,千万愁苦,何况堕于诸恶趣等",在业果尚未论定之前,等待受生的人心中总是惴惴不安,不知自己的报应如何。好比世间法庭上诉期间,相信诉讼者的精神都不得安定,要等到罪行确定之后,才能尘埃落定。命终之人,无法自主的灵魂感到非常恐怖,一旦审罪之后判入地狱,势将永无出期,受苦的惨状更不堪言。

　　　　是命终人未得受生,在七七日内念念之间,望诸骨肉眷属与造福力救拔。

命终之人不是立刻受生,除非具有极善的业力,平时造善布施,持戒修行到了极善的程度,才能舍此投彼,立即投生善处,不必经过中阴身。另外一种则是造了五逆十恶之人,这种人未死之前,即被生擒活捉入地狱,因此也不必经过中

阴身。

除了极善与极恶之人，一般众生虽肯行善，却尚有为己的私心；论修行，有时也难免懈怠，这就是一般众生，非极善也非极恶。这种人占大多数，必须经过中阴身，意识脱离躯体后四十九天之内，总是期待骨肉眷属能为他做功德，等到过了这个时间就必须随业转生。

有的人在祖先死了十几年后还为其超度，更有人说自己的祖父母向他要东西，其实早已经舍此投彼了，怎么会来要东西，这些都是无稽之谈。

一般人都是善恶业兼有，才会在中阴身盼望眷属为他造福。要是自己修行有成，就不必靠眷属为我们造福了。

> 过是日后，随业受报。若是罪人，动经千百岁中无
> 解脱日；若是五无间罪，堕大地狱，千劫万劫永受众苦。

过了七七四十九日后，业识随业受报。要是生前造罪判入地狱，动辄经过千百岁的时间，即使亲人想为他超拔，也无解脱的机会；如果是堕入五无间地狱，那么千万亿劫中，都要在地狱中受种种苦刑。

> 复次长者："如是罪业众生命终之后，眷属骨肉为修
> 营斋资助业道，未斋食竟及营斋之次，米泔菜叶不弃于

地,乃至诸食未献佛僧,勿得先食。"

长者,在生造业、死后受罪的众生,命终之后,他的眷属骨肉为他设食供养三宝,帮助他解脱业道。僧众受供尚未结束,或者开始供僧前的准备工作,即使是洗米、挑捡菜叶这样的小动作,我们都要存着恭敬心。洗米水不可随意泼洒在地,菜叶也不可以随意丢弃。

供佛及僧的物品,为了表示恭敬,必须放在较高的地方。如果将供养三宝的食物杂乱堆置,没有恭敬心,所得的功德当然十分微薄,因此,要供养佛僧的物品,在料理的过程中,都必须恭敬又谨慎。

有的人洗米的时候,锅中尚有剩饭,他就将生米放入锅中去淘洗,加水之后米较重往下沉,饭粒较轻则浮出水面,随着水流掉了。这种粗心大意、不爱惜五谷的行为就是缺乏敬意。

要供佛及僧的食物,端的时候不可低于鼻下,如果将供佛的东西先拿到鼻前嗅过,这样就不恭敬了;举高齐眉的动作,则表示虔诚与恭敬。一个人诚心与否,并不是以物质多寡来衡量,最重要的是我们的态度。

有许多人在处理丧事时,非但家中一片狼藉,并且没有一点悲伤的气氛,杀鸡、宰鸭,尸体随地乱丢。有的人为了把丧事场面办得热热闹闹,唯恐采用素食别人不肯赏光,因此祭拜时勉强用素的,但是宴请亲友则以荤食。为了面子宁可

为亡者造下杀业,这根本不是为往生者造福。

除了供佛僧的处理工作必须谨慎恭敬,米泔菜叶不弃于地之外,同时未供佛僧之前,我们绝对不可以先吃。但是,现在有许多丧家,往往是自己先吃,等到法师诵完经才请法师用餐,这样是很不恭敬的。

> 如有违食及不精勤,是命终人了不得力。如精勤护净奉献佛僧,是命终人七分获一。

如果尚未供佛,诵经的法师也未用斋,眷属们就先吃了,这就是"违食",也就是不恭敬,违背了供僧的规矩。"不精勤"也就是在料理食物时草率不仔细,散漫而不殷勤。

要做一场功德,必须内外精勤,即使是在厨房内工作的人都不得疏忽,更何况是眷属本身,更不能不慎重。若是缺乏恭敬心,即使场面做得再大,亡者也得不到一点功德;如果能够精勤又干净,虔诚地奉献佛僧,眷属所做功德,七分之中亡者能得到一分,其余六分则是生者自得。

> 是故长者,阎浮众生若能为其父母乃至眷属,命终之后设斋供养,志心勤恳,如是之人存亡获利。

众生如果能为命终的父母乃至眷属,设斋供养佛僧,并且殷勤恳切如法办理,不但亡者获利,就是眷属也能获得利益。生者得到的利益甚至比亡者还大,虽然是为亡者造福,事实上也是为自己造福。

说是语时,忉利天宫有千万亿那由他阎浮鬼神,悉发无量菩提之心。

地藏菩萨为大辩长者说明阎浮提众生临命终时,眷属应该以什么态度来做什么功德之后,忉利天宫当场有千万亿的听众,除了天神之外,尚有世间的鬼神,听到地藏菩萨的说明,他们都发出了菩提道心。

大辩长者作礼而退。

地藏菩萨说明之后,大辩长者十分满意,作礼而退。
这位大辩长者出来向地藏菩萨请教,并非他不理解其中的道理,而是为世间的众生发问。他若不为众生提问,我们就没有机会了解,临终者的眷属应该以什么态度来做功德,更不知道该如何修行。
这位大辩长者已久证无生(注:指早已成佛,又再现身度众),但是他很慈悲,为我们请问有关生死的重要事项,我们应该要感激他的苦心。

阎罗王众赞叹品第八

尔时铁围山内有无量鬼王,与阎罗天子,俱诣忉利,来到佛所。

"尔时"是指大辩长者请教过地藏菩萨,而后作礼退下的时候。"铁围山"指的就是地狱。阎罗天子带领任职地狱的鬼王们,一起来到忉利天宫,也就是佛陀讲说此经的道场。

所谓:恶毒鬼王、多恶鬼王、大诤鬼王、白虎鬼王、血虎鬼王、赤虎鬼王、散殃鬼王、飞身鬼王、电光鬼王、狼牙鬼王、千眼鬼王、啖兽鬼王、负石鬼王、主耗鬼王、主祸鬼王、主食鬼王、主财鬼王、主畜鬼王、主禽鬼王、主兽鬼王、主魅鬼王、主产鬼王、主命鬼王、主疾鬼王、主险鬼王、三目鬼王、四目鬼王、五目鬼王、祈利失王、大祈利失王、祈利叉王、大祈利叉王、阿那吒王、大阿那吒王。

阎罗天子率领着三十四位鬼王,承佛的威神力来到忉利天宫。

这些鬼王和世间的众生都有着密切的关系。他们虽然化身为鬼类,事实上是权巧应化,为的是摄受损害人间的鬼魅,使他们不能随意向世间散播灾殃。

接着我们就要一一来认识这些鬼王们:

"恶毒鬼王"与"多恶鬼王"放在首二位,表示阎浮提众生缺乏慈悲心,贪、瞋、痴三毒之心炽盛。这两位鬼王虽现鬼

身,内心却很慈悲,所统领的是三毒心重的恶毒鬼神。这些恶毒的鬼神,只要众生不慎稍有过失,就会对众生不利,幸好有二位鬼王来降伏摄受,否则世间将不得安宁。

"大诤鬼王",诤就是斗争,互不相让。世人就是如此,凡事都要争到底,个人之间为的是争一口气,社会、国家之间的争斗则难逃家破人亡的命运。斗争总是因为贪心、嫉妒所致,这也是阎浮提众生的毛病。

不只地狱有斗争鬼,人间也处处充满了斗争鬼。我们修行一定要息灭诤论,才能有所成就,一般人和气相处,事业也才能圆满,绝对不能有贪心嫉妒的心念,否则诤论将永不停息。

"白虎鬼王"、"血虎鬼王"、"赤虎鬼王",这三类鬼王是以他们的外形命名。白虎鬼王,虎头人身全身白毛;血虎鬼王血盆大口,形状相当可怕;赤虎鬼王则全身赤红色。老虎是森林中凶猛的兽类,喻指此类鬼王性情暴恶,对众生损害亦大。

"散殃鬼王",殃即是灾祸。我们在人间,今日平安难保明日无恙,因为众生大多不畏因果,常行险道;有彼此间共业的灾难,也有自种因、自得果的灾祸,散殃鬼王遍满天下,因此与众生的灾难有密切关系。

我们平时只要一时信念不专,比如不敬天地、不孝父母、不尊师长、不敬三宝,有了这种行为,天神弃之、恶神厌之,很

容易招来灾难。灾难的发生往往在瞬息之间,令人无法预知与防范,而主导灾难的就是散殃鬼王。

"飞身鬼王"又称为夜叉。夜叉是一种恶鬼,善于飞行,他的行动极为迅速敏捷。

"电光鬼王",他的眼睛就像灯光一样明亮,众生有了三毒恶念,不管行动多么隐密,心量多么细微,都无法瞒过电光鬼王。地狱里非常黑暗,刑具也很凄惨,受刑的众生想要逃跑,由于电光鬼王两眼锐利,终将无所遁逃。

"狼牙鬼王"状似狼犬,口牙尖又长,状极可怕,性极凶猛,众生再狠恶,也躲不过狼牙鬼王敏捷的行动。

"千眼鬼王",佛教中有千手千眼观世音菩萨,地狱中则有千眼鬼王。这表示众生心千差万别,必须由千眼鬼王来透视众生的心。

我们日常的举止行动一定要谨慎,"十手所指,十目所视",君子慎其独,即使没有其他人在场,一样要注意自己的行动,语默动静都不能稍有疏忽。时时刻刻凭着良心做事,谨言慎行,如在千眼鬼王面前,才不会有所疏忽。

"啖兽鬼王",此鬼王猪头人身,平时以兽类为食,性极凶猛。

"负石鬼王",此鬼王专门负石担沙,填塞河海。

当年台湾中部八七水灾的景象,至今很多人仍记忆犹新。大水冲走了无数人畜的生命,水灾过后一个月内,不断

挖掘出尸体,真是惨不忍睹。

一九七三年,台东的大水灾,滚滚大水由山上直泻而下,多少人的家园毁于一夕之间。这就和负石鬼王所执掌的职务有关,也可以说是众生的共业,众生有此业力,才会感得鬼王来破坏世间的山河大地。

"主耗鬼王",耗即消磨。人的身体健康,精力自然充沛,有的人外表看来没病,精神却很衰颓,就是主耗鬼王于不知觉间,暗中消耗了人的精力。

"主祸鬼王",祸即灾祸。一个人平时不修善,心中充满了恶念,善少恶多,自然吉庆的事就会远离,灾祸也容易近身。主祸鬼王即主宰人类的灾厄祸殃。

"主食鬼王"是主宰众生的食禄。衣、食、住是生存必备的条件,能够吃得饱、穿得暖就应该满足,但是众生却经常非理毁用;现代人非山珍海味不吃,一餐饭吃下来往往要耗费许多金钱。

而修行人用餐,佛制比丘"食存五观"。五观就是五种观想——

一、计功多少,量彼来处:每餐饭前,要计量自己是否精进修行,有多少功德堪得吃这一碗饭。这一碗饭来处不易,必须耗费多少人力、物力,因此吃这一碗饭时,必须生起惭愧心,除了感恩之外,更要爱惜食物。

二、忖己德行,全缺应供:出家人必须时时反省,思惟自己的德行到底有多少？是否堪受别人的供养？

三、防心离过，贪等为宗：修行者有了贪、瞋、痴、慢、疑等毛病，就缺乏受供的德行，所以一定要预防心的过失，好好地修行。

四、正事良药，为疗形枯：吃饭是为了生存，就像吃药一样，食物是我们摄取营养的主要来源；而身是载道器，修行要有所成就，也必须有健康的身体。因此，我们要把食物当作"正事良药"，为了疗养血肉之躯，以免消瘦、生病；用餐时，必须端正心念来吃这一餐饭，如此一来，就不会挑剔、浪费，也有充沛的体力来为社会服务。

五、为成道业，应受此食：我们为了成就道业，所以食用这一碗饭。

每次进餐时，应该做这五种观想。而主食鬼王专门在计量人们取食是否适时适量，因此我们要好好惜福。食物的摄取是为了维持生命，如果食之不当即称为"毁用"，毁用的结果，来生将会受到饥饿贫穷之报。

"主财鬼王"专门掌理众生的财富。我们过去生造了多少福业，今生就可得到多少财富。有的人年初岁末都忙着接财神、送财神，以为在吉时开门就可迎进财神爷。事实上，过去生如果不曾造福，财神是不可能上门的。

"主畜鬼王"专门掌管畜类的生死。我们是佛教徒，最好不要养畜生，因为畜生养大了总难逃被杀一途，唯有不养不

杀才是如法。

"主禽鬼王"、"主兽鬼王",禽是飞禽,兽是走兽。胎、卵、湿生等众生类都各有鬼王管理。

"主魅鬼王",魅即日月精英,所以有所谓石头精、树精,这些精英是属于魑魅,兴旺快,衰败得也快,常常会损害人。主魅鬼王即是统领这些精魄。

"主产鬼王"主宰人类即将出生的那一刻。我们出生时是安产抑或难产,全由主产鬼王来控制。

"主命鬼王"操纵一个人寿命的长短。

"主疾鬼王"主宰着人们的健康,他要是经常光顾,我们就会时常生病,因此最好是敬而远之。所以,大家千万不要一生病就祈神拜鬼,这样主疾鬼王更容易上门。

我们既然学佛,应该了解一切都有其因果,一切都是自己所造的业,没有人能为我们造命。若是自己不爱惜自己,主命鬼王更容易掌握你的生命,健康情形也会被主疾鬼王所控制。

"主险鬼王",此鬼王居于高山峻岭上,山岭间危急险要之事皆由他主宰。

"三目鬼王"、"四目鬼王"、"五目鬼王",即是面上有三眼、四眼、五眼之鬼王。

"祈利失王",此鬼王专门掌管没有福德的人。人心总是贪得无厌,福薄的人不管多么卖力赚钱,依旧是两袖清风,这

就是过去生没有造福,就算钱已经到了手上,祈利失王仍旧可以使你得而复失。

"大祈利失王",此鬼王比祈利失王更甚,管理世上最为福薄的人。

"祈利叉王"所管的是富贵之人。这种人过去生造了福业,所以钱财滚滚而来,平日祈利叉王所拥护的就是此等福德贵人。

"大祈利叉王"则与大祈利失王相反,专门拥护世间最有福的人。

"阿那吒王"、"大阿那吒王",传为统领诸鬼之鬼王。

主福、主祸皆由以上三十四位鬼王所控制,我们学佛的人,应该要努力修行,才可以超越他们的控制,这一切就要看我们亲近佛法的程度,以及各人的修为。

　　如是等大鬼王,各各与百千诸小鬼王,尽居阎浮提,各有所执,各有所主。是诸鬼王与阎罗天子,承佛威神及地藏菩萨摩诃萨力,俱诣忉利,在一面立。

以上的三十四位大鬼王,可以说是菩萨的显化。散居阎浮提的鬼神等,和众生有着利害关系,鬼王则可以摄受诸小鬼;每一位鬼王都有千百眷属,全都散居在阎浮提中,小鬼王们各有主权以及执掌的范围。

忉利天宫并非人间众生及鬼类所能到达的地方,如今释迦牟尼佛即将入灭,为了报答母恩,所以弘扬地藏法门,而三十四位大鬼王率领诸小鬼王与阎罗天子等,承佛之威神德力,以及地藏菩萨的大誓愿力,才得以来到忉利天宫,立于一旁听佛说法。

尔时阎罗天子胡跪合掌白佛言:"世尊,我等今者与诸鬼王,承佛威神及地藏菩萨摩诃萨力,方得诣此忉利大会,亦是我等获善利故。我今有小疑事,敢问世尊。唯愿世尊慈悲宣说。"

就在地藏菩萨回答完大辩长者的问题之后,阎罗天子等亦胡跪合掌。"胡跪"是印度的礼节,一脚着地、一膝跪地;我们中国人则是"长跪合掌",两只脚同时跪在地上。"合掌"是表示恭敬。

阎罗天子胡跪合掌向佛禀白:"我与一切鬼王等,承佛与菩萨之力,得以来到忉利天宫参与地藏法会。若不是佛陀弘扬孝道的功德,我等绝无机缘逢此盛会,这也是我们所得到的最大利益。我现在心中有一些小疑问,大胆地请问世尊,至心恳切地期望世尊能慈悲宣说。"

佛告阎罗天子:"恣汝所问,吾为汝说。"

佛告阎罗天子："你可以尽量发问，我会为你解说。"

是时阎罗天子瞻礼世尊，及回视地藏菩萨。

这个时候，阎罗天子听到佛陀答应解释他的疑问，心中很欢喜，于是抬起头来仰望瞻礼世尊，并且以恭敬的眼神瞻视地藏菩萨。

而白佛言："世尊，我观地藏菩萨在六道中，百千方便而度罪苦众生，不辞疲倦，是大菩萨有如是不可思议神通之事。"

因为地藏菩萨是幽冥教主，经常往返于地狱与人间，教导众生、救度众生，所以阎罗天子对地藏菩萨已经相当了解。

阎罗天子白佛言："世尊！我观察地藏菩萨于六道中，运用百千种方便法来度化罪苦众生。梵天的众生，憍慢的习气很重，地藏菩萨就教导他们除去憍慢心；到了人间，则教导众生修布施，持净戒；来到畜生道，就教它们除去痴念；若入饿鬼道，即教之除去贪念；若是修罗道众生，就讲授除去瞋恚的方法。"

这就是地藏菩萨于六道中，方便教化一切众生，拔去根本苦患，任劳任怨从来不曾感到疲倦。地藏菩萨化导众生的过程中,有许多不可思议的神通事迹。

然诸众生获脱罪报,未久之间又堕恶道。

尽管地藏菩萨往返于六道之中,从来不曾停歇,运用神通劝导教化。然而诸多众生,虽然接受他的教法,暂时得救离开恶道,但是不久之后又再堕入恶道。

这就是阎浮提的众生,多数都是性习无定,今日听闻佛法、见人行善,生起欢喜发心学佛,但是时间却维持不久,只要与别人意见相左,就影响为善的工作,学佛的热诚也会逐渐冷却。

大多数众生都是心随境转,很难得有人将人我是非当作磨练,只要遇到逆境就苦恼万分,这就是凡夫。如此这般,纵然有机会接触佛法,修行的心也无法长久。

世尊,是地藏菩萨既有如是不可思议神力,云何众生而不依止善道,永取解脱?唯愿世尊为我解说。

地藏菩萨既然有如此不可思议的神通力,为什么众生不肯听他的话好好修行,以获得永恒的解脱呢?

这是因为众生有了我慢与邪见,毒根无法拔除,自然就无法依止善道。毒根就是贪、瞋、痴的毒念,因为众生有了无

明的见解,我慢心重,所以不肯好好尊重有德行的人。释迦牟尼佛出生人间,灭度至今已经二千五百多年,他所留传的佛法这么好,但是至今真正得到利益的众生又有几个呢?

许多人虽然想行善,却还要斤斤计较,我见、我执、我相总是无法破除。众生真是可怜,道只有一条,只要循着这条道路向前走,很快就可以抵达目的地,但是众生偏偏不能依止善道,因此无法得到解脱。

阎罗天子在地狱中,看见未解脱的人比解脱的人多得多。下地狱的人也较离开地狱的人为多,所以他请问佛陀,地藏菩萨有这么不可思议的威神德力,为什么众生不能依止善道呢? 请佛为我等解说。

每当看到这段经文,就深深感觉到,地藏菩萨以他的大誓愿力,于娑婆世界引导我们。我们纵然十分尊重他,也很认真在诵念《地藏经》,然而却无法领会地藏菩萨的德行,真正去体会地藏菩萨的精神,更鲜少有人能共同承担地藏菩萨度化众生的职志;这就是我们不得解脱的症结所在。

佛告阎罗天子:"南阎浮提众生其性刚强,难调难伏。"

南阎浮提的众生性情刚强,难于调伏。他们心中也想要亲近地藏菩萨,但是却不肯接受教化。

娑婆世界的众生大多如此，虽然想要亲近佛法，却不能认真力行实践，无法接受佛的教法，宛如狂象野马般难以调伏。

> 是大菩萨于百千劫，头头救拔如是众生，早令解脱。是罪报人乃至堕大恶趣，菩萨以方便力，拔出根本业缘，而遣悟宿世之事。

地藏菩萨于百千劫这么长的时间，无论众生处于六道中哪个地方，地藏菩萨均想尽办法处处救拔，希望众生能早日超脱六道，到达佛的境界。

造了十恶业的众生堕入五无间地狱，地藏菩萨以方便力为其拔出根本业缘，并且使他了解，今日受此苦报，乃是过去多造恶业所致，日后必定要好好改过向善。地藏菩萨不只教导众生如何离开地狱，更教导众生脱离六道之法，使之到达涅槃的境界。

> 自是阎浮众生结恶习重，旋出旋入，劳斯菩萨久经劫数而作度脱。

因为阎浮提众生恶业深重，习气难改，虽然在佛道中修行，暂时得以解脱。不过由于过去恶习重大，起心动念一有

佛门大孝地藏经

偏差,又向恶的道路去走,因此又要劳动地藏菩萨,历劫废时,不断往返于三途六道之间,做度脱的工作。

> 譬如有人迷失本家,误入险道,其险道中多诸夜叉,及虎狼师子、蚖蛇蝮蝎,如是迷人在险道中,须臾之间即遭诸毒。

譬如有人迷失本家,"本家"即寂静涅槃的境界。众生皆有佛性,只因一念无明,迷失了原来清净的本性,误入险道;在险道中有许多行动迅速又狡猾的夜叉,伺机伤害这些迷误的众生。

"夜叉"是譬喻众生八识田中的见解。众生总是陷溺于世智辩聪,事事以为自己的见解高明,意念现行,身口造业之速,如同夜叉的行动迅雷不及掩耳。

"及虎狼师子",虎比喻憍慢。人一有了憍慢心,往往会自大、瞧不起别人,自以为能呼风唤雨掌握一切,这就是我们心中的毒念。"狼"代表无止境的贪念;"师子"即狮子,代表愚痴;"蚖蛇蝮蝎"则指瞋恚。

这些可怕的夜叉,凶猛狡猾的虎狼狮子、深具毒性的蚖蛇蝮蝎等,并不在我们的身外,而是存在我们心中,只要一接触外境,这些可怕的念头就轻易现行,腐蚀种种功德。纵然想要向上,可是这些毒素时时毒害我们的心,使我们无法平

稳到达寂静涅槃的本家。

迷路的人身在险道,就像我们想要修行,却不知该往哪一条路去走。生活中只要境界一来,身、口、意随即现行,"一把无名火烧尽功德林",心平气和的时候能够认真修行;一旦境界现前,无明火一起,刹那间如野火烧林,过去再好的修养都荡然无存,这就是"须臾之间即遭诸毒"的一个最佳实例。

有一知识多解大术,善禁是毒,乃及夜叉诸恶毒等。忽逢迷人欲进险道,而语之言:"咄哉男子,为何事故而入此路? 有何异术能制诸毒?"

唯有一位知识深厚的智者,他对世出世间之法皆能了解,是任何困难都能化解的大善知识,即使夜叉、虎狼狮子等危险之物,他都能控制。此人即是地藏菩萨。

地藏菩萨的修行,长久以来已经到达能够成佛的境界,世出世间的教法无一不通达,因此说他"多解大术"。于六道中能应众生的习气拔其苦本,"善禁是毒"就是控制众生的恶习。

这位善知识忽然遇见迷失本性的人,不识道途逐渐趋向险道,地藏菩萨赶紧唤醒他:"你到底有什么事,为什么要进入这样危险的陷阱? 难道你有什么特别的本事,能破解这样的险境?"

这位善知识殷勤地在险路前指引迷津,使众生转邪归正。地藏菩萨辛苦地教导众生并不是为了求得回报,只是善尽职责使众生得到解救,众生的脚步正确即可回归正途。

> 是迷路人忽闻是语,方知险道,即便退步,求出此路。

迷途的人忽然听见有人提醒他,前面是危险的路,便赶紧退回脚步,请求善知识指引他走上正路。

> 是善知识提携接手,引出险道,免诸恶毒。至于好道,令得安乐。

善知识除了开导他,告诉他哪里是险道,哪里是正途之外,还伸出手来接引他,将他带到安全的地方,免得他跌落万丈深渊无法自拔。

我们修行时,若有不懂的地方就要虚心求教。善知识教导了之后,我们也要依止善道,不能丝毫放松。

> 而语之言:"咄哉迷人,自今以后勿履是道。此路入者,卒难得出,复损性命。"是迷路人亦生感重。

这位善知识将迷路的人,带至安全平坦的地方后,还殷勤地告诉他:"你已经平安了,但是从现在开始,千万不要再走到这条路上来。踏上这条路途,想要离开非常困难,不但出不去,还会损害你的性命。"这个迷路的人幸运地被接引出来后,生起了无限感恩的心。

临别之时,知识又言:"若见亲知及诸路人,若男若女,言于此路多诸毒恶,丧失性命。无令是众自取其死。"

临别的时候,这位善知识更进一步交代迷路的人:"从现在开始,非但你自己不要走向险道,若是看见亲戚朋友或其他人走向险路,无论是男是女,你都要告诉他们这条路的危险,其中埋伏着许多毒恶的陷阱,千万不可以走进去,否则将会丧失性命。"

地藏菩萨教化我们,除了谨言慎行不可造恶之外,还要教导他人修十善行。

《法华经》里面提到,我们本来都是富家子(编按:指人人本性与佛同等,圆满无缺),但是却弃离"本家",离乡背井到外面流浪当乞丐,现在我们应该要好好回归本家,能够这样即可安乐平稳。

法师讲经或者其他宗教的传道者布道,就是指引一条明

路。佛教所说的"经"，经者，道也；道者，路也。我们一向是迷路的人，容易走错方向，讲经的法师就是希望我们走好正确的道路，能够安然自在地抵达成佛的目的地。

大知识就是熟悉路径的人，他能来去自如。我们出门在外，如果不认得路，应该请问识路的人，才不会迷失方向；大知识指引人生之道后，我们就要拳拳服膺，才不会误入险道，以致与正道背驰而行。

佛菩萨不忍众生沉沦三途恶趣，甚至在六道间头出头没，所以时时倒驾慈航，方便度脱众生，他们不但教导众生，还希望众生之间能辗转相教。所以我们一定要发心学习佛法，学了之后发心度众生，菩萨的精神是上求下化，对不认识佛法的人行法布施，这就叫做辗转相教。

慈善救济的工作也是如此，每当接受我们帮助的人问我要如何报答？我都会跟他说："人人要互相帮助，现在我们帮助你，期待你早日恢复自立，到时候就可以发挥力量帮助别人。"众生若能向善的道路去走，人生就能获得平安快乐。

> 是故地藏菩萨具大慈悲，救拔罪苦众生，生人天中，令受妙乐。是诸罪众知业道苦，脱得出离，永不再历。

"慈"是与乐，"悲"是拔苦；无缘大慈，同体大悲，地藏菩萨的慈悲普被一切众生，即使与他非亲非故的众生，他都要使其得到快乐。

地藏菩萨具备了大慈大悲,目的就是要救拔罪苦的众生,使其生于人、天中,因为地狱、饿鬼、畜生三恶道的罪苦难堪难忍,唯有人道与天道才有机会学佛,才能真正得到解脱。

因此,地藏菩萨救度罪苦众生,使他们生在人道,能够听法学佛;生到天道者,则是拔除罪业苦报,享受殊胜的妙乐。众生受过苦,才知道加紧修行;离开三途后,还能时时记得三途苦报的一切,才不会再造恶堕回恶道。

> 如迷路人,误入险道,遇善知识,引接令出永不复入。

人人本具如来智性、实相般若,心镜应该清清明明,只因一念无明将心镜遮蔽,照不出前路,就容易迷失方向。迷路的人误入险道,假使有幸遇到善知识,即能引导他脱险。

凡夫在世间,懵懵懂懂地过日子,有一天遇到了认识佛法的人,为我们解说人生的苦厄与险难,提醒我们好好修行。我们既然知道前途的险难,走上平坦之路以后,就不会再迷失路途。

> 逢见他人,复劝莫入。自言因是迷故,得解脱竟,更不复入。

既然得遇善知识，拯救我们脱离险难，非但我们不会再入，就是遇见别人欲入险道，我们也要辗转规劝，告诉对方："我过去也是在险难之中被人唤醒，于险要关头得到解脱，才不至于堕落，你们千万不可以再自投罗网。"

> 若再履践，犹尚迷误，不觉旧曾所落险道，或致失命。如堕恶趣，地藏菩萨方便力故，使令解脱，生人天中。旋又再入，若业结重，永处地狱无解脱时。

如果自作聪明，不相信善知识所说的话，想要以身试险，往往会再次堕落迷途，永无脱离之日。虽然我们花费很大的功夫来研究佛法，并且身体力行去修证，但是一旦退失道心，想要回到原本的道路就非常困难了。

人人本具的佛性，只因一念迷惑，轮回六道已经历长久的时间。现在好不容易才得遇佛法，我们要好好把握现在的机缘，时时注意自己的行为，不可有些微的迷误。

地藏菩萨以方便之力，于六道中应众生的根机而说法，无论众生有什么恶习，他都能观机逗教，转化他的习惯。这就是地藏菩萨度众生的权巧方便，使令众生得到解脱，生往人天中。

"旋又再入"，好不容易将迷途的众生救出来了，不久却又再进入恶道。这还不是因为众生的志性不定，信不真、行不专,很容易就被环境左右再次堕落。

"若业结重,永处地狱无解脱时",我们懵懵懂懂在人间,如果造下五逆十恶的罪业,这类众生后来所得的果报就是堕入无间地狱,受苦受难毫不间断。地狱的时间极长,只要进入无间地狱,永远也没有解脱的机会。

人的一生只知道享受,却不知觉所招来的痛苦,与未来所要承受的恶报,因此很容易再次堕落。地藏菩萨好不容易将我们救出来,而我们却这么容易再度堕落,这就是众生刚强的本性。

> 尔时恶毒鬼王合掌恭敬白佛言:"世尊,我等诸鬼王其数无量,在阎浮提,或利益人,或损害人,各各不同。然是业报,使我眷属游行世界,多恶少善。"

尔时,恶毒鬼王合掌恭敬禀白佛陀:"世尊,我们这些鬼王们数量非常多,处于阎浮提世间,有的专司利益人群,有的专门损害人,每个鬼王的职责都不同。世间的善业众生,可以招致善的鬼神来拥护;恶业众生则会招致恶鬼神的捉弄,这就是众生的业报,使我与眷属们不得不做这些损害或利益众生的事。但是很可惜的,总是多恶少善。"

一切祸福皆出于自己的作为,世间众生多造恶业,鬼王们心中也很无奈。

过人家庭,或城邑聚落、庄园房舍。或有男子女人,修毛发善事,乃至悬一幡一盖,少香少华,供养佛像及菩萨像;或转读尊经,烧香供养,一句一偈,我等鬼王敬礼是人,如过去现在未来诸佛。

世间众生依据所造的善恶,招致鬼神散布于其家庭四周,或是城市、村庄等等,凡是有人居住的地方,就有鬼神存在。"积善之家必有余庆",只要我们有善心善念,无论男子、女人,只要肯行一点点善事,恭敬地悬挂一幡一盖,或者以少许的香末鲜花供养佛像及菩萨像,又或于佛前虔诚诵念大乘经典,即使是一句一偈,皆有功德。

因为鬼王尊敬拜佛、供佛、读诵经典之人,不论是善神恶鬼,遇到这样的人都会恭敬作礼,尊重此人犹如过去、现在、未来诸佛。所以,即使是一毫发的善行也有功德。

敕诸小鬼,各有大力,及土地分,便令卫护,不令恶事横事、恶病横病乃至不如意事,近于此舍等处,何况入门。

鬼王命令小鬼们,以及人类居处四周的地祇神鬼等,以他们的力量来保护善行众生,不让恶事以及无法治愈的疾病,靠近他们的房舍,当然更不可能进入他们的家。

没有恶鬼捉弄,我们的家庭自然就能平安和睦。福是自己造的,只要肯行善,善神就会尽力保护;要是造恶业,鬼神即使想保护也是无可奈何。

鬼王都是菩萨大权显化,以领导与调伏鬼类,使令小鬼不损害众生。鬼王也有慈悲的愿力,他希望众生能够平安,只要我们肯好好行善,自然可以得到保护。

佛赞鬼王:"善哉,善哉! 汝等及与阎罗,能如是拥护善男女等,吾亦告梵王帝释,令卫护汝。"

佛听了恶毒鬼王所说的话,既安心又欢喜。娑婆世界众多的众生,如果只靠佛与菩萨的力量,想要教化与保护众生,力量还是不够,必须要由散居阎浮提的鬼神来协助;鬼王既然发出保护众生的誓愿,佛自然安心欢喜。

于是,佛陀赞叹鬼王等:"很好啊! 各位鬼王及眷属们,以及阎罗天子等,你们能够发出热心善念,愿意拥护世间的善行男女,我会告知梵王帝释天主等,让他们也来拥护你们。"

佛对鬼王及阎罗天子抱持感激的心情。我常常说,凡是热心协助慈济会务的每一位爱心人士,我都非常感激,那一分感激更是无法以言语形容。

普天下的众生,上有佛菩萨庇佑,下有鬼神拥护,在人间道上应该好好安心修行。然而,众生却是自投罗网,把大好的人生浪费在醉生梦死,因而自陷迷途;面对这样的愚痴众生,佛菩萨即使再慈悲,也是无可奈何,一切鬼神也无法拥护。

我们既然学佛了,这是很难得的机会,应该要信切行专,才有自救的机会。

> 说是语时,会中有一鬼王名曰主命,白佛言:"世尊,我本业缘主阎浮人命,生时死时我皆主之。"

我们的生命受自己的业所主宰,祸福也是自造。众生自造因缘、自受业果,鬼王等也是如此,若是造了福业即为福德鬼,可以成为鬼王管理众多鬼类;若是无福者,便是被管辖的鬼。

众生生时、死时皆随自己的业缘流转,主命鬼王只是在我们的业缘成熟时,现出境界来引入业道。

> 在我本愿,甚欲利益。自是众生不会我意,致令生死俱不得安。

我非常希望能利益众生,也希望众生都能出生在福禄俱全的家庭,生活平安快乐。但是众生无法体会我的心意,身、

口、意造了种种恶业，以致在生死道中不得自在。

生死不能安然自在，这是人生一大苦患。地藏菩萨希望众生能反迷归真、脱离六道，众生虽能接受地藏菩萨的大誓愿，却无法坚持自己的心志，一直达到解脱的境界；鬼王们也希望众生能得到真正的安乐，然而众生往往在生死苦患中自招殃祸。

> 何以故？是阎浮提人初生之时，不问男女，或欲生时，但作善事，增益舍宅，自令土地无量欢喜，拥护子母，得大安乐，利益眷属。

无论是男孩、女孩，在怀胎期间，做父母的最好能为即将出世的孩子做善事、积功德，赶在孩子来到人间之前，为他铺一条善道，这样不但孩子种了福田，家庭也能福德增益而喜气洋洋。

为了即将出世的孩子，父母能多行善事，自然能令土地灵祇无量欢喜，进而拥护这对母子，使他们都能安然快乐，连同眷属也能获得利益。

> 或已生下，慎勿杀害，取诸鲜味供给产母，及广聚眷属饮酒食肉，歌乐弦管，能令子母不得安乐。

台湾有一种很不好的风俗,坐月子要吃麻油鸡,说是为产妇补身体,事实上,妇女生下孩子后,应该要清除体内的秽物,千万不要杀生;为了孩子的诞生而杀害生灵,无疑是为孩子增添杀业。

我们应该将心比心,上天有好生之德,人类有爱子之心,一切畜生同样也有爱子之念。为了我们的家庭增加一条生命,却去杀害其他的生命,岂不是太不公平了? 有的人甚至一天一只鸡,生了一个孩子却伤害三十多条生命,这种杀业真是太重了。对于刚出生的孩子,一来人间即结下许多恶业冤仇,往后身体就会经常出现病痛。

“取诸鲜味供给产母”,杀害生灵,以其血肉供给产母食用。

“及广聚眷属饮酒食肉”,一个新生命的诞生,除了产妇坐月子杀害许多畜生,满月之后还要宴请亲友,饮酒食肉。

“歌乐弦管,能令子母不得安乐”,孩子满月时杀生宴客,歌舞表演大肆庆祝,这些都会令新生儿及产妇不得安乐。杀生会为孩子种下多病短命的因,饮酒食肉、歌乐弦管则是消磨孩子的福报。

何以故? 是产难时,有无数恶鬼及魍魉精魅,欲食腥血。

孩子出生,为什么不能杀生呢? 因为孩子出生时,母亲最为痛苦,有的妈妈甚至要痛苦好多天,每个人的生日,其实是母难日,也就是"产难时"。

在妇女生产时,有啖血鬼王、啖胎卵鬼王以及无数恶鬼,早就等在产房外,准备吸食腥血及胞胎,其余尚有魑魅魍魉、空中飞行鬼,等着吸食腥血。

是我早令舍宅土地灵祇,荷护子母,使令安乐而得利益。

在胎神来到这个家庭之前,主命鬼王就命令土地上的鬼神细心保护,恶鬼无法侵入产房,母子即得安乐与利益。

如是之人见安乐故,便合设福,答诸土地;翻为杀害,聚集眷属。以是之故,犯殃自受,子母俱损。

妇女生产时生命交关危险重重,是主命鬼王的拥护,孩子才能平安地出生,所以我们应该拿出报恩的心,完成主命鬼王期待众生为善造福的心愿,自然可以增长善业。

但是众生却不了解主命鬼王的善意,非但不知行善报答土地灵祇,相反的,却做杀害生灵的事。在产妇母子平安之后,立刻杀生食肉,聚集眷属饮酒作乐,这些都是错误的行为。

杀害生灵造下了灾祸，折损孩子的福德，增长他的恶业，母亲也同时受损。

> 又阎浮提临命终人，不问善恶，我欲令是命终之人不落恶道。何况自修善根增我力故。

阎浮提中即将往生的人，无论好人坏人，我都希望他不落入恶道，能吉祥安然地往生。至于本来就有修行、种了善根的人，自然可以增长我帮助他的力量。

> 是阎浮提行善之人，临命终时，亦有百千恶道鬼神，或变作父母乃至诸眷属，引接亡人，令落恶道。何况本造恶者。

行善之人，临命终时同样有百千业道鬼神，变成他平日最亲近的人，现出境界来诱引他，使他落入恶道。为善者临命终时已经这么危险，何况在生时多造恶业之人。

自古以来谁无死？"死"是一件大学问，现在的死即是未来的生；有了未来的生，也就有未来的死，生死轮回不断。我们过去不知如何生，现在应该要研究如何死，如果了解了如何死，就能知道未来又如何生，因此，死是非常重要的。

世尊,如是阎浮提男子女人,临命终时神识惛昧,不辨善恶,乃至眼耳更无见闻。

世尊,阎浮提的男女,无论善人或恶人,临命终时神识都难免颠倒,意识不清楚,不能辨别善恶与真假的境界,就像做梦一般,丝毫不能自主,眼、耳也昏昧暗钝,失去判别的能力。

人的前五识散坏之后,精神尚在原处迷茫颠倒,这样在生死交会的关头便没有一点保障,今生如果糊里糊涂地死去,将来仍旧是糊里糊涂地出生。因此,我们要好好探究现在的死,能够清清楚楚地死,才能明明白白地生。

是诸眷属当须设大供养,转读尊经,念佛菩萨名号。如是善缘,能令亡者离诸恶道,诸魔鬼神悉皆退散。

临命终人无法定下心来,无法分辨自己应该往何处去,这时就必须依靠他力。往生者的眷属,应该为他布施做大供养,再为他反复读诵大乘经典、持念佛菩萨的名号,依靠这些善缘,以及佛、法、僧等三宝之力的加持,加上眷属为他布施供养的福德,始能令亡者离开恶道。

世尊,一切众生临命终时,若得闻一佛名,一菩萨名,或大乘经典一句一偈。我观如是辈人,除五无间杀

害之罪，小小恶业合堕恶趣者，寻即解脱。

世尊，一切众生临命终时，如果能够听闻任何一尊佛或菩萨的名号，或是为他持念大乘经典，只要其中一句一偈能清楚地通过临终人耳根，进入他的意识，使他了解佛法，心中生起觉悟的意念，就能免除五无间地狱之罪。

五无间罪是罪罚最苦、时间最长的地狱之报。临终时，只要心中能起一念觉悟，就能免除五无间地狱之报；如果是罪业较轻的，更是即刻就能获得解脱，不必落入恶趣。

平时不能觉悟佛法，临终时意识颠倒，更不可能闻法解脱。因此我们平时就要好好追求真理，唯有集中精神锻炼定力，才是最安稳的方法；这一句一偈的大乘经文，一定要明明觉觉地深入我们的意识，才会有所作用。

佛告主命鬼王："汝大慈故，能发如是大愿，于生死中护诸众生。若未来世中，有男子女人至生死时，汝莫退是愿，总令解脱，永得安乐。"

佛告主命鬼王："因为你具有大慈悲愿力，所以能发如此大愿，于众生生时、死时均用心拥护。希望未来世中，对一切生、死众生，都不要退转了你的愿心，一定要令他们得到解脱与安乐。"

鬼王白佛言:"愿不有虑。我毕是形,念念拥护阎浮众生,生时死时俱得安乐。愿诸众生于生死时,信受我语,无不解脱,获大利益。"

鬼王禀白佛言:"但愿佛陀不要忧虑,我将用尽全力,时刻不忘拥护阎浮提众生,使他们在生死中都能够得到安乐。"但愿众生在孩子出生之前,就开始为孩子做善事;孩子出生后,非但不为他杀生,还要为他造福,他的一生就能获得福慧双俱的命运。

我们平时就应该好好准备,不要等到临终时才手忙脚乱,临终时不颠倒,才不会轻易受恶境诱引。最重要的是平时要勤于修行,使佛法深入我们的觉性;信受经义,好好地依言奉行,自然可以得到大利益。

尔时佛告地藏菩萨:"是大鬼王主命者,已曾经百千生作大鬼王,于生死中拥护众生。是大士慈悲愿故,现大鬼身,实非鬼也。"

这时佛陀告诉地藏菩萨:"主命鬼王是大权显化,原本并不是鬼类,而是菩萨发心,显化鬼王身来救度众生。长久的时间以来,他都显现此大鬼王身,于生死间拥护诸众生。"

却后过一百七十劫,当得成佛,号曰"无相如来",劫名"安乐",世界名"净住",其佛寿命不可计劫。

鬼王经过一百七十劫后当可成佛,佛号无相如来,劫名安乐,所在的世界名为净住,寿命则有不可计劫之长。

　　地藏,是大鬼王,其事如是不可思议,所度人天亦不可限量。

地藏菩萨,这位大鬼王日后当可成佛,成佛的时间与寿命均是不可计劫。这是大鬼王不可思议的威神力,所度的众生,无论是生到天堂或人间,数量也是不可限量。

称佛名号品第九

尔时地藏菩萨摩诃萨白佛言："世尊，我今为未来众生演利益事，于生死中得大利益，唯愿世尊听我说之。"

佛向地藏菩萨介绍过主命鬼王之后，地藏菩萨接着禀白佛陀："世尊，我现在要为未来众生讲说如何获得利益等事，众生如果能依照我所说的方法去修行，于生死中就能得到大利益。希望世尊能够准许我说。"

佛告地藏菩萨："汝今欲兴慈悲，救拔一切罪苦六道众生，演不思议事，今正是时，唯当速说。吾即涅槃，使汝早毕是愿，吾亦无忧现在未来一切众生。"

佛告地藏菩萨："如今你发出大慈悲愿力，立誓救拔一切罪苦众生，要说明这些不可思议之事，现在正是时候，你就赶快说出来吧！我即将趣入涅槃，希望你能即时承当这个责任，在弥勒佛出世之前，负起教化的责任，我就不必忧虑现在以及未来的一切众生。"

地藏菩萨白佛言："世尊，过去无量阿僧祇劫，有佛出世，号无边身如来。若有男子女人闻是佛名，暂生恭敬，即得超越四十劫生死重罪。何况塑画形像，供养赞叹，其人获福无量无边。"

地藏菩萨随即开始讲说："世尊,过去有一尊佛出现世间,名号是无边身如来。如果有人听到这尊佛的名字,只要心中发出一念恭敬,即可超脱四十劫的生死重罪。"

心中恭敬即是功德,更何况塑画形像,并且恭敬地礼拜与称念佛名,种下了大善根,这个人所获得的福报自然无量无边。

又于过去恒河沙劫,有佛出世,号宝性如来。若有男子女人闻是佛名,一弹指顷发心归依,是人于无上道永不退转。

又在过去恒河沙劫之前有佛出世,号为宝性如来。如果有人听到这尊佛的名号,只要能发心皈依,就算是一弹指那样短暂的时间,这个人即能行于佛道,并且永不退转。

又于过去有佛出世,号波头摩胜如来。若有男子女人闻是佛名,历于耳根,是人当得千返生于六欲天中,何况志心称念。

又过去中有佛出世,名为波头摩胜如来。若有男子女人听到这尊佛的名字,通过其耳根,此人即可生在六欲天一千次。听闻佛法的功德已经这么大,何况是虔诚志心地称念佛

名,功德当然更不可思议。

又于过去不可说不可说阿僧祇劫,有佛出世,号师子吼如来。若有男子女人闻是佛名,一念归依,是人得遇无量诸佛摩顶授记。

又在过去不可称说的时间之前,有佛出世,名号是师子吼如来。若有男子女子闻此佛名,随即发心皈依,承此功德,可以常常生值佛世,得遇无量诸佛为其摩顶授记。

又于过去有佛出世,号拘留孙佛。若有男子女人闻是佛名,志心瞻礼或复赞叹,是人于贤劫千佛会中,为大梵王,得授上记。

过去有佛出世,号为拘留孙佛。若有男子女人闻此佛名,虔诚一心瞻仰顶礼,或者恭敬赞叹,此人能于贤劫千佛会中,身为清净修行的大梵王,之后将得到授记,于未来成就佛果。

又于过去有佛出世,号毗婆尸佛。若有男子女人闻是佛名,永不堕恶道,常生人天受胜妙乐。

又过去时有佛出世，名号毗婆尸佛。若有人听到这尊佛的名号，即得不堕恶道，常常生于人、天道，享受无限殊胜美妙的快乐。

又于过去无量无数恒河沙劫，有佛出世，号宝胜如来。若有男子女人闻是佛名，毕竟不堕恶道，常在天上受胜妙乐。

在过去很久以前有佛出世，名号是宝胜如来。若有人听闻这尊佛的名号，绝对不会堕入恶道，而且常常生于天界，享乐无尽。

又于过去有佛出世，号宝相如来。若有男子女人闻是佛名，生恭敬心，是人不久得阿罗汉果。

又于过去有佛出世，名号宝相如来。如果有男子女人听到这尊佛的名号，生起一念恭敬心，一心不乱专意修行，此人不久即可得到四果罗汉的阶位。

又于过去无量阿僧祇劫，有佛出世，号袈裟幢如来。若有男子女人闻是佛名者，超一百大劫生死之罪。

又于过去无量阿僧祇劫,曾经有佛出世,号袈裟幢如来。若有男子女人听闻他的名号,即可超脱一百大劫的生死大罪。

听闻佛名功德如此之大,亲身念佛者功德更大。不过,必须发殷切的心,念得一心不乱,才能在力行中有所成就。

> 又于过去有佛出世,号大通山王如来。若有男子女人闻是佛名者,是人得遇恒河沙佛广为说法,必成菩提。

又于过去有佛出世,号大通山王如来。若是闻其名号,这个人承此闻佛功德,即将会遇无量无数的佛为他说法,这样的人必定成道无疑。

人身难得佛法难闻,想得遇一尊佛已经很困难了,但是听闻大通山王如来的名号,即可得遇恒河沙佛广为说法,实在是非常难思议的因缘。

> 又于过去有净月佛、山王佛、智胜佛、净名王佛、智成就佛、无上佛、妙声佛、满月佛、月面佛,有如是等不可说佛。

过去还有净月佛、山王佛、智胜佛、净名王佛、智成就佛、

无上佛、妙声佛、满月佛、月面佛等等,有这么多说不尽的佛。

前面所提出的佛名,大多包含在庄严劫的千佛之中,众生对以上所述诸佛,无论是过去、现在、未来之佛,只要起了一念欢喜的心,虔诚敬重地皈依,必定能消除业障,增大福报。

世尊,现在未来一切众生,若天若人,若男若女,但念得一佛名号,功德无量,何况多名。是众生等,生时死时自得大利,终不堕恶道。

世尊,现在以及未来的一切众生,无论是天神或人间的人,无论是男是女,只要念得一尊佛的名号,功德就很大了,何况能持念许多尊佛的名号。

念佛为的是调伏心念,坚定意志,提起福德善根,只要我们念佛念得专心,即使只念一尊佛名,亦是功德无量。念佛的众生,无论生时或者死时,都可以得到大利益,始终能够不堕恶道。

若有临命终人,家中眷属乃至一人,为是病人高声念一佛名,是命终人除五无间罪,余业报等悉得消灭。

生命即将走到尽头的人,只要家中有任何一个眷属,为他大声地持念佛名,将可为他解除五无间罪的追逼。

临终者精神容易颠倒,这是因为业道鬼神会显出境界遮蔽他的耳目。临终是最紧要的关头,所以我们要为临终者大声念佛,让佛号唤醒他的意识,不会产生颠倒。佛号如果种入他的八识田中,就可以远离五无间罪,余业也不必等到日后受报,倚仗持名功德即可消灭。

> 是五无间罪虽至极重,动经亿劫了不得出,承斯临命终时,他人为其称念佛名,于是罪中亦渐消灭。

犯了堕五无间地狱的罪业,所要遭受的痛苦难以形容,因为他在人间造了极恶之业,一旦落入无间地狱,时间极为长久,所受的苦报更是连接不断,丝毫不能停歇,而且解脱的时间遥遥无期。

但是临终的重要时刻,承着眷属为他称念佛名的功德,虽然有此重罪亦能消灭。重要的是念佛的人一定要真切专心,若以散乱心念佛,力量就很微小了。临终者接纳佛法时,也要起感恩的心情,依仗佛力才能消灭罪业。

这一大段经文,目的在使众生发起信心,所谓"信、愿、行",信心真切、愿力坚定,发出的行动自然能自利利人,无形中即往究竟佛道一步步迈进。这才是念佛的真功德。

何况众生自称自念，获福无量，灭无量罪。

别人为我们念佛的功德，即能消除业障，众生若能自己称念佛号，更将获得无量福德，灭除无量的罪业。念佛的功德出于我们的善根，佛的名号能够透过耳根，种入我们的八识田中，这就是在种菩提善根。我们想要消业障，想要得到解脱自在，唯有具备大善根福德；持念佛名就是培植大善根，当然必须自称自念，功德才会大，就像行菩萨道也必须自己去走，才能走出自己的心地风光，道理都是一样的。

校量布施功德缘品第十

尔时地藏菩萨摩诃萨承佛威神,从座而起,胡跪合掌白佛言:"世尊,我观业道众生,校量布施有轻有重,有一生受福,有十生受福,有百生千生受大福利者。是事云何?唯愿世尊为我说之。"

地藏菩萨为未来众生讲演念佛之利益后,他的悲心未尽,继续仰承佛的威神力,从座位上起身,胡跪合掌,恭敬地禀白佛陀;"世尊,我所了解的业道众生,计量他们布施的方法各各不同,所得的功德也有轻重。有的得以在一生中受福,有的十生皆享福德。同样是布施,所得到的果报却不一样,甚至还有百生、千生中都能受大福利者,为什么会有这么大的差别呢?希望世尊能为我们解开疑惑。"

尔时佛告地藏菩萨:"吾今于忉利天宫一切众会,说阎浮提布施校量功德轻重,汝当谛听,吾为汝说。"地藏白佛言:"我疑是事,愿乐欲闻。"

佛陀告诉地藏菩萨:"我现在来到忉利天宫,于此会中宣说阎浮提众生布施的功德轻重,你要仔细地听,我来为你说明。"佛陀要我们谛听,同样是做功德,用什么态度才能得到大的果报。

世间的财物,在佛家而言是五家共有,一切财物皆无常。

有智慧的人能利用世间无常的财物,作为未来助道的工具;愚痴的众生则死守世间财,为了争夺财产而夫妻、父子失和者大有人在。

现在有许多人将孩子送到国外读书,做父母的为了孩子真是煞费苦心。一位母亲就问她的孩子:"妈妈为了你们,台湾、美国两地奔波,一心希望你们有所成就。我现在为你们吃苦,将来我老了你们会如何对待我呢?"儿子回答:"住老人院呀!"

做母亲的十分慨叹,为了儿子辛辛苦苦,所换来的竟是这种回应。其实,在栽培儿女的同时,也要将财产做适度的布施。

地藏菩萨赶紧禀白佛陀:"我会好好地听,因为这是解开疑惑的机会。"

佛告地藏菩萨:"南阎浮提有诸国王、宰辅大臣、大长者、大刹利、大婆罗门等。"

南阎浮提中存在许多国家。每个国家除了国王之外,尚有辅佐的大臣,财富多、有德行、对社会具有大影响力的大长者,贵族阶级的大刹利,宗教、精神的领导人大婆罗门等。以上这些人都是过去生曾经布施造福之人,今生才能得到富有尊贵的果报,而且今生还有机会继续布施,造福种福田,这是最有福报的人了。

若遇最下贫穷,乃至癃残喑哑、聋痴无目,如是种种
不完具者。

过去生不肯布施,并且恶毒待人,贡高我慢,现在所得的
就是卑贱下劣的身形。例如:驼背、四肢不全、说话不清楚、
耳聋眼瞎,不但身形有所残缺,生活亦贫穷困苦。

是大国王等欲布施时,若能具大慈悲下心含笑,亲
手遍布施,或使人施,软言慰喻,是国王等所获福利,如
布施百恒河沙佛功德之利。

布施贫困如果不是心甘情愿,功德自然不大。大国王、
大长者等,于布施时若能具足大慈悲心,到达三轮体空的程
度——无我布施之人、无我布施之物、亦无布施的我,这样功
德就很大。

以平等心将众生当作自己,没有人我相的分别,就不会
有贡高我慢的形态。布施时内心更要具足大慈悲,低声下
气、言语柔和,亲手布施给贫困的人;如果无法亲自布施,则
要感谢替我们布施的人。

慈济会员,每人每个月虽然只是缴交几十元、几百元,却

能集合力量，普遍施予很多贫困的人，这就是涓滴成河，广结善缘。

当慈济委员到会员家中收取善款，明理的会员便会说："感谢您每个月辛苦地为我们做布施的工作。"他自己无法亲手布施，也不知道贫困的人在哪里，委员将他所捐的钱用在救济工作，他起了随喜的心，这也是功德。

国王等人无论是亲手布施，或是请别人代为布施，皆以感恩心慰问受施者，使他们的心灵也能得到平安，这样所得的功德，如同布施一百条恒河里面的沙那么多尊佛的功德，这分功德是多么大！

> 何以故？缘是国王等，于是最贫贱辈及不完具者，发大慈心，是故福利有如此报。百千生中常得七宝具足，何况衣食受用。

为什么布施贫困的人，功德这么大呢？因为国王及长者等，能对贫贱及身体残缺者发大慈悲，因此获得大福利，也就是百千生中常得七宝具足的善报，衣食的富足当然更是不在话下。

> 复次地藏："若未来世，有诸国王至婆罗门等，遇佛塔寺或佛形像，乃至菩萨、声闻、辟支佛像，躬自营办供

养布施。是国王等,当得三劫为帝释身,受胜妙乐。"

地藏菩萨,如果未来世中有国王、大长者、婆罗门等,见到佛的塔寺或佛像,乃至菩萨、声闻、辟支佛的造像,发心亲自供养布施,这样的举动功德也很大。这些国王等人可以在三劫那么长久的时间中,生于六欲天,享受殊胜的妙乐福报。

  若能以此布施福利回向法界,是大国王等于十劫中,常为大梵天王。

如果能供养布施佛、菩萨、辟支佛像,以此功德回向法界,此人能于十劫的时间中,生为大梵天王。

大梵天是初禅三天,那里的众生寿命极长,且非常清净。我们修行大慈、大悲、大喜、大舍四无量心,以无污染的清净心而行布施,而且做到三轮体空之无相布施,这样自然可以生在初禅清净的境界。

若人布施之后,心中非常欢喜,布施愈多,得的福也多。有的人则认为布施之后,自己所拥有的钱财就减少了,其实不能这么想,布施事实上是增加福报;布施也是一件最快乐的事。布施得愈多,所得的快乐也愈多,能够这么想,我们就能舍贪欲,行清净布施。

我们学佛不是只为自己而学,布施的功德也不能只为自

己,否则功德就只局限在一个小范围。若能回向给普天下众生,功德就很大了;这就是清净心,不是为自己造福,是为普天下众生而造福。

复次地藏:"若未来世,有诸国王至婆罗门等,遇先佛塔庙或至经像,毁坏破落,乃能发心修补。"

若未来世中有国王、宰辅大臣、大长者乃至婆罗门等,这些地位极尊贵的人,见到过去诸佛的塔庙或经像等物已经破落、毁坏,而能发心修补恢复庄严,如此,所得的功德也是无可称量。

佛塔的由来,是在佛灭度后一至二百年间,印度的阿育王造了八万四千佛塔,用以供奉佛陀舍利。他是佛法的大拥护者,曾大量流传经典,并且栽培大德法师至各国弘扬佛教。当时八万四千佛塔中的佛陀舍利,有部分传入了中国,经过长远的时间,佛塔、经像等难免都会有所损坏,我们如果能发心修补,功德就很大。

造一座寺院必须花费许多金钱,地方上如果已经有了寺院,我们就不必再造新寺院,只要将损坏的地方重新修补,已经有的佛像重新装修即可。只要如法敬佛,即使花费不多,所得的福报仍是无量。

佛经中记载,有一位长者生下一子,人见人欢喜,连天人

都非常敬爱。这个孩子逐渐长大,有一善缘得遇释迦牟尼佛,随佛出家后,很快就证得阿罗汉果。

大家请问佛陀:这位长者子的过去因缘?佛说:"他在过去生,毗婆尸佛贤劫像法时期,看到佛的舍利塔遭到毁损,于是恭敬虔诚、任劳任怨地独自修补,终于将塔寺修补完善。仅此修塔功德,即得九十一劫生在天上或人间受大福报,相貌端正,人见人欢喜。"这就是他造福时无分别心,认为应该做的,就以欢喜心去做,这就是如法的布施。

除了损毁的塔庙及佛像需要修补之外,经书是纸张印刷的,每天翻阅容易破损。要是经书有所破损,也不要轻易丢弃,纸张虽然破损,佛法却是珍贵无比,所以要起殷重心好好修补。因为经是佛的法身,修经犹如护佛法身,功德也是很大。

> 是国王等,或自营办,或劝他人,乃至百千人等布施结缘。

肯发心修补破落的塔寺及经像的国王、宰辅、大长者等,无论是自己动手去做,或者劝请他人去做,乃至邀请百千人一起来布施结缘。

我们行善布施,除了自己做之外,也应该劝人一起来做。一个人的力量毕竟有限,劝人做除了能使对方获得布施的利益,更可以增加助人的力量,所结的都是善缘。我们行善助人时,不要怕别人抢了功德,而舍不得把机会让给别人,这是不应该的。佛教有云"随喜功德",我能做,希望别人也能做;自己若无法做,别人做我也起欢喜心赞叹,随喜亦是功德。

是国王等,百千生中常为转轮王身。如是他人同布施者,百千生中常为小国王身。

自己肯行善布施,同时还劝别人行善之国王、大臣等,将得百千生中生为转轮圣王,统领安和乐利的国土,这是世间最大的福报。

至于其他随同布施的人,来日百千生中,亦常为小国国王,统领一个小国家的臣民。这在世间来说,也已经是很大的福乐。

更能于塔庙前发回向心。如是国王乃及诸人,尽成佛道,以此果报无量无边。

修补塔庙、装理经典之后,若功德回向自身,仅能身为小国王身。要是能在塔庙前,发大心将功德回向于十法界一切众生,此国王以及同布施者,皆得成就佛道,所得善报更是无量无边。

同样的布施,有的人成为小国王,有的人则能圆成佛道,其中的不同就在一个心念的转折,能发大心回向者,有了大心、大愿、大力,即可成就佛道。

达摩祖师来到中国,梁武帝慕名礼请。梁武帝可说是中国佛教史上的大护法,许多佛寺皆在梁武帝时兴建,他鼓励许多学者出家弘扬佛法,并且大力供养、护持出家僧众。

达摩祖师受请前来,梁武帝便借机提问:"我自执掌江山以来,所造寺庙无数,供养过的出家人也不少,对三宝的贡献可说有目共睹,请问大师我的功德有多少呢?"达摩祖师回答:"没有功德。"因为布施之后存有功德之念,那就不是真布施,也就不是真功德。

复次地藏:"未来世中,有诸国王及婆罗门等,见诸老病及生产妇女,若一念间具大慈心,布施医药、饮食、卧具,使令安乐。"

再说,未来世中若有国王及宗教者等,见到年老患病的人以及生产后的妇女,若能发出一念大慈悲心,布施医药、饮食、卧具等物,使他们得到安乐。

见到孤老无依、贫困患病乏人照顾者,或者生产而无人照料的妇女,我们发起一念慈心,供给他们饮食、卧具及医药,对苦恼的众生起同体大悲的心,这就是福业的发源。这

是我们造福的机会,因此要好好把握机会,克尽人与人之间相互照顾的义务。

释迦牟尼佛时常教惕弟子,八福田中,看病功德第一,照顾病苦无依者福德最大。佛在世时带领着弟子们,弟子如果生病,佛陀会亲自看护病中的弟子,这就是以身示教,勉励弟子要爱护病苦的众生。

> 如是福利最不思议,一百劫中常为净居天主,二百劫中常为六欲天主,毕竟成佛,永不堕恶道,乃至百千生中耳不闻苦声。

只要我们爱护老人、看护病人、劝慰生产中的妇女,对苦迫的众生起慈悲心,布施医药等物令其安乐,自身所得福利亦是不可思议。能在一百劫中常生为净居天主。净居天是色界四禅天之第五重天,享受的快乐十分殊胜,除了大三灾之外,完全没有其他灾害。

接着,在二百劫中常生在六欲天为天主,于享乐中继续行善,后来可以成佛,永远拥护佛法,不堕恶道。乃至再经历百千生的时间,纵然再来做人,他的耳根也不会听到苦声,更不会遇到苦难,出生的地方皆是太平快乐的世界。

众生出生于多灾多难的地方,一切都是自己的业。共业的众生同生一处,那个地方就会多灾多难;相反的,过去生所

造的福因大,共业众生同处的地方就没有灾难。这一切都要看我们平时所造的功德,因此,我们除了自己要做,还要劝别人一起来造善业,有了善的共业,所处的地方就有共同的平安。

　　复次地藏:"若未来世中,有诸国王及婆罗门等,能作如是布施,获福无量。更能回向,不问多少,毕竟成佛,何况释梵转轮之报。"

　　若未来世中,有国王及婆罗门等,能做以上所述的布施,将可得到无量福报。若能再把布施的功德,回向十法界一切众生,无论功德多少,将来必定成佛。何况是求生在天上,或在世间为转轮圣王之报。

　　慈济的慈善志业做的是救济工作,有许多人问我:"为什么您要做救济工作,而不设立孤儿院? 孤儿会长大,长大之后可以回报,又可以减轻负担。救济老人的话,老人一年年老化,负担也愈来愈重,人老了就不中用了,所以救济老人不理想。"

　　我说:"就是因为很多人都有嫌弃老人的心,没有人愿意照顾,所以我就来照顾。而孩子天真无邪,人见人欢喜,设立孤儿院的人自然较多,既然有人培养了,我也不必和人竞争。"

我认为没有人愿意做的工作,更应该要起怜悯心,但是,这并不是少数人的力量所能完成,一定要集合大家的力量一起来做。做的时候,我们也没有任何祈求回报的心,只是随缘照顾老人家到人生结束的一天。

"回向"就是所造毫厘之善,皆不必为己。佛教常说要报众生恩,我们将所造之福,回向法界一切众生,这也是回报众生的恩德。

是故地藏,普劝众生当如是学。

所以说地藏菩萨啊!切记要普遍劝化众生,布施行善一定要慈心含笑,亲手遍布施,而且不要有求回报的心,这样才是真正的布施。

复次地藏:"未来世中,若善男子、善女人,于佛法中种少善根,毛发沙尘等许,所受福利不可为喻。"

未来世中,若有善男子善女人,只要他们发心实行佛法,为善助人,无论多寡,就算像一根毛发或是一粒尘沙那样小的善根,所得到的福利仍是无法言说的大。

释迦牟尼佛于忉利天宫,将未来的众生交代给地藏菩萨,地藏菩萨承担这个责任之后,只要有少许善根因缘的众生,他都愿意救度,使之脱离苦厄。

所以,对佛法只要有信仰心,即使小如沙尘的善念,都能成就地藏菩萨救度的因缘。佛法是最清净的福田,造福就如种田,将染污的私爱除去,所呈现的便是无远弗届的大爱。

众生有爱,佛也有爱;众生有情,佛亦有情。但是众生的爱是私我染污之爱,范围狭窄而且不清净;佛的爱则是大爱,他爱普天之下四生六道一切众生,爱得清净而没有杂念。佛的心田清净无染,因此土地肥沃,只要我们撒下种子,自然可以得到很大的收获。

一粒龙眼种子,只要土壤肥沃,一切因缘具足,种子萌芽之后好好地照顾,将来必可开花结果,成实累累。此即因小果大的道理。

　　　复次地藏:"未来世中,若有善男子、善女人,遇佛形像、菩萨形像、辟支佛形像、转轮王形像,布施供养得无量福,常在人天受胜妙乐。若能回向法界,是人福利不可为喻。"

如果未来世当中,有善男子善女人等,看见佛、菩萨、辟支佛或转轮王的像时,能发心布施供养,就可以得到无量福德,此人得以常生人间天上,享受殊胜妙乐。假使能更进一步,把功德回向遍法界一切众生,所得的福利更是不可限量。

众生无始以来,于六道中生死死生,反反复复在此轮回,茫茫然受尽一切苦难;若非众生有生、老、病、死之苦,佛不会出现人间来教导离苦之道。所以众生对佛、菩萨、圣人等,应该起恭敬景仰的心,以恭敬心布施供养,就可得到无量福利。

"财"是恶心因缘,我们应该运用智慧,将钱财拿来培养功德事业,要是有了机会却不肯布施,悭贪不舍有钱无德,结果总是人见人不欢喜。有了钱却不得人缘,心中常孤僻忧郁,时时恐惧他人抢夺钱财,这样惶惶惑惑地过日子,可不是世间最愚痴的人吗?

> 复次地藏:"未来世中,若有善男子、善女人,遇大乘经典,或听闻一偈一句,发殷重心赞叹恭敬,布施供养。是人获大果报,无量无边。若能回向法界,其福不可为喻。"

假使有善男子或善女人,得闻大乘经典,就算只有一偈一句,只要发出虔诚的心来供养,就能获得无可计量的好报。

"大乘经典"包括华严部、般若部、法华部……等皆属之,所说内容包括成佛之途径、菩萨道之内涵,以及六波罗蜜的内容等等教义。"乘"乃是运载的工具,众生要由凡夫到达圣人的境地,必须有交通工具,大乘即以大型的交通工具比喻广大微妙的佛法,除了使自己到达目的地,又可以运载许多人同时到达彼岸。

所以大乘之道深远广大，作用当然也很大，我们如果能依教奉行，见识自然能够超越，自度度人所获的果报也就无量无边。接着，再以清净心，将听法的功德回向法界，并非自己听到、了解就好，更希望普天下的众生，都能够深入佛法，进入涅槃的境界，这样的功德就很大了。

对佛陀与佛法的赞叹恭敬，并非只限于礼拜，有的人认为某部经典很好，所以就着经文一字一拜，每天都拜五百拜，即使出门回来得迟了，再晚他都会拜足五百拜。但是，不能从字里行间体会道理，这样尽管每日拜大乘经，恭敬大乘经，坏习气却丝毫不改，凡夫的形态依旧存在，这在外人看来，仍是觉得可怜又可惜。

经者路也，读经犹如问路。我们应该追求的是，如何行菩萨道、如何到达目的地，听到一句真理，就要起殷勤敬重的心，千万不可散漫。大乘经典不离开菩萨六度，布施、持戒、忍辱、精进、禅定、智慧六者具足，这才是真正的菩萨道。

　　复次地藏："若未来世中，有善男子善女人遇佛塔寺、大乘经典，新者布施供养，瞻礼赞叹，恭敬合掌；若遇故者或毁坏者，修补营理，或独发心，或劝多人同共发心。"

见到佛的塔寺及大乘经典等，若须印刷新的经典，我们要发心参加，布施供养、瞻礼赞叹，恭敬合掌以示尊重。如果有旧的或是毁坏的佛塔、经典，我们也要发心加以修补整理，无论是独自发心或者劝人共同发心，功德都很大。

> 如是等辈，三十生中常为诸小国王，檀越之人常为轮王，还以善法教化诸小国王。

能发心修补佛塔、经典的人，将在三十生中生为小国国王。平时富有又能够布施的人，则常常生为转轮圣王，行十善以统领天下，不但能以仁德教化自己的国民，尚能影响邻国国王及人民，共同构成祥和安乐之大同世界。

《法句譬喻经》记载，过去有一位普安王，与邻国四王共为亲友。这位普安王平时勤学菩萨行，其余四位国王则与一般凡夫一样，耽恋于五欲之中。

普安王怜悯其他四位国王，难得过去生中为善造福，今生才得到国王之尊，然而却沉溺五欲，不能及时再造福德。于是想出一个方法，他以一个月的时间宴请其余四位国王，不问国事，令他们全心全意尽情享乐。一月下来，四位国王对他的招待非常感激，临别时普安王问他们："诸位觉得世间最快乐的是什么？"

第一位说："在春光明媚、景色怡人之时，游山玩水尽兴

享受，这是人间最快乐的。"

第二位说："能与父母、眷属常常聚在一起，一家人欢欢喜喜地共享美食，席间并有轻琴妙音，这就是我的赏心乐事。"

第三位说："如果我能拥有全天下的珍奇宝物，想要什么都能随心所欲，这就是最大的快乐。"

第四位说："我最希望得到美丽的爱情与欲乐，人生之中有好酒与美女相伴，还有什么比这个更得意的!"

四位国王所祈求的，总离不开人间的荣华富贵，更离不开财色名利。普安王听了感到十分怜悯，他木然的反应，使四位国王感到疑惑，于是转问他："大王，那么您觉得最快乐的又是什么呢?"

普安王说："我以寂静无求，无欲淡泊，守一得道为乐。"人生八苦交煎，世人对于根本大苦丝毫不注意，只一味追求虚妄无常的快乐。其实，唯有识得根本大苦，才能得到究竟大乐。

佛经中经常提到国王的事迹，因为国王的影响力很大，一国之主如果能重视佛法，人民亦能随喜;所以说上行下效。

复次地藏:"未来世中，若有善男子善女人，于佛法中所种善根，或布施供养，或修补塔寺，或装理经典，乃至一毛一尘、一沙一滴。如是善事，但能回向法界，是人

功德,百千生中受上妙乐。"

若有善男子善女人,依照佛所说的方法广植善根,布施供养或修补塔寺又或装理经典,乃至举动轻微,如一毛发、一微尘、一粒沙、一滴水的善举,举手之劳的善行都是功德。即如走在路上,看到路上有玻璃碎片,只要发心将它捡起来,避免伤到别人,虽是举手之劳,却也是功德一桩。

保持清净的心来做事,完全除却名利的祈求,以这样的精神回向法界,那么这个人的功德,将于百千生中领受无上微妙的喜乐。

如但回向自家眷属,或自身利益,如是之果,即三生受乐,舍一得万报。

如果将功德回向自己的眷属,或为了自己的利益而行善,这种果报也能得到三生受乐。但是如能回向法界众生,以大喜大舍的精神,发挥大慈大悲的行愿,不执著功德,付出之后就像船过水无痕,这样的气度,反而能舍一得万报。

佛教一再提倡,造善时不可存有我相。永嘉大师云:"住相布施生天福,犹如仰箭射虚空,势力若尽还堕地,招得来生不如意。"有我相的布施,将来报生天上,等到福享尽了依旧要堕落。这不是究竟的福乐,只是短暂的享乐而已,过去的

余业未尽,享完天福仍旧要受报。

是故地藏,布施因缘其事如是。

因此之故,地藏菩萨呀!布施行善的因缘果报就是这个道理。若能以清净心行布施,功德就非常大;要是只为自己或眷属祈福,果报则有限。

一个学佛的人,要真正体会佛的本怀。佛陀教导我们修行,不是只有拜佛念佛而已,而是在日常生活中修养,要能牺牲小我、完成大我,舍私爱布施一切众生,以清净心发挥潜在的能力,这才是佛法真正的本怀。

过去有两位修行的比丘,两人均勤奋修行。其中一位很有慈悲心,经常为了众生而辛苦劳碌,游化四方教导大众,希望众生能解脱生老病死的苦患。另外一位则认为生死事大,所以整日念佛、拜佛、打坐,十分用功,有一天他见师兄又要出门,就说:"你为什么不好好打坐,拜佛、念佛收摄自心,何必这么辛苦在外奔波?"

他的师兄就说:"佛常教导比丘当行菩萨道教化众生,我也应该契佛本怀,以众生之苦为苦,以众生之乐为乐。"打坐修行的比丘无可奈何,对他生起了轻视的心。

不久两人相继过世,其中行菩萨道的比丘,出生为长者子,而打坐修行的比丘,则生为奴婢之子。由于两人过去生

均曾修行,所以宿命之念仍旧存在,长者子受到全家上下的爱敬,奴婢子则因父母必须工作,无暇照顾他,所以经常啼哭。有一天长者子见状,便告诉奴婢子:"何必啼哭呢?过去生中你不修福只重修禅,现在啼哭又有什么用呢?"

由此得知,修智慧也需修福报,智慧是佛教的根本,而福德则是智慧的基础,福德智慧舍一不可。

福德、智慧犹如鸟的双翼,必须两者兼备才能飞得远。修行固然不能忽视智慧,佛教的真理要好好探讨,但也不能忽视布施的功德,为人类、为众生要多多结善缘,未来才有成佛度众生的机会。

"未成佛前要先结人缘",我们要多多为众生服务,你为他服务,他对你起了欢喜心,这就种下他未来得度的缘。因此我们不要独善其身,佛的本怀是教我们拔除众生的苦,这才是清净的布施心。

地神护法品第十一

尔时坚牢地神白佛言：“世尊，我从昔来瞻视顶礼无量菩萨摩诃萨，皆是大不可思议神通智慧，广度众生。”

　　地神具有承载万物众生之德。《阿含经》记载，佛告比丘有四大天神：地神、水神、风神、火神。其中，地神的见解非常自大，认为地中无水、火、风，佛陀就一一为他分析，地中不但包含水、火、风，并且缺少不了这三项，只是地大较重，所以地大为名。

　　地神听了心服口服，去除我慢得法眼净，于是禀白佛陀：“我今归依佛、归依法、归依僧，尽形寿不杀乃至不饮酒，听我于正法中为优婆夷。”由此可见坚牢地神是女性，她拥护佛法，是位虔诚的佛教徒。

　　坚牢地神此时禀白佛陀：“世尊，我从过去以来，恭敬尊重无量无数的大菩萨。他们的德行神通皆是不可思议，能以大智慧广度众生。”

　　是地藏菩萨摩诃萨，于诸菩萨誓愿深重。世尊，是地藏菩萨于阎浮提有大因缘。

　　地藏菩萨于众多菩萨当中，誓愿最为深重。世尊，这位地藏菩萨曾发愿“地狱不空誓不成佛，众生度尽方成菩提”，度众之行永无止境，是不是菩萨与阎浮提众生有着莫大的

因缘？

> 如文殊、普贤、观音、弥勒，亦化百千身形度于六道，
> 其愿尚有毕竟。

文殊、普贤、观音、弥勒等几位大菩萨，一样是化出百千身形，深入六道度化众生。但是比起地藏菩萨，他们的愿还有完毕的时刻。

> 是地藏菩萨教化六道一切众生，所发誓愿劫数，如
> 千百亿恒河沙。

这位地藏菩萨，他为教化六道众生所发的誓愿，则是既长且久，经过的时间劫数，如同千百亿恒河沙之多。

> 世尊，我观未来及现在众生，于所住处，于南方清洁
> 之地，以土石竹木作其龛室，是中能塑画，乃至金银铜铁
> 作地藏形像，烧香供养，瞻礼赞叹。是人居处即得十种
> 利益。

"于所住处，于南方清洁之地"只是一种象征，而并非一定要设在住宅的南边，只要有一分虔诚，家中的清洁之处即可。

世尊,据我所了解,过去、现在与未来的众生,若能在住处清洁之地,以土、石、竹、木等建造佛龛,当中以金、银、铜、铁等材料,来塑画地藏菩萨的形像。铸成后烧香供养,瞻礼赞叹,这个人所住的地方,即可得到十种利益。

何等为十?一者土地丰壤,二者家宅永安,三者先亡生天,四者现存益寿,五者所求遂意,六者无水火灾,七者虚耗辟除,八者杜绝恶梦,九者出入神护,十者多遇圣因。

人总是要依靠土地而生活,尤其古代农业生活,土地的肥沃与否,对人民来说十分重要。经中提到,我们如果能恭敬尊重、瞻礼赞叹地藏菩萨,自然可以得到肥沃的土地,谷稼丰收庆有余。

再者,只要平日虔诚诵持此经,可得住宅四周百由旬内无诸灾难,家中大小永保平安。过去已往生的祖先,承着我们供养地藏菩萨的功德,可以得到生天的福报;至于现今活着的人,则可增添寿命。

五者一切所求皆能称心如意。六者地方上不受水、火等各种灾难的侵害,一片吉祥。

七者虚耗辟除,也就是没有"明来暗去"之事。就如有的人虽然很会赚钱,却经常生病,医药费用消耗很大,赚进来的

钱,总是暗地里又消磨掉了。我们如果能恭敬供养地藏菩萨,就可以避免这些情况发生。

八者晚上睡眠时,不但不做噩梦,更能心定神安一夜好眠,很快就能将白天消耗的体力补充回来。

第九种利益是出入时常有善神佑护,不令遭遇意外灾难。最后则是多遇圣因,常能得遇圣人出世,亲授出离六道的方法。只要恭敬尊重地藏菩萨,就能得到以上十种大利益。

世尊,未来世中及现在众生,若能于所住处方面,作如是供养,得如是利益。

世尊,未来及现在世的众生,如果能于家中作如是供养,将会得到上面十种利益。

复白佛言:"世尊,未来世中,若有善男子善女人,于所住处有此经典及菩萨像,是人更能转读经典,供养菩萨。我常日夜以本神力卫护是人,乃至水火盗贼、大横小横,一切恶事悉皆消灭。"

坚牢地神再禀白佛陀:"世尊,未来之中若有男子女人,于所住的地方供奉地藏菩萨像,又能反复读诵《地藏经》,我一定日夜不息地以神通力卫护此人。无论水灾、火灾、盗贼、大小灾难逆境，一切恶事都不能近于此人之身。"

　　　　佛告坚牢地神："汝大神力诸神少及。何以故？阎浮土地悉蒙汝护，乃至草木沙石、稻麻竹苇、谷米宝贝从地而有，皆因汝力。又常称扬地藏菩萨利益之事，汝之功德及以神通，百千倍于常分地神。"

　　佛告坚牢地神，你的大神通愿力，其他的神很少能及得上。原因在阎浮世界的土地都是你所拥护，除了人类之外，乃至一切草木沙石、稻麻竹苇、谷米宝贝，都是依靠你的力量生长与生存。

　　你又能称扬地藏菩萨利益众生之事，所以功德以及神通力，胜过其他诸神百千倍。

　　　　若未来世中，有善男子善女人，供养菩萨及转读是经，但依《地藏本愿经》一事修行者，汝以本神力而拥护之。

　　若未来世中，有人供养地藏菩萨及转读《地藏经》，只要能依照经文里的任何一种方法去修行，你就应该以本愿神力来拥护他。

地藏菩萨教导我们如何为众生服务，佛也一再证明地藏菩萨的愿力与大功德。只要依照地藏菩萨的大誓愿力来修行，相信我们也可以和地藏菩萨一样，受到佛的肯定，并且受一切鬼神所赞扬，非但坚牢地神，就是十方诸佛也会欢喜拥护。

　　　　勿令一切灾害及不如意事，辄闻于耳，何况令受。

　　坚牢地神，你要拥护供养地藏菩萨之善男子、善女人，莫让一切灾害以及不如意的事进入他的耳根，更何况使他亲受。

　　　　非但汝独护是人故，亦有释梵眷属、诸天眷属拥护是人。

　　坚牢地神，并非只有你在拥护这些善男子善女人，尚有其他的天王、天神、天龙八部及其眷属等等，都在拥护受持地藏法门之人。

　　　　何故得如是圣贤拥护，皆由瞻礼地藏形像，及转读是本愿经故，自然毕竟出离苦海，证涅槃乐。以是之故得大拥护。

为什么能得到这么多的圣人贤者拥护他呢？皆因他能虔诚瞻仰礼拜地藏菩萨的形像，并且反复读诵这部《地藏菩萨本愿经》，所以才能得到圣贤的拥护。

　　我们乘着过去所造的许多苦业而来，要是没有机会接触经典，就不能彻底明白造业受罪的道理，不懂得好好修行；继续累积罪业，后果就不堪设想，永远也没有脱离六道的机会。现在有此机缘得遇地藏菩萨，又能读诵此经，才有机会接触圣因，只要我们依照地藏菩萨的法门去修行，最后自然可以出离苦海。

　　最怕的是没有机会接触圣因，或者自己自甘堕落，不肯好好修行，当然就要轮回业海受苦不尽。我们得遇圣因，尤其是得到《地藏经》的教化，只要身体力行，自然可以证涅槃乐，得登极乐彼岸，离开黑暗的六道，到达寂光土清净光明的境界。

见闻利益品第十二

尔时世尊从顶门上,放百千万亿大毫相光。

"尔时"是佛讲完《地神护法品》的时刻,心中非常欢喜,从顶门上放出百千万亿大毫相光。

佛放光证明上一段《地神护法品》,地藏菩萨利益众生,与阎浮提众生有大因缘;众生能依本经修行,即可得到解脱。这是证前启后,使令众生见到佛的形像,能够心解意悟。

"大毫相光"表示佛的三德。"大"表示佛的法身德,佛的法身周遍一切;"毫相"代表解脱;"光"则是显示般若智慧。

佛菩萨以般若智来透视众生的烦恼,众生的种种烦恼受到佛法普遍的照耀,自然可以开启昏昧的心智,心智一开,般若的光明就能照彻进来,使之转昏昧为光明。

所谓:白毫相光、大白毫相光。

毫相存在两眉之间,属于佛陀三十二相之一。在眉宇之间,有很细的白毛,可以发出光明,因此称为白毫相光。

瑞毫相光、大瑞毫相光、玉毫相光、大玉毫相光。

此四种相光,皆属于吉祥的毫相光。

紫毫相光、大紫毫相光、青毫相光、大青毫相光、碧毫相光、大碧毫相光、红毫相光、大红毫相光、绿毫相光、大绿毫相光、金毫相光、大金毫相光、庆云毫相光、大庆云毫相光、千轮毫光、大千轮毫光、宝轮毫光、大宝轮毫光、日轮毫光、大日轮毫光、月轮毫光、大月轮毫光、宫殿毫光、大宫殿毫光、海云毫光、大海云毫光。

以上是从佛的顶门所放出的各种光明。众生的根机各各不同，看到佛陀顶门放光的形态与感受自然不同，然则佛顶放光，透过众生心地不同的体会，仍然发出不可言喻、不可思议的吉祥感受。

于顶门上放如是等毫相光已，出微妙音告诸大众、天龙八部、人非人等："听吾今日于忉利天宫，称扬赞叹地藏菩萨于人天中，利益等事、不思议事、超圣因事、证十地事、毕竟不退阿耨多罗三藐三菩提事。"

佛陀于顶门上放出百千万亿毫相光明之后，又出种种微妙之音，告诉在座会众，亦包括天龙八部及一切人、非人等："好好地听啊！听我今日在忉利天宫，称扬赞叹地藏菩萨于人天之中，利益众生的种种事迹，使令一切恶道众生也能得生人天。"

只要有众生在见地藏像、闻地藏名、听《地藏经》之后,能依经中的教化修行,所得的功德利益真正是不可思议。不但能生人天受种种福乐,还能超越六道,一直到达十地菩萨的境界,甚至证得无上正等正觉,达致永不退转的佛果。

　　说是语时,会中有一菩萨摩诃萨名观世音,从座而起,胡跪合掌白佛言:"世尊,是地藏菩萨摩诃萨具大慈悲,怜愍罪苦众生,于千万亿世界,化千万亿身。所有功德及不思议威神之力。"

　　其后,会中有一位大菩萨——观世音菩萨,他从座位上起身,来到佛前恭敬地合掌禀白佛陀:"世尊,这位地藏菩萨具有广大的慈悲心,能怜悯一切罪苦众生,于千万亿的世界中,化成千万亿化身。具有不可思议的功德以及威德神力。"

　　观世音菩萨在娑婆世界中,同样是普遍现身度众生,他称赞地藏菩萨的功德与威德神力,显示菩萨的宏观与谦卑。菩萨之间能彼此赞叹,这是凡夫要学习的地方。

　　我闻世尊与十方无量诸佛,异口同音,赞叹地藏菩萨云:"正使过去现在未来诸佛,说其功德,犹不能尽。"

　　我听到佛长时间以来,在大会上一再赞叹地藏菩萨,十方诸佛亦异口同声欢喜赞叹。但是,即使以过去、现在、未来三世诸佛的言语,同来赞叹地藏菩萨的功德,仍旧说不能尽。

向者,又蒙世尊普告大众,欲称扬地藏利益等事。唯愿世尊,为现在未来一切众生,称扬地藏不思议事,令天龙八部瞻礼获福。

现在于忉利天宫,佛又一再称扬地藏菩萨利益众生等事,称扬赞叹之言意犹未尽。唯愿世尊为现在及未来众生,继续说明地藏菩萨所行不思议事,使天龙八部等会众能瞻礼恭敬,亦令众生获得福报。

佛告观世音菩萨:"汝于娑婆世界有大因缘。若天若龙、若男若女、若神若鬼,乃至六道罪苦众生,闻汝名者、见汝形者、恋慕汝者、赞叹汝者,是诸众生于无上道必不退转。常生人天,具受妙乐。因果将熟,遇佛授记。"

在尚未称扬地藏菩萨之前,佛首先赞叹观世音菩萨,因为观世音菩萨的慈悲与地藏菩萨堪可比拟,地藏菩萨的誓愿弘大,观世音菩萨则具有大慈悲的胸怀。根据记载,观世音菩萨即过去正法明如来,是已成佛的古佛,因为不忍众生苦,

于是又倒驾慈航来回六道,而大多数是化身在人间。

　　人间的众生与观世音菩萨有大因缘,佛也十分赞扬观世音菩萨。因此佛先对观世音菩萨说:"你在娑婆世界有大因缘,是众生的善知识,能引导众生朝向善的法门。无论是天人、龙众,是男是女,是神是鬼,乃至六道中的罪苦众生,只要听到你的名字,见到你的形像,能恭敬恋慕赞叹,这些众生于菩提道上,必定能达到不退转的境地。不但常生人间、天上,享受无上的法乐,等到因果成熟时,更有机缘与佛同世,并且得到佛的授记。"

　　　汝今具大慈悲,怜愍众生及天龙八部,听吾宣说地藏菩萨不思议利益之事。

　　观世音菩萨深具大慈悲心,时时悲悯六道众生,但是有的众生与观世音菩萨的法门机缘不相契,这样的人就必须由其他的菩萨来救度。例如地藏菩萨的大愿力,不厌烦、不放弃任何一个刚强众生,依然为他们作救生的因缘。

　　观世音菩萨为众生请法,希望佛陀再次宣说地藏菩萨之德,这就表现出观世音菩萨的慈悲,在度生之余,也衷心盼望佛陀多加称扬地藏菩萨利益众生之事,能早日将未度的众生度尽。我们对观世音菩萨的大悲悯心,应心生感念尊重。

汝当谛听,吾今说之。观世音言:"唯然世尊,愿乐欲闻!"

观世音菩萨,你要仔细地听,我将如你所请而说。观世音菩萨马上回答:"佛啊！我一定欢喜信受,专心地听。"

佛告观世音菩萨:"未来现在诸世界中,有天人受天福尽,有五衰相现,或有堕于恶道之者。"

佛告观世音菩萨,未来现在诸多世界中,若有天人已经享尽天福,现在余业未消,以致现出五种衰相,显示他即将堕落。

"五衰相现"有小衰相与大衰相,所谓小衰相现是指——

口出恶声:天人的音声微妙清彻,但是衰相现前时,所出的音声即不好听。

身光微昧:天人的身体本来可以发出光亮,小衰相现前,身光即渐渐暗淡。

浴水着身:天人沐浴之后,水珠会自动离身,但是衰相现前,浴水则会留在身上。

著境不舍:天人的心境原本胸怀开朗,凡事不会执著于心。但是衰相现前时,就会变得心胸狭窄,对事对人耿耿于怀。

眼目数瞬：天人不需眨眼，且具有天眼神通，一旦衰相现前时，就会常常眨眼睛，渐渐失去神通。

至于大衰相现前时，则包括衣裳垢腻、头上花萎、腋下出汗、身体臭秽以及不乐本座五种衰相。

原本天人所穿的衣服清净光洁，这时会变得垢腻不挺拔；头上所带的花冠会渐渐枯萎；两边的腋下流出很多臭汗；身上的光明不但消失，更会发出臭味。以上种种衰相现前之后，天人便会对自己的宝座生出不乐的感受。

假使天人在小衰相现前时，能即刻忏悔求救拔，这样还有机会挽救，继续享受天福。若是已现衰相，却不能立刻忏悔皈依，五大衰相便会接踵而至，大衰相现，必定就要堕落三途恶道了。

> 如是天人，若男若女，当现相时，或见地藏菩萨形像，或闻地藏菩萨名，一瞻一礼，是诸天人转增天福，受大快乐，永不堕三恶道报。

如是五衰相现的天人，无论是男是女，当现相时，见到地藏菩萨形像，或是听闻地藏菩萨名号。只要在一瞻视、一顶礼之间生起恭敬心，自然可以转增天福，继续享受大快乐，永远不会堕入三恶道中。

何况见闻菩萨，以诸香、华、衣服、饮食、宝贝、璎珞布施供养，所获功德福利，无量无边。

何况看见或听见地藏菩萨利益众生事迹，于是以种种香、花、衣服、饮食及宝贝、璎珞等布施供养，如此，所获的功德福利将是无量无边。

复次观世音！若未来现在诸世界中，六道众生临命终时，得闻地藏菩萨名，一声历耳根者。是诸众生，永不历三恶道苦。

再者，观世音菩萨！如果现在或未来诸世界中，六道的众生在临命终时，得以听到地藏菩萨的名号，只要有一声能深入耳根，这些众生就永远不会堕入三恶道中受苦。

何况临命终时，父母眷属，将是命终人舍宅、财物、宝贝、衣服，塑画地藏形像。或使病人未终之时，眼耳见闻，知道眷属将舍宅宝贝等，为其自身塑画地藏菩萨形像。是人若是业报合受重病者，承斯功德寻即除愈，寿命增益。

如果有人在临命终时，父母及眷属等能舍出他的房子、

财物、珍宝、衣服等等,将变卖的金钱用来塑画地藏菩萨的形像,这对临命终人的帮助又更大。

最好在病人未断气前,使他亲身见到或听到眷属为他布施的过程,这样来安定临终者,使他心不慌乱。要是此人的业报应该遭受重病的折磨,承了布施、塑画菩萨像的功德,疾病就能很快痊愈,并且可以增加福寿。

> 是人若是业报命尽,应有一切罪障业障,合堕恶趣者。承斯功德,命终之后即生人天,受胜妙乐,一切罪障悉皆消灭。

若是此人业报寿命该尽,或许本来造了许多罪障业障,死后应该堕落地狱、饿鬼、畜生道,因为眷属为他布施造像的功德,命终时可以消除三恶道的苦报,而且能生在人天,享受殊胜妙乐,同时过去的一切罪障尽皆去除。

为什么塑画地藏菩萨像的功德有这么大?因为任何一个家庭,只要有了地藏菩萨像,就可以引人起恭敬心,有恭敬心自然能得到福报。自身恭敬,又能成就他人,自然功德无量。

看看圣人的用心良苦,我们应该谨慎遵从释迦牟尼佛的指示,依照地藏菩萨的教导来实行,更需要学习观世音菩萨赞叹地藏菩萨的精神,不可抱着应付了事的心理。画饼不

能充饥,一定要自己好好修行,自己耕田,自己撒下种子,努力耕耘才会有收获。

复次观世音菩萨!若未来世有男子女人,或乳哺时,或三岁、五岁、十岁以下,亡失父母,乃及亡失兄弟姊妹。是人年既长大,思忆父母及诸眷属,不知落在何趣,生何世界,生何天中?

观世音菩萨,若未来世中有男子女人,在还是哺乳的时期,或是三岁、五岁、十岁以下幼小的年纪,即亡失父母,或者亡失兄弟姊妹。等他年纪渐长,追思其父母及兄弟姊妹,不知已故的父母眷属投生往哪一道,生于何方世界。

是人若能塑画地藏菩萨形像,乃至闻名,一瞻一礼,一日至七日莫退初心,闻名见形,瞻礼供养。

追思亲人,希望知道他们生往何处,唯有发心塑画地藏菩萨像,或是在听闻地藏菩萨的圣号后,能起恭敬心瞻仰礼拜,经过一天至七天的时间,这分恭敬虔诚的心始终不退失。

有始有终不是容易的事,唯有圣人能从开始发心,直到抵达目的始终如一。我们如果能够不退初心,坚持道念,想要达到圣人的境地就不难了,更何况是知道往生亲人的

去处。

> 是人眷属假因业故，堕恶趣者，计当劫数，承斯男女兄弟姊妹塑画地藏形像，瞻礼功德，寻即解脱，生人天中受胜妙乐。

发心塑画地藏菩萨像的人，他的眷属如果因为造业而堕落恶道，只要有人为他做功德，即有脱离恶趣的机会。

众生只要堕入恶趣，受苦的时间就非常久，动经劫数不得出离。但是佛陀一再教导我们，只要众生有精勤的心，自然可以获得地藏菩萨的威力摄照，拔除其本身或眷属的业障，使之得到解脱，生在人间或者天上，领受殊胜的妙乐。

> 是人眷属如有福力，已生人天受胜妙乐者，即承斯功德，转增圣因，受无量乐。

此人的眷属，过去如已造了福业投生人道或天道，受到殊胜美妙的乐果，由于在生的眷属再为他多造功德，可以加深他的善因缘，增添他在天堂的寿命，以及人间的福报。

> 是人更能三七日中，一心瞻礼地藏形像，念其名字满于万遍。当得菩萨现无边身，具告是人眷属生界。

虔诚瞻礼地藏菩萨像之人,如果能于三七二十一日之中,一心瞻礼地藏像,持念地藏菩萨圣号满一万遍,当可得到地藏菩萨现无边身,亲自来告诉这位精进用功的人,他想知道的眷属所生之处。这就是"感应道交"。

　　古人云:"菩萨心如清凉月,常游太虚毕竟空。"月光普遍照耀大地,只要众生心静如水,就能映照光明之月;只要一心不乱忆念菩萨之德,菩萨自然也能感应。

　　　或于梦中菩萨现大神力,亲领是人,于诸世界见诸
　　眷属。

　　或是在他的梦中,地藏菩萨会现出大威神力,亲自引领此人,到各个世界去见他的眷属。

　　　更能每日念菩萨名千遍,至于千日。是人当得菩
　　萨遣所在土地鬼神,终身卫护,现世衣食丰溢,无诸疾
　　苦。乃至横事不入其门,何况及身。是人毕竟得菩萨摩
　　顶授记。

　　若能每日持念菩萨之名千遍,持续长达三年余,此人可得地藏菩萨差遣当地的鬼神,终身都来卫护他。前面《地神护法品》也曾经提到,坚牢地神发愿,只要有善男子善女人能

够持念地藏菩萨名，更能依此经来修行，便将拥护是人现世衣食丰富，家庭幸福。

人生不如意事十有八九，做人本来就是苦，缺乏衣食等资生之物更是痛苦，因此，能得衣食丰足乃人生一大福报。而病苦比贫苦还要苦，能够衣食无虞，同时还有健康的身体，堪称幸福的人生。

"横事"就是意外灾难，灾难既然不入家门，更不会靠近我们身边。此人在三年的期间内，丝毫不曾退转道心，念念不忘地藏菩萨，敬仰地藏菩萨，修行的功夫很深，因而得到地藏菩萨现身，为他摩顶授记，祝福他在将来某个时间，可以修行获得成就。

> 复次观世音菩萨！若未来世有善男子善女人，欲发广大慈心、救度一切众生者，欲修无上菩提者，欲出离三界者。

观世音菩萨，如果未来世有善男子善女人，能发广大慈悲之心，誓愿救度一切众生，或是发心向菩萨道上精进者，又或是专心修行欲脱离三界火宅者。

要救度一切众生，首先要发出"无缘大慈，同体大悲"的心，有了大慈悲心，即有能力救度一切众生，这样一步一步走入菩提大道，渐渐地达到出离三界的目的。

是诸人等,见地藏形像及闻名者,至心归依,或以香华、衣服、宝贝、饮食供养瞻礼,是善男女等所愿速成,永无障碍。

这些肯发心修行,甚至欲出离三界的人,如果能以恭敬虔诚的心皈依地藏菩萨,或是以香花、服饰、珍宝、饮食等物虔心供养,这样一来,他们的愿望一定很快就能达成,永远没有障碍。

想要消除业障、转业障,首先必须将我们的心念导正,否则业障永远不会消。心转业即转,我们一定要志心皈依正法,以心力来转业力,恶业一转,善愿很快即能成就,一切障碍往往是业力所成,我们的心力一转,业力一消,自然也就没有障碍。我们一定要真切地发心,信仰也要心正行专,如此才能消除业障。

复次观世音!若未来世,有善男子善女人,欲求现在未来百千万亿等愿,百千万亿等事。但当归依瞻礼、供养赞叹地藏菩萨形像,如是所愿所求悉皆成就。

未来世中若有善男子、善女人,祈求现在及未来百千万亿的愿望皆得成就,百千万亿等事皆得圆满,必须至诚皈依瞻礼、供养赞叹地藏菩萨,此乃心行合一的供养。如果能够

这样，我们的所愿所求都可以圆满成就。

> 复愿地藏菩萨具大慈悲，永拥护我。是人于睡梦
> 中，即得菩萨摩顶授记。

祈求地藏菩萨能完成我们的愿望之外，尚期待菩萨发大慈悲，时时护佑我们。时时忆念地藏菩萨，就如子之思母，便能感应菩萨于睡梦之中，现身为我们摩顶授记。

> 复次观世音菩萨！若未来世，善男子善女人，于大
> 乘经典深生珍重，发不思议心欲读欲诵。纵遇明师教视
> 令熟，旋得旋忘，动经年月不能读诵。是善男子等有宿
> 业障，未得消除，故于大乘经典无读诵性。

若未来世中，有人对大乘经典生出珍惜敬重的心理，发不可思议的欢喜心想要读诵。可惜的是，纵使遇到明师来教导他如何读诵，但是他根机愚钝，虽然反复背诵，好不容易记住了，却很快又忘记。

虽然花了很长的时间，仍旧不能读诵，这样的人就是过去生中还有业障未消。读诵经典是为了明了因果，我们要出离三界，首先要求得了脱的因缘，依靠大乘经典的教化才能明心见性，开悟解脱。

因为我们过去生的宿业，不亲近佛法、不敬沙门，障碍别人说法，障碍别人学经诵经，障碍别人抄经写经，既然没有种下学道的种子，现在当然就没有读诵性。有的人无论怎么教都无法读诵经典，学习能力虽强，但是一读经就打瞌睡，这就是没有种学佛的种子，这种人今生纵遇明师教导，依然是困难重重。

不过，在学习经典上较有障碍的人也千万不要气馁，不要因此就远离佛法，既然过去生已空过时日，亦曾障法碍人，今生就应该痛下决心，更加用功精进。

过去我也曾在慈善寺讲《地藏经》，有好几位老太太发心听经，听了之后更发心要学经。四个月的时间，我讲完经，她们也能将上、中、下三卷经流利地诵出来。每晚我讲完一句、两句，她们一回家就认真地背，一直到熟悉了再继续学下去，就这样，七十多岁的老太太能够诵经。

反观许多年轻人仗着自己识字，便不用心去学，因此只停留在读经的阶段，老人家虽然不识字，却能专心学习，因此字字都能清晰地进入脑海，进而流利地背诵出每一句经文。

> 如是之人，闻地藏菩萨名，见地藏菩萨像，具以本心恭敬陈白，更以香华、衣服、饮食、一切玩具，供养菩萨。

对经典无读诵性之人，若是听到地藏菩萨的名号，见到地藏菩萨的塑像，能以坦白、虔诚的态度，恭敬地向地藏菩萨忏悔，说出内心的祈求，并且以香花、衣服、饮食等一切庄严具来供养菩萨。

> 以净水一盏，经一日一夜安菩萨前，然后合掌请服，回首向南。临入口时，至心郑重。

我们若能以净水一小杯，安置菩萨像前经过一日一夜，然后合掌祈求，之后面向南方喝下。

人生多坎坷、苦恼及业障，回首向南的意思就是远离业障，面向坦途，往智慧光明的方向去走。这杯茶临入口时心意要虔诚慎重，希望以此净水洗去内心的尘垢与业障，业障一除，智慧自然就能开启。

> 服水既毕，慎五辛酒肉、邪淫妄语及诸杀害，一七日或三七日。

喝完这杯水之后要十分谨慎，不可以吃到大蒜、茖葱、慈葱、兰葱、兴渠等五辛。因为五辛中含有刺激性，熟吃能使人淫火上升，生啖又易使人增添瞋恚。人一有了欲念和瞋恚，容易蒙蔽智慧，增长愚痴，妄动无明，造诸恶业，佛菩萨亦厌恶五辛臭秽的气味，因此诵经的人一定要禁绝五辛。

酒能乱性,只要酒性一发就不能自主,口无遮拦,意念就不能安定,因此酒为三恶业的根本。肉更不可食,佛言:食一切众生肉,犹如食佛之肉,不食肉则是培养慈悲心。万恶淫为首,邪念一发生,男人金屋藏娇,女人不守妇道,往往会与善的念头冲突。妄语是口业,妄言、绮语、两舌、恶口,这都要谨慎戒除。杀害当然不可为,我们既然想求得菩萨的加被,以水洗除业障,一定不可再造杀业。从一七日乃至三七日守持以上净戒,而且要一直保持下去。

> 是善男子善女人于睡梦中,具见地藏菩萨现无边身,于是人处,授灌顶水。其人梦觉即获聪明,应是经典一历耳根,即当永记,更不忘失一句一偈。

此善男子善女人,由于祈求地藏菩萨的法水,于睡梦中,可以见地藏菩萨现无边身,为此人授水灌顶。醒来之后就会变得根机聪利,所有的经典只要经过他的耳根,就可以永远记住,不会忘失任何一句或一偈。

我们如果真心想要读诵经典,只要照这个方法祈请法水饮服,一七日至三七日中不食五辛酒肉,严禁邪淫、妄语及诸杀害,必能于睡梦中获地藏菩萨以水灌顶,醒来之后即可获得聪明利根。因此,我们不要因一时无法读诵就轻言放弃,只要专心认真去学,自然就能有所领会。

复次观世音菩萨！若未来世,有诸人等,衣食不足,求者乖愿,或多疾病,或多凶衰,家宅不安,眷属分散,或诸横事多来忤身,睡梦之间多有惊怖。

假若未来之中,有许多人贫穷而衣食不足,所求总是不如愿,一生多疾病,灾难凶事不断,家宅不安定,眷属为了生活必须分散。横逆之事、不如意事多来折磨,睡梦之中常有噩梦,惊惶恐怖不能安心。

世间有两种力量:一种是富有的力量,另外一种则是贫穷的力量。人在富有的时候,再远的亲戚都会找上门来,天天门庭若市,这就是富有的力量。然而,贫穷的力量也不小,可以使亲戚朋友见到你就赶紧避开,深怕沾染了秽气。

"或多疾病,或多凶衰",有些人往往是祸不单行。我们救济的个案中,曾有一户六口之家,三个人患了癌症,一位遭遇车祸,其余两人必须负起照顾四个病人的责任。这就是多疾病又多凶衰。

有的人除了家宅不得平安之外,为了不得已的原因,必须离乡背井,与眷属分离;种种横逆接踵而至,即使是睡梦中都不得安稳,这就是人间的种种不如意。

如是人等,闻地藏名、见地藏形,至心恭敬念满万遍。是诸不如意事渐渐消灭,即得安乐,衣食丰溢,乃至

于睡梦中悉皆安乐。

遭受种种不如意事的人，听闻地藏菩萨的名号，见到地藏菩萨像，能至心虔敬持念菩萨名号达万遍，前面所说的多种不如意事就可以逐渐消灭，很快能得到平安与和乐。生活上得以改观，衣食无缺甚至丰足富贵，睡梦中没有噩梦，亦能安稳快乐。

复次观世音菩萨！若未来世，有善男子善女人，或因治生，或因公私，或因生死，或因急事，入山林中，过渡河海乃及大水，或经险道。是人先当念地藏菩萨名万遍，所过土地鬼神卫护，行住坐卧永保安乐，乃至逢于虎狼师子，一切毒害不能损之。

如果有人为了谋生，或因公事、私事、报生、报死等急事，因而入于山林，或是渡海过河，进入危险的境地。从前的人情味浓厚，为了通报新生或死亡，都必须走很远的路，或是经过危险的地方。

这些人在出远门前，可以先持念地藏菩萨的名号一万遍，如此，可以获得沿途鬼神的保护，行住坐卧均能得到安乐；如果在山林中，遇到了虎、狼、狮子等凶恶的猛兽，也不能加害于他。

佛告观世音菩萨:"是地藏菩萨于阎浮提有大因缘,若说于诸众生见闻利益等事,百千劫中说不能尽。是故观世音,汝以神力流布是经,令娑婆世界众生,百千万劫永受安乐。"

佛告观世音菩萨:"地藏菩萨与阎浮提众生之间有很大的因缘,众生只要听其名,观其形,而能发出恭敬尊重之心,所得到的利益,以百千劫的时间都无法说尽。因此,观世音菩萨,你应该以神通力来流布此经,使令娑婆世界众生,于百千万劫的时间中皆得安乐。"

尔时世尊而说偈言:吾观地藏威神力,恒河沙劫说难尽,见闻瞻礼一念间,利益人天无量事。

释迦牟尼佛为众生证明,以佛眼观察地藏菩萨的威神力量,以恒河沙劫长久的时间都说不尽。众生在闻名见形之后,能心念虔诚地礼拜,因为这一念恭敬,就可以得到生于人天的无量福报。

若男若女若龙神,报尽应当堕恶道。至心归依大士身,寿命转增除罪障。

如果有男人女人，或者天龙八部、鬼神等众，过去的福报享尽了，接着应该堕入三恶道，只要他起了虔诚敬重的心，皈依地藏菩萨，自然寿命与福报都能增加，罪障也能消除。

少失父母恩爱者，未知魂神在何趣，兄弟姊妹及诸亲，生长以来皆不识。或塑或画大士身，悲恋瞻礼不暂舍，三七日中念其名，菩萨当现无边体，示其眷属所生界，纵堕恶趣寻出离。若能不退是初心，即获摩顶授圣记。

有的人在幼年乳哺期，父母即已往生，等到长大后想回报亲恩，却不知父母生往何趣；或者兄弟姊妹早亡，想为他们造福，一样无法知其去向。这样的情形，只要恭敬地雕塑彩画地藏菩萨像，又能虔诚瞻礼，于三七日中好好持念地藏菩萨名号，地藏菩萨一定会现身来告诉他眷属所生处。

要是眷属已堕恶趣，承蒙他虔诚塑画地藏菩萨像，以及持念地藏菩萨名号的功德，很快就能出离。从发心的一念开始，若能不退初心，除了眷属可以出离之外，自身也可以得到地藏菩萨为之摩顶授记。

欲修无上菩提者，乃至出离三界苦。是人既发大悲心，先当瞻礼大士像，一切诸愿速成就，永无业障能

遮止。

想要修觉道、菩萨道的人，乃至想修出离三界的人，既然发了大慈悲心，首先要礼拜瞻礼地藏菩萨。礼拜地藏菩萨，可以消业障开智慧，胸襟开阔之后，才能发出大悲心来救度众生。这样的话，我们所发的愿、所要做的事很快就能成就，永远不会有业障的遮蔽与阻碍。

　　　有人发心念经典，欲度群迷超彼岸，虽立是愿不思议，旋读旋忘多废失，斯人有业障惑故，于大乘经不能记。

学经的目的是为了度众生，因为许多众生在人间迷失了本性，需要依靠三宝的力量接引，也就是佛的慈悲、法的道理、僧的弘扬。出家人学佛，为的是指引众生度迷津，令众生超脱生死此岸，到达极乐的彼岸。

发心学经虽然不思议，但是经年累月熟读之后，仍旧读过又忘记。这样的人就是因为存在业障及无明，杂念纷起，障碍他学法，闭塞他的智慧，因此大乘经典都记不住。

　　　供养地藏以香华、衣服、饮食、诸玩具，以净水安大士前，一日一夜求服之。

我们以上好的香、鲜花、衣服、饮食、器具等物质来供养地藏菩萨，以清净的水安置在大士像前，每日虔诚祈求，经过一日一夜就可以取来饮用。

烧香一次不要烧很多，最重要的是心意。每天早晨打扫佛桌、佛堂，鲜花必须每天换水，供花是庄严佛堂，每天换水才能保持清净。

发殷重心慎五辛，酒肉邪淫及妄语，三七日内勿杀害，至心思念大士名。

我们既然求地藏菩萨开智慧，一定要以殷重虔诚的心理，戒食五辛。除了五辛不可食之外，更不可喝酒吃肉、邪淫、妄语，这些都是身、口、意三恶业的源起，一定要十分谨慎。能够终身不杀生最好，否则至少在三七日内不杀，并且一心不乱地忆念地藏王菩萨。

即于梦中见无边，觉来便得利根耳，应是经教历耳闻，千万生中永不忘。以是大士不思议，能使斯人获此慧。

我们若能一心持念菩萨名，即能于睡梦中见到菩萨现无边身，醒来之后得到聪利的耳根，无论是大乘小乘的经论，只要一经耳根,千万生中永远不忘记。这就是无漏耳根,因为地藏菩萨有不可思议的大威神德,所以能使人获得博闻强记的智慧。

贫穷众生及疾病,家宅凶衰眷属离;睡梦之中悉不安,求者乖违无称遂。至心瞻礼地藏像,一切恶事皆消灭。至于梦中尽得安,衣食丰饶神鬼护。

贫穷又罹患疾病,家庭发生灾难之外,眷属还受骨肉分散之苦;睡眠不得安宁,所求的事没有一项可以称心如意。

只要我们虔诚瞻仰顶礼地藏菩萨像,诸如贫病凶衰、眷属离散的恶事都会消灭。睡梦安宁、衣食丰富之外,时常都有善神在四周保护。

欲入山林及渡海,毒恶禽兽及恶人,恶神恶鬼并恶风,一切诸难诸苦恼。但当瞻礼及供养,地藏菩萨大士像,如是山林大海中,应是诸恶皆消灭。

如果准备进入山林或者渡过河海,其中有恶毒的猛兽及强盗,或者恶神恶鬼等一切苦恼的情形。只要在我们出门之前,瞻礼供养地藏菩萨,恭敬虔诚地持念地藏菩萨的名号,处于山林及大海的一切灾难都能灭除。

观音至心听吾说,地藏无尽不思议,百千万劫说不
周,广宣大士如是力。

　　观世音菩萨请专心地听我说,地藏菩萨的威神力不可思
议,我怎么说也说不尽,纵使以百千万劫的时间来说都说不
完,现在我只能宣说地藏菩萨有如此大的力量。

　　　地藏名字人若闻,乃至见像瞻礼者,香华衣服饮食
奉,供养百千受妙乐。若能以此回法界,毕竟成佛超生
死。是故观音汝当知,普告恒沙诸国土。

　　听闻地藏菩萨的名号,或是见菩萨像能至心瞻礼,以香
华、衣服、饮食来供养,供养之人可得无限妙乐。若能以此功
德回向十方一切法界,因小果大,舍一得万报的结果,毕竟成
佛超脱生死。

　　学佛必须发挥大我的精神,不能有私我的意念,这样才
能朝向佛的境界迈进。地藏菩萨的大誓愿力,唯有观世音菩
萨可以体会得到,一般凡夫是难以体会的。《法华经》中提到
“佛佛道同”,唯有佛能体会佛的本怀,一般的菩萨也无法体
会佛的境界。

　　因此,唯有观世音菩萨的大慈大悲,可以体会地藏菩萨
大誓大愿的本怀。两位菩萨同样以娑婆众生为救拔的对象,

也唯有观世音菩萨可以向恒河沙诸国土,亦即十方法界众生,宣扬地藏菩萨的法门。

"恒沙诸国土"并非单指娑婆世界众生,而是十方一切法界众生。地藏菩萨及观世音菩萨同样都是遍游法界,救度众生,因此,佛将弘扬地藏法门的责任交给观世音菩萨,而将娑婆世界的众生付嘱地藏菩萨。

地藏菩萨救度众生,他的法门、他的德行,若没有人替他宣扬,依然无法发生作用。"人能弘道,非道弘人",尽管地藏法门适应众生不同的根机,如若无人赞叹宣扬,众生仍旧不知。地藏菩萨为众生付出的辛苦与悲怀,唯有诵读《地藏经》,才能了解地藏菩萨的功德;了解之后好好受持,就能得到功德利益。

嘱累人天品第十三

《地藏经》是佛教中的孝经，释迦牟尼佛即将入灭前，自思母恩未报，因此到忉利天为母说法，所说的就是佛教中的孝经。

第一品即《忉利天宫神通品》，神通品是序品，叙述讲这部经的缘由，忉利天宫则是佛说法的地点。现在《嘱累人天品》是本经的最后一品，在结束说法之前，必须将这部经的法门交代给其他菩萨，所以充满语重心长的深味。

尔时世尊举金色臂，又摩地藏菩萨摩诃萨顶。

在说《见闻利益品》时，佛交代观世音菩萨，知道地藏菩萨利益众生的辛苦与本怀，就要发心弘扬地藏法门，使令十方法界众生，皆能承袭地藏菩萨的悲愿。此时，释迦牟尼佛伸出金色手臂，摩触地藏菩萨头顶，这是代表亲切与关怀。

而作是言："地藏地藏，汝之神力不可思议，汝之慈悲不可思议，汝之智慧不可思议，汝之辩才不可思议，正使十方诸佛，赞叹宣说汝之不思议事，千万劫中不能得尽。"

释迦牟尼佛将众生交代给地藏菩萨，现在于忉利天宫，会中有十方诸佛菩萨，有已成就、当成就、未成就的菩萨，天

龙八部、鬼神及诸大鬼王等众。

世尊殷切地连叫两声"地藏、地藏",此乃佛与菩萨之间深厚诚恳的关爱,亦含有委托重任的殷切之念。

这就好比一个年迈的国王,驾崩前太子尚年幼无知,朝政与辅佐太子的责任,必须托付给值得信赖的忠臣,那种殷重的心情与佛此刻的心情是类似的。佛即将入灭,而弥勒佛又尚未出世,释迦牟尼佛与弥勒佛世的距离是如此遥远,地藏菩萨就好比必须负起朝政,同时还要辅佐太子的忠臣,因此佛一再殷重嘱付。

"汝之神力不可思议",佛赞叹地藏菩萨的威神德力,赞叹的方向不出身、口、意三方面。"神力"乃神通之力,代表着身轮,因为身体可以得到神通,修行若修得神通,山河大地都无法阻碍,神力广大无比。不过,身体的神通仍须由意轮来配合。

"汝之慈悲不可思议",慈悲所代表的就是意轮。菩萨最大的力量来自"无缘大慈、同体大悲",慈是与乐,悲是拔苦,一切众生纵使与我们非亲非故,我们以平等心希望令他们得到快乐;视一切众生的痛苦为自己的痛苦,努力去为他们拔除痛苦。发挥大慈大悲的力量就是意轮,以意轮转身轮,就可以现神通做救度众生的工作。

"汝之智慧不可思议,汝之辩才不可思议",有了外在身轮现神通,内在慈悲转法轮,更需要智慧辩才来说法,才有办

法度众生。菩萨要成就大业救世济生,一定要身、口、意三轮平行。首先要有慈悲心,现于身的行动,再运用智慧说法教导众生,此乃三轮合一。

"正使十方诸佛,赞叹宣说汝之不思议事,千万劫中不能得尽",你所展现的不可思议事迹,以及身、口、意三业功德,并非我释迦牟尼佛所能说尽。就算是十方诸佛,以千万劫的时间来赞叹宣说,也无法说得完整。

> 地藏地藏,记吾今日在忉利天中,于百千万亿不可说,不可说! 一切诸佛菩萨、天龙八部,大会之中,再以人天诸众生等,未出三界在火宅中者,付嘱于汝。无令是诸众生,堕恶趣中一日一夜,何况更落五无间及阿鼻地狱,动经千万亿劫无有出期。

"地藏,地藏",佛再次叫唤地藏菩萨。前面一段,佛叫唤地藏菩萨是欢喜地藏菩萨成就大功德,因此,佛以愉悦之声叫唤地藏菩萨。现在,佛则是以殷切的心情来交代地藏菩萨。

地藏啊! 你要记得今天在忉利天宫,我于十方诸佛、菩萨、天龙鬼神大会之中,所付嘱你的事情。这就好像临终的父亲在交代遗言,生离死别的气氛浓厚,身为孝顺的儿子,心情当然很悲哀。释迦牟尼佛即将入灭前,他将众生交代给地

藏菩萨,地藏菩萨一方面悲伤佛即将离开人世,一方面则思及责任重大。

三界如火宅,没有一刻是平安的,今日虽安明天却难保。佛的悲心殷重,忧虑众生在三界中不得出离,因此将已经接触佛法,然而功德尚未成熟、还未得到解脱的众生,全部交代给地藏菩萨。

"无令是诸众生,堕恶趣中一日一夜",地藏菩萨发愿"地狱未空誓不成佛,众生度尽方证菩提",只要我们一天不修行,就会拖延地藏菩萨一天的时间。因此我们要体会圣人的心,好好地修行。嘱累的"累"就是拖累的意思,佛对地藏菩萨说,虽然将未成就的众生交代给你是一种拖累,你还是要十分注意,好好拥护未出三界的众生,不要让他们落入恶道,即使是一日一夜都不要让他们受苦。

"何况更落五无间及阿鼻地狱,动经千万亿劫无有出期",即使是一日一夜,佛都不忍心看我们受苦,何况是堕入无间地狱,那是佛最悲痛的事。

地藏,是南阎浮提众生志性无定,习恶者多,纵发善心,须臾即退;若遇恶缘,念念增长。以是之故,吾分是形,百千亿化度,随其根性而度脱之。

南阎浮提的众生心志与性情都不稳定,往往恶习较多,纵使发了善心,也是很快就退转;若是遇到不好的因缘,恶念随即增长。为了这个缘故,我释迦牟尼佛分出了千百亿化身,依众生的根性而行度化。

地藏,吾今殷勤以天人众付嘱于汝。未来之世,若有天人及善男子善女人,于佛法中种少善根,一毛一尘、一沙一渧,汝以道力拥护是人,渐修无上,勿令退失。

地藏,我现在再次殷切地将天人等众交付予你,未来世中如果有天人及善男子、善女人等,能够实践佛法戮力行善,即使所做善事仅如一毛一尘、一沙一渧那样微小,你还是要以行道的大愿力拥护此人,使他渐渐进步好好修行,不要放任他退失道心。

复次地藏,未来世中,若天若人,随业报应,落在恶趣。

未来世中,如果有天人或人间的众生,身、口、意造十恶业,理应随着业报堕落恶趣。

临堕趣中或至门首,是诸众生若能念得一佛名、一菩萨名、一句一偈大乘经典。是诸众生,汝以神力方便

救拔,于是人所现无边身,为碎地狱,遣令生天受胜妙乐。

一个人往生之后,在中阴身七七四十九天内,罪业未定即将堕落恶趣,或者已到恶趣的边缘。这些众生若能持念一尊佛名,或是一尊菩萨之名,甚至忆念大乘经典中的一句一偈,地藏,你都必须以神通力,到该众生即将堕落之处去救拔。只要他有此善根因缘,即使是震碎地狱,都必须去救他出来,使他能够生天享受胜妙安乐。

尔时世尊而说偈言:"现在未来天人众,吾今殷勤付嘱汝,以大神通方便度,勿令堕在诸恶趣。"

世尊再次说偈:"现在及未来的一切天人众,我今殷勤地将之付嘱于你,你要以大神通力方便度化他们,不要任凭他们堕在三恶道中。"

尔时地藏菩萨摩诃萨,胡跪合掌白佛言:"世尊,唯愿世尊不以为虑。未来世中,若有善男子善女人,于佛法中一念恭敬,我亦百千方便度脱是人,于生死中速得解脱。何况闻诸善事,念念修行,自然于无上道永不退转。"

这时地藏菩萨胡跪合掌，禀白佛言："世尊，但愿您不要忧虑。未来世中如果有善男子、善女人，肯发心修学佛法，只要起一念恭敬心，礼敬三宝，我将不惜运用百千种方便法，使这些人速速于生死中获得解脱。何况这些人若能勤修福慧，在菩萨道上必定永不退转。"

说是语时，会中有一菩萨名虚空藏，白佛言："世尊，我自至忉利，闻于如来赞叹地藏菩萨威神势力，不可思议。"

佛与地藏菩萨对谈之间，法会中有一位菩萨名为虚空藏，虚空藏此时亦上前禀白佛陀："世尊，自从我来到忉利天宫，听到您一再称扬赞叹，原来地藏菩萨有这么大的威神德力以及大誓愿力，真是太不可思议了！"

未来世中，若有善男子善女人，乃及一切天龙，闻此经典及地藏名字或瞻礼形像，得几种福利？唯愿世尊，为未来现在一切众等，略而说之。

未来世中，如果有善男子善女人及一切天龙等众，听闻此经及菩萨圣号，或是瞻礼地藏菩萨形像，能得到几种福利呢？诚心地希望世尊，能为未来及现在一切众生简单地

说明。

佛告虚空藏菩萨:"谛听谛听! 吾当为汝分别说之。若未来世,有善男子善女人,见地藏形像及闻此经乃至读诵,香华、饮食、衣服、珍宝布施供养,赞叹瞻礼,得二十八种利益。"

佛陀回答虚空藏菩萨:"你仔细地听,我当为你分别说明。若未来世,有人见地藏像,听闻《地藏经》,乃至反复读诵此经,或者以香花、饮食、衣服、珍宝来布施供养,赞叹瞻礼地藏菩萨,将可以得到二十八种利益。"

一者、天龙护念。

我们如果能听闻、持诵此经,或者礼拜地藏菩萨像,可以得到天龙八部等善神拥护。所以,诵经时要专心认真,有人讲经说法时也要踊跃前往听讲。

二者、善果日增。

我们的福德会一天天增加。

三者、集圣上因。

如果能够好好受持此经，礼拜地藏菩萨像，所遇到的都会是好人，还可以得遇圣人。

我们都是凡夫，凡夫心总是随境流转，如果能够得到贤人圣人的教化与引导，就会往善的道路修行；要是遇到坏人，就容易受坏人拖累，误入歧途。因此，我们若能好好受持，自然会有追随圣人的因缘。

四者、菩提不退。

没有逆境现前，烦恼不增加，道心就不会退失；只要好好受持此经，道心不退转，有一天，自然可以成就道果。

五者、衣食丰足。

受持者，可以得到衣食丰足的福报。

六者、疾疫不临。

可以免除流行性疾病的侵袭。

七者、离水火灾。

水、火等灾难皆不入其家门。

　　八者、无盗贼厄。

不会遭到盗贼的侵害。

　　九者、人见钦敬。

　　能够依照地藏法门修持的人,四威仪中所流露出来的形态,自然能够令人心生钦佩与爱敬。

　　十者、神鬼助持。

时常得到善神的护持,所做的事情也很快可以成就。

　　十一者、女转男身。

　　女人一向被视为心胸狭窄、力量薄弱者,受持此经者可以开阔胸襟,力量倍增。

十二者、为王臣女。

来世若转生为女人，可以出生在王府将相之家，享尽福报。

十三者、端正相好。

受持此经，来世相貌生得端正庄严。

十四者、多生天上。

以其受持功德，将来可以常常生在天界。

十五者、或为帝王。

来世可以生为帝王。

十六者、宿智命通。

可以得到宿命通，知道过去、未来的事情。

十七者、有求皆从。

只要我们有所祈求,一切皆能圆满心愿。

十八者、眷属欢乐。

怨憎会苦乃人生八苦之一,想要有幸福的家庭,应该多听此经,因为《地藏经》乃佛门孝经,可以劝善,也可以使我们的家庭和睦。

十九者、诸横消灭。

诵持此经,能消灭诸多横逆灾难。

二十者、业道永除。

造了恶业,必须堕落恶道。只要好好受持此经,不造恶业,业道自然可以消除。

廿一者、去处尽通。

想去什么地方,皆可通达无碍。

廿二者、夜梦安乐。

夜晚不会做噩梦,睡眠安稳。

廿三者、先亡离苦。

已逝的祖先倚仗我们修地藏法门的功德,也可以离苦得乐。

廿四者、宿福受生。

我们可以承着现在所造之福,以后转生到很好的地方去。

廿五者、诸圣赞叹。

若能依照地藏菩萨本事修行,当然可以得到诸佛圣人的赞叹。

廿六者、聪明利根。

可以获得聪明伶俐的根器。

廿七者、饶慈愍心。

时时刻刻都具有慈愍众生的心。

廿八者、毕竟成佛。

最后一定能够成佛。

复次虚空藏菩萨！若现在未来天龙鬼神，闻地藏名，礼地藏形，或闻地藏本愿事行，赞叹瞻礼，得七种利益。

还有啊！虚空藏菩萨，如果现在或未来有天龙鬼神等，听到地藏菩萨的名号，瞻礼地藏菩萨像，或者听闻地藏菩萨利益众生之事后，能够赞叹瞻礼并且信受奉行，可以得到以下七种利益。

一者、速超圣地。

我们应该多诵读《地藏经》，因为天龙鬼神听了这部经，或者礼拜地藏菩萨像，很快就能达致圣域。

二者、恶业消灭。

鬼神依旧有业,听经之后可以消除恶业。

三者、诸佛护临。

依照地藏法门修行之鬼神,诸佛亦会拥护。

四者、菩提不退。

依照此经的教理修行,可以保持不退转的道心。

五者、增长本力。

天龙鬼神亦有拥护人天的力量,依照地藏本愿修行之鬼神,可以增长神力。

六者、宿命皆通。

天龙鬼神亦可以得到宿命通。

七者、毕竟成佛。

天龙鬼神亦得究竟成佛。

尔时,十方一切诸来,不可说不可说诸佛如来,及大菩萨、天龙八部,闻释迦牟尼佛称扬赞叹地藏菩萨,大威神力不可思议,叹未曾有。

在佛为虚空藏菩萨说完七种利益之后,十方一切光临忉利天宫的诸佛、大菩萨、天龙八部等等,听闻释迦牟尼佛称扬赞叹地藏菩萨的大威神力,实在觉得不可思议,纷纷赞叹这种情形是前所未有的大愿力。

是时,忉利天雨无量香华、天衣、珠璎,供养释迦牟尼佛及地藏菩萨已,一切众会俱复瞻礼,合掌而退。

这时候的忉利天宫,佛陀讲完了地藏经,天女围绕散花,并以天衣、珠璎、种种宝物来供养释迦牟尼佛及地藏菩萨。之后,一切会众再次瞻视顶礼释迦牟尼佛,然后一一合掌退下。

一般的佛经,在佛陀讲说完毕之后,大多数都是"皆大欢喜,作礼而退"。而讲述《地藏经》终了,却是"一切众会俱复瞻礼,合掌而退",感觉上没有一丝欢喜之情,此即意味着佛已不久人世,因此大家心中哀戚,法会结束了,似乎也有那么一丝丝曲终人散的凄清。

以上是整部《地藏经》的内容,我们就解释到这里。

地狱开花

由证严上人讲述,将近二十万字的《地藏经》即将付梓出版,为好乐佛法者再添一道活水甘泉,洗涤心灵尘垢。

讲于西元一九八一年的《地藏经》,见证了一段不平凡的慈济历史,当时的会员数,经过千辛万难才增加到两万人,尤其慈济发祥于当时称为"后山"的花莲,算来西部的会员与东部的静思精舍(慈济本会与僧团所在)之间,可说是结下"翻山越岭"的殊胜法缘。

时至今日,北回铁路全线电气化,而航空运输亦成为便利的选择,静思精舍由昔日"农场",成为全球百万会众的心灵故乡。这一切归功于时间,而人事的流转,同样主宰于时间,光阴变迁,当年风雨无阻前来精舍听经者,有些早已故世凋零,但是时值少壮者,则有许多成为慈济世界中流砥柱,他们踏入慈济,行在慈济,以身实践、绍继佛法精神。

二十年的岁月,再来观看当年讲述的《地藏经》,内中火候更加炉火纯青,难怪一些资深人员仍津津乐道,许多后起之秀,当年无缘亲炙,听闻转述更是心向往之,求法若渴。因此,除了纪念这段殊胜法缘,亦深感经中教化发人省思,孝道

与因果理念蔚为大观，值得再加推广，在众人的期盼下，终于成就了本书出版因缘。

书稿的呈现，删去一些当时偶发的新闻事件，以及筹建慈济医院进展等事，务使内文脱却庞杂，去芜存菁。然而明因果、阐孝道两条主线依然纵贯全书，尽管时节因缘多所递嬗，佛法真理却历久弥新，进而与人类生活浑融一体，发挥功能对治新时代议题。

而在留史的意义上，则有"拾遗"之况味。慈济历史步步踏实走来，曾走过的每一页，皆不忍令其湮没于时间洪流，《地藏经》的讲说与慈济医疗志业之开展，有密不可分的依存关系，当然不能遗漏于历史之外。是以此书沉潜多年，终得重新问世以飨读者，更使慈济人前辈、后进再续法缘。

此书付梓之时，当年只是草案阶段的慈济综合医院，早已在一九八六年巍峨矗立，与中央山脉交相辉映，成为守护东部人民健康的磐石。更在医疗科技与人文并进的理念下，精益求精，于二〇〇二年七月正式升格为医学中心，同时，慈济"医疗普遍化"的脚步踏实前行，将仁医仁术扩及全台，进而延伸至国际。

二〇〇三年六月二十八日，慈济医学中心完成首例连体婴分割手术，参与人员横跨麻醉科、小儿外科、肝胆外科，以及护理与医疗影像处理各团队，达到手术中免输血的欢欣成果，让原本紧相纠缠的一对小姊妹，各自展开独立自在的新

人生。

医疗救治人身,佛法则开启众生慧命;众生的快乐与烦恼就像一对连体婴,一体两面紧紧相连,怕就怕在同体而不同心,于是时而天堂、时而地狱,其实,烦恼时心地煎熬,快乐不常在同样是煎熬。

好在佛陀的教法与佛法传播者,如大医王,能为众生治疗身心苦恼,只要众生把握"信、愿、行"的原则,即能渐渐去除烦恼,获得快乐。

善恶就在人的一念心,《六祖坛经·忏悔品》:"自性起一念恶,灭万劫善因;自性起一念善,得恒沙恶尽。"善恶到头终有报,古之《尚书》亦云:"作善,降之百祥;作不善,降之百殃。"可惜世人总不警醒,有些人不明因果,或是得闻佛法却信力不坚,更不肯面对自己的身心疾病,好好接受治疗,这样的话,就算佛陀也是无奈!

现代人物质生活丰富,讲究食衣住行的享受,结果蹈入浪费、消耗、损福的陷阱而不自知,为了满足一时欲念,杀尽众生,取皮食肉、啮骨饮血,这与上古时代原始人何异?

值此《地藏经》出版之际,正是造成全球恐慌的 SARS 疾疫暂告缓解之时,但是病毒传染的真相尚未明朗,对治疫苗亦未顺利面世,冬、春之交,病毒极可能卷土重来。证严上人为使人心祥和,弭平三灾,发起"全民斋戒"运动,并以虔诚祈祷感化世间暴戾,可喜的是,响应者纷至沓来。

但是善念培养非只一时一日，更该长长远远，甚而生生世世。假使世人能多多阅读此经，明白生活中有意无意间造下的疏忽过失，诸恶莫做，众善奉行，相信这个世界就能减少许多杀戮，也就不必有那么多可怕的地狱，等着来惩治这些造恶之人。

地狱的刑具可怕，但是因果的成就还是掌握在这一念心，心的天堂与地狱，就看我们如何造作。上人总要大家"多用心"，守住一念心，要坚定守持的就是这念善心；要去除的则是一念恶心。

可曾见到"地狱开花"？

地狱中充满惨酷、残忍的景象，菩萨具大愿力，情愿投入火坑救度众生，其心可感，地狱瞬时化为清凉。这不是奇迹，也不是神通变化，人心善，火海或寒土即可化为沃野，开出花朵，终至繁花遍地；人心善，六道为净土，智慧之花就在慈悲呵护下欣然绽放。

图书在版编目(CIP)数据

佛门大孝地藏经/释证严讲述. —上海：复旦大学出版社,2013.8(2023.9重印)
(证严上人著作·静思法脉丛书)
ISBN 978-7-309-09536-4

Ⅰ.佛… Ⅱ.释… Ⅲ.大乘-佛经-通俗读物 Ⅳ.B942.1-49

中国版本图书馆 CIP 数据核字(2013)第 039067 号

慈济全球信息网：http://www.tzuchi.org.tw/
静思书轩网址：http://www.jingsi.com.tw/
苏州静思书轩：http://www.jingsi.js.cn/

原版权所有者：静思人文志业股份有限公司授权复旦大学出版社
独家出版发行简体字版

佛门大孝地藏经
释证严 讲述
责任编辑/邵 丹

复旦大学出版社有限公司出版发行
上海市国权路 579 号 邮编：200433
网址：fupnet@fudanpress.com http://www.fudanpress.com
门市零售：86-21-65102580 团体订购：86-21-65104505
出版部电话：86-21-65642845
上海崇明裕安印刷厂

开本 890×1240 1/32 印张 14.875 字数 249 千
2013 年 8 月第 1 版
2023 年 9 月第 1 版第 5 次印刷
印数 12 401—14 500

ISBN 978-7-309-09536-4/B·461
定价：52.00 元(附赠《用一生报父母恩》光盘)
如有印装质量问题,请向复旦大学出版社有限公司出版部调换。
版权所有 侵权必究